Andreas Braun

Seefunk SRC
mit Fragen- und Antwortenkatalog

Vorbereitung auf die
Prüfung für das
Beschränkt Gültige Funkbetriebszeugnis
Short Range Certificate (SRC)

DSV-VERLAG

Der Autor

Andreas Braun ist von Beruf Funkoffizier und Inhaber des „Allgemeinen Seefunkzeugnisses" sowie des „Allgemeinen Betriebszeugnisses für Funker". Viele Jahre fuhr er als Funker auf Schiffen aller Art weltweit zur See und war später bei der Küstenfunkstelle „Norddeich Radio" im Küsten- und Peilfunkdienst tätig. In dieser Zeit gehörten der Telegrafie-, Sprechfunk- und Telexverkehr mit Schiffen und Küstenfunkstellen zu seinen täglichen Aufgaben. Seit Anfang der 90er Jahre leitet der Autor Lehrgänge zum Erwerb von See- und Binnenfunkzeugnissen und ist als Prüfer aktiv. Beruflich trägt er als Sachbearbeiter im Bereich Funkkommunikation im Bundesamt für Seeschifffahrt und Hydrographie (BSH) Verantwortung.

Danksagung

Danken möchte ich allen, die mich bei der Erstellung dieses Buches unterstützt haben. Insbesondere den Funkoffizieren Dietrich Kaun und Jürgen-Michael Rogge für die fachliche Unterstützung in „Zweifelsfällen", ebenso meiner Schwester Cornelia Braun, deren Fleißarbeiten in die vielen Listen des Buches eingeflossen sind. Darüber hinaus gilt mein Dank Herrn Storjohann und Herrn Nibbe von SAM Atlas Electronic für die technische Unterstützung, Herrn Einfeld (Simrad) und Herrn Springer (Eissing) für Bilder sowie den Herren Ralf und Tobias Lehnert von der Firma Transas für die Konfiguration meiner Funksimulationsanlage, der auch viele Abbildungen im Buch entstammen.

Bibliografische Information der Deutschen Nationalbibliothek
Die Deutsche Nationalbibliothek verzeichnet diese Publikation in der Deutschen Nationalbibliografie; detaillierte bibliografische Daten sind im Internet über http://dnb.d nb.dc abrufbar.

2. Auflage
ISBN 978-3-88412-450-5
DSV-Verlag
© by Delius, Klasing & Co. KG, Bielefeld

Grafik/Gestaltung/Satz: machart Jochen Meyer
Druck: Merkur Druck GmbH, Norderstedt
Printed in Germany 2007

Alle Rechte vorbehalten! Ohne ausdrückliche Erlaubnis des Verlages darf das Werk, auch nicht Teile daraus, weder reproduziert, übertragen noch kopiert werden, wie z. B. manuell oder mithilfe elektronischer und mechanischer Systeme inklusive Fotokopieren, Bandaufzeichnung und Datenspeicherung.

Vertrieb: Delius Klasing Verlag, Siekerwall 21, D-33602 Bielefeld
Tel.: 0521/559-0, Fax: 0521/559-115
E-Mail: info@delius-klasing.de
www.delius-klasing.de

Inhalt

I	Einführung	7
II	Entwicklung des Seefunks	9
III	Prüfung	11
	1 Antrag	11
	2 Prüfungsablauf	12
	2.1 Vollprüfung	12
	2.2 Ergänzungsprüfung	12
	3 Übersicht Prüfungsanforderungen	13
IV	Rechtliche Grundlagen des Funkverkehrs	14
	1 Internationale Vereinbarungen	14
	1.1 Radio Regulations (Vollzugsordnung für den Funkdienst, VO Funk)	14
	1.2 International Convention for the Safety of Life at Sea (SOLAS)	15
	2 Nationale Gesetze und Verordnungen	17
	2.1 Telekommunikationsgesetz (TKG)	17
	2.2 Frequenzzuteilungsverordnung (FreqZutV)	20
	2.3 Schiffssicherheitsverordnung (SchSV)	23
	2.4 Gesetz über Funkanlagen und Telekommunikationsendeinrichtungen (FTEG)	23
V	Urkunden	25
	1 Frequenzzuteilungsurkunde (Ship Station Licence)	25
	2 GMDSS-Seefunkzeugnisse	28
	2.1 Short Range Certificate (SRC)	28
	2.2 Long Range Certificate (LRC)	28
	2.3 Restricted Operator's Certificate (ROC)	28
	2.4 General Operator's Certificate (GOC)	34
	2.5 UKW-Betriebszeugnis für Funker (UBZ)	35
	2.6 Funkelektronikzeugnisse 1. und 2. Klasse	36
	3 Andere Seefunkzeugnisse	37
	3.1 Beschränkt Gültiges Sprechfunkzeugnis für UKW	37
	3.2 Allgemeines Sprechfunkzeugnis für den Seefunkdienst	38
	3.3 Seefunkzeugnis 1. und 2. Klasse, Allgemeines Seefunkzeugnis	39
	4 Binnenfunkzeugnisse	41
	5 Logbuch	42
	5.1 Eintragung von wichtigem Funkverkehr	42
	5.2 Eintragung von wichtigen Ereignissen	42

VI	**Dienstbehelfe**	43
1	Jachtfunkdienst	43
2	Nautischer Funkdienst	44
3	Admiralty List	45
4	List of Coast Stations	46
5	List of Ship Stations	48
6	List of Call Signs and Numerical Identities	50
7	Merkblatt der deutschen Küstenfunkstellen	54
8	Mitteilungen für Seefunkstellen und Schiffsfunkstellen	56

VII	**Kennzeichnung von Funkstellen des mobilen Seefunkdienstes**	57
1	Maritime Mobile Service Identity (MMSI)	57
2	Rufzeichen/Unterscheidungssignale	58
3	Automatic Transmitter Identification Code (ATIS)	59
4	Kennzeichnung mobiler Seefunkstellen für den Nachrichtenaustausch	59
5	Kennzeichnung ortsfester Funkstellen des mobilen Seefunkdienstes für den Nachrichtenaustausch	60
	5.1 Kennzeichnung von Küstenfunkstellen	60
	5.2 Kennzeichnung von Revierfunkstellen (KüFuSt des Revier- und Hafendienstes)	60
6	Kennzeichnung mobiler Flugfunkstellen	61

VIII	**Systeme des Global Maritime Distress and Safety System (GMDSS)**	62
1	Funktionen im GMDSS	62
2	Inmarsat-System	62
	2.1 Aufbau des Systems	62
	2.2 Inmarsat-Satellitenanlagen	63
	2.3 Inmarsat D und D+	65
	2.4 Alarmierungswege	65
3	COSPAS-SARSAT-System	66
	3.1 Aufbau des Systems	66
	3.2 COSPAS-SARSAT-EPIRBs	67
	3.3 Alarmierungswege	67
4	VHF-DSC	68
5	GW/KW-DSC	68
6	Search and Rescue Transponder (SART)	69
	6.1 Wirkungsweise	69
	6.2 Alarmierungsweg	70

	7	Navigational Text Messages (Navtex)	70
		7.1 Aufbau des Systems	70
		7.2 Inhalt und Aufbau von Navtex-Meldungen	72
		7.3 Navtex-Empfangsanlagen	73
	8	Automatic Identification System (AIS)	74
		8.1 Grundlagen zu AIS	74
		8.2 AIS-Transceiver	74

IX Funkbetrieb 75

	1	Grundlagen	75
		1.1 Allgemeines	75
		1.2 Seefunkanlagen	76
		1.3 Genehmigungsverfahren	78
		1.4 Fernmeldegeheimnis	79
		1.5 Überprüfung von Seefunkstellen	79
		1.6 Hörwachen auf Notfrequenzen	79
	2	VHF-Kanäle	79
		2.1 Aufbau des VHF-Seefunkbandes	79
		2.2 Wichtige VHF-Seefunkkanäle	80
	3	Abrechnung von öffentlichem Funkverkehr	81
		3.1 Abrechnungsgesellschaften	81
		3.2 Gesprächsabrechnung	81
		3.3 Telegrammabrechnung	82
		3.4 Internationale Verrechnungseinheiten	83

X Betriebsverfahren im GMDSS 84

	1	Notverkehr	85
		1.1 Arten von Notfällen	85
		1.2 Alarmierung im Seenotfall	85
		1.3 Sprechfunkverfahren im Seenotfall	87
		1.4 Aufhebung von Fehlalarmen	89
	2	Dringlichkeitsverkehr	89
		2.1 Arten von Dringlichkeitsfällen	89
		2.2 Alarmierung im Dringlichkeitsfall	90
		2.3 Sprechfunkverfahren im Dringlichkeitsfall	91
	3	Sicherheitsverkehr	92
		3.1 Arten von Sicherheitsfällen	92
		3.2 Alarmierung im Sicherheitsfall	92
		3.3 Sprechfunkverfahren im Sicherheitsfall	93

4		Routineverkehr	94
	4.1	Anrufverfahren mit Seefunkstellen	94
	4.2	Abwicklung des Funkverkehrs mit Seefunkstellen	94
	4.3	Funkverkehr an Bord	94
	4.4	Anrufverfahren und Abwicklung des Funkverkehrs mit KüFuSt des öffentlichen Nachrichtenaustausches	95
	4.5	Sammelanrufe	97
	4.6	Sammelrufzeichen	97
	4.7	TR-Meldungen	97
	4.8	Abwicklung des Funkverkehrs mit KüFuSt des nicht öffentlichen Nachrichtenaustausches	98
5		Funkverkehr mit Luftfunkstellen	98
6		Teilnahme von Seefunkstellen am Binnenschifffahrtsfunk	98
7		Teilnahme von Schiffsfunkstellen am Seefunk	98
8		Mobiltelefone	99

XI Technik 101

1	Frequenzen, Schwingungen	101
2	Antennen, Ausbreitung	102
3	Strom, Spannung, Widerstand, Leistung	104
4	Batterien	105

Anhänge 107

Anhang 1:	Buchstabiertafel	107
Anhang 2:	Sprechfunktafel GMDSS	108
Anhang 3:	Sprechfunktafel GMDSS 2008	112
Anhang 4:	Abkürzungen und Begriffsbestimmungen	116
Anhang 5:	Deutsche Küstenfunkstellen	121
Anhang 6:	Auszug MfS	123
Anhang 7:	Frequenzzuteilungsurkunde (Muster)	136
Anhang 8:	VHF-Frequenzen/Kanäle	139
Anhang 9:	Englische Vokabeln und Redewendungen	142
Anhang 10:	Prüfungstexte Seefunk	147
Anhang 11:	Prüfungsfragen (Fragenkatalog SRC)	151

I Einführung

Für alle, die weltweit am Seefunk teilnehmen und die zu ihrer eigenen Sicherheit Seefunkanlagen bedienen möchten, ist das „Allgemeine Funkbetriebszeugnis" – das „Short Range Certificate" (SRC) – eine notwendige Voraussetzung. Bei der effektiven Vorbereitung auf eine erfolgreiche Prüfung ist das vorliegende Buch eine wichtige Hilfe. Es enthält das gesamte hierfür erforderliche rechtliche, technische und praktische Wissen und stellt es kompakt, verständlich und praxisbezogen dar.

Um sich schnell zu informieren und zielgerichtet zu lernen, enthält jedes Kapitel Querverweise auf die entsprechenden Prüfungsfragen, die im Anhang 11 mitsamt ihren Antworten abgedruckt sind. Ebenso finden sich dort umgekehrt Hinweise auf die betreffenden Textabschnitte. Allerdings sollte man sich mit dem Fragenkatalog erst nach dem Durcharbeiten des Buches befassen; dann sind alle wichtigen Zusammenhänge geläufig. Die deutsch-englischen Prüfungstexte, ein Querschnitt der verschiedensten Vorkommnisse im Not-, Dringlichkeits- und Sicherheitsbereich, sind in Anhang 10 abgedruckt. Als ein internationaler Sicherheitsdienst wird der Seefunk im Allgemeinen in englischer Sprache abgewickelt. Last but not least sind in den Anhängen 2 und 3 Sprechfunkverfahren im GMDSS übersichtlich aufgearbeitet, um das Erlernen dieser wichtigen Verfahren zu erleichtern. In Anhang 2 ist das im Jahr 2007 aktuelle Sprechfunkverfahren dargestellt, in Anhang 3 das vermutlich Ende dieses Jahres auf der World Radio Conference (WRC) vereinfachte, ab 2008 geltende Sprechfunkverfahren.

Zur Vorbereitung der Funkpraxis wird in diesem Buch so konkret und praxisnah wie möglich gearbeitet. Neben der Erläuterung der einzelnen Betriebsverfahren anhand von konkreten Beispielfunksprüchen wurde daher besonderer Wert darauf gelegt, die Abläufe bei der Umsetzung am Funkgerät mithilfe von Abbildungen Schritt für Schritt leicht nachvollziehbar zu machen. Die in den umfangreichen Anhängen zur Verfügung gestellten Materialien dienen zunächst dem besseren Verständnis des behandelten Stoffes. Sie stellen aber auch nach der Prüfung eine große Hilfe für die praktische Verkehrsabwicklung dar, wie z. B. die Buchstabiertafel (Anhang 1), die Sprechfunktafel GMDSS (Anhang 2 und 3), die deutschen Küstenfunkstellen (Anhang 5), die Frequenztabelle (Anhang 8) oder die praxisrelevante Sammlung englischer Vokabeln (Anhang 9).

Selbstverständlich bleibt es unverzichtbar, sich durch fachkundige und erfahrene Ausbilder gründlich anleiten zu lassen. Der Besitz des Funkzeugnisses allein gibt noch keine Sicherheit. Nur das perfekte Beherrschen des Sprechfunkverfahrens und das umfassende Wissen um die Betriebsverfahren im weltweiten Not- und Sicherheitssystem gewährleisten Sicherheit auch in Stresssituationen wie einem Seenotfall – oder auch einer Prüfung. Seien Sie jederzeit vorbereitet auf unvorhersehbare Situationen. Zusammen mit der routinierten Bedienung Ihrer Seefunkanlage, auch über den Prüfungstag hinaus, sind das die Grundlagen, um souverän und mit Umsicht selbst brenzlige Situationen meistern zu können.

Viel Erfolg und immer eine Handbreit Wasser unterm Kiel!

Andreas Braun
Hamburg, im September 2007

Inmarsat

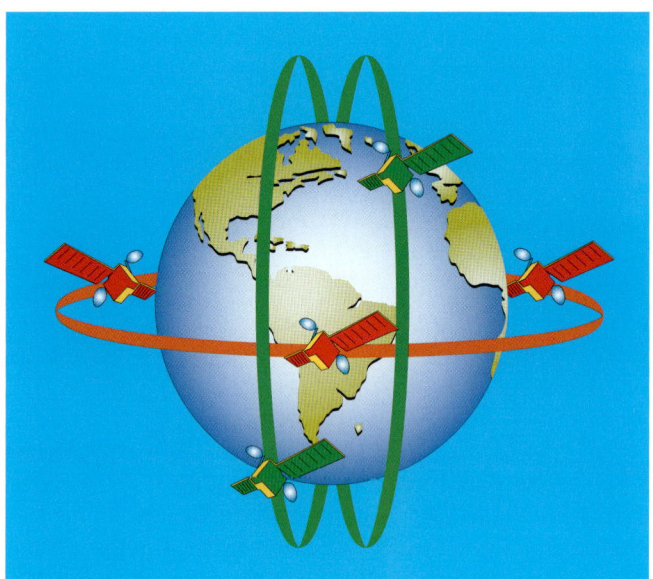

COSPAS-SARSAT

II Entwicklung des Seefunks

Ende des 19. Jahrhunderts erkannten namhafte Wissenschaftler, dass man mithilfe von elektromagnetischen Wellen Nachrichten über weite Strecken übertragen kann. Von da an war der Weg zum Seefunk nicht mehr weit. Männer wie Marconi und Morse machten es möglich, diese Erkenntnis auch kommerziell im Seefunk nutzbar zu machen.

In der Funkpraxis stellte sich aber schnell heraus, dass man weltweit einheitliche Regelungen benötigte, um den Seefunk von Anfang an in geordneten Bahnen laufen lassen zu können: Wo zum Beispiel sollte man ein Schiff oder eine Küstenfunkstelle anrufen, wenn man mit ihnen gern Funkverkehr abwickeln wollte? Wo konnte man um Hilfe rufen und wie sollte man sich ausdrücken, damit sichergestellt war, dass auch andere einen verstehen? Welche Art von Nachrichten sollte man mit welcher Sendeart auf welcher Frequenz verbreiten dürfen?

Die erste weltweite Funkkonferenz 1906 in Berlin, an der erst etwa zwei Dutzend Länder der Welt teilnahmen, gab auf einige dieser Fragen Antworten. Der internationale Fernmeldevertrag war geboren. 1912, im Jahr des Untergangs der Titanic, wurde z. B. das per Morsezeichen zu übermittelnde Notzeichen SOS (· · · – – – · · ·) verbindlich festgeschrieben.

Seither treffen sich fast alle Länder regelmäßig zu weltweiten Funkkonferenzen, um die bestehenden Regelungen zu prüfen, ggf. zu überarbeiten, zu ergänzen oder einfach zu erweitern, wenn dies durch den technischen Fortschritt erforderlich wird. Viele der grundlegenden Regelungen, die heute noch in den Radio Regulations stehen, stammen jedoch aus den Anfängen des Seefunks. So ist es auch zu erklären, dass manche Ausdrücke im Sprechfunkverfahren aus dem Französischen stammen – und auch so ausgesprochen werden –, weil das die damalige Amtssprache war.

Ende der 70er Jahre wurde beschlossen, ein neues Notsystem im Seefunk einzuführen. Dieses sollte die Nachteile des alten Systems kompensieren, die sich im Lauf der Zeit deutlich gezeigt hatten: So war es durch Sprachschwierigkeiten, falsche Navigation oder auch nur durch schlechte Funkverbindungen immer wieder zu Missverständnissen bei der Positionsübermittlung im Seenotfall gekommen – mit der verhängnisvollen Folge, dass dadurch die Rettung der Schiffbrüchigen manchmal nicht mehr rechtzeitig möglich gewesen war.

1992 wurde weltweit ein vollkommen neues, auf automatischer Alarmierung basierendes digitales Notsystem im Seefunk eingeführt: das **Global Maritime Distress and Safety System (GMDSS)**. Zunächst liefen das „alte" und das „neue" System 7 Jahre lang parallel, um der gesamten Schifffahrt die Möglichkeit zu geben, sich mit den neuen Seefunkanlagen ausrüsten zu können. Seit dem 01.02.1999 haben wir nur noch das GMDSS.

Doch hat sich nicht nur das System als solches verändert, sondern auch das dazugehörige Sprechfunkverfahren und in Teilen die Frequenzbenutzung. Deswegen sind einhergehend mit der Einführung des GMDSS zugleich neue Funkzeugnisse für die Berufsschifffahrt und die Sportschifffahrt entwickelt worden. Unterschiede zwischen Berufsschifffahrt und Sportschifffahrt gibt es hier aber nur in der Theorie, nicht in der praktischen Verkehrsabwicklung. Das ist leicht nachvollziehbar, denn ein Sportschiffer darf sich mit allen Funkanlagen ausrüsten, die auch in der Berufsschifffahrt benutzt werden, und er muss genauso um Hilfe rufen können wie jemand, der sein täglich Brot mit der Seefahrt verdient.

Die im Oktober/November 2007 stattfindende World Radiocommunication Conference (WRC-07) in Genf lässt gravierende Änderungen in den Radio Regulations (RR) erwarten. So wird vermutlich das „alte" Notverfahren komplett gestrichen und das im GMDSS verwendete Sprechfunkverfahren endlich vereinfacht. Das „Mayday Relay" wird für die Weiterverbreitung eines Notfalles im Sprechfunkverfahren wieder eingeführt. Zusätzlich können dann Bojen usw. mit MMSI-Nummern versehen werden. SAR-Flugzeuge werden weltweit einheitlich mit entsprechenden MMSI-Nummern ausgerüstet; die Dienstbehelfe der International Telecommunication Union (ITU) werden grundlegend überarbeitet, teilweise zusammengefasst und vereinfacht.

Der Seefunk ist – wie der Binnenschifffahrtsfunk- und der Flugfunk auch – ein sicherheitsrelevanter Funkbereich. Es dürfen im Wesentlichen nur Nachrichten ausgetauscht werden, die die **Fahrt des Schiffes** und/oder die **Sicherheit von Personen** betreffen. Um den Funkverkehr in geordneten Bahnen verlaufen zu lassen, ist neben der von der Bundesnetzagentur für Elektrizität, Gas, Telekommunikation, Post und Eisenbahnen (BNetzA) auszustellenden Frequenzzuteilungsurkunde auch ein entsprechendes Funkzeugnis für das Bedienen von Seefunkanlagen vorgeschrieben. Die zu verwendenden Seefunkanlagen wiederum müssen bestimmten technischen Standards entsprechen, um für den Seefunk europaweit zugelassen zu werden.

III Prüfung

1 Antrag

Der Bewerber muss bei dem zuständigen Prüfungsausschuss einen Antrag auf Zulassung zur Prüfung einreichen. Die **Anschriften der Prüfungsausschüsse** sind erhältlich beim Deutschen Segler-Verband (DSV), Gründgensstr. 18, 22309 Hamburg, Tel. 040-632 00 90, Internet: www.dsv.org in der Rubrik „Funk", sowie bei der Fachstelle für Verkehrstechniken (FTV), Weinbergstr. 11–13, 57070 Koblenz. Antragsformulare halten die Prüfungsausschüsse vor.

Der Antrag muss folgende **Angaben** enthalten: Familienname, Geburtsname, Vornamen, Tag und Ort der Geburt, Anschrift. Die Telefonnummer und, sofern vorhanden, die E-Mail-Adresse sollten immer freiwillig mit angegeben werden, damit bei fehlenden Unterlagen, Terminänderungen u. Ä. schnelle Rückfragen oder Informationen möglich sind. Dem Antrag sind ein Passfoto und eine Kopie des Reisepasses oder Personalausweises beizufügen. Bewerber für das Short Range Certificate (SRC) müssen das **15. Lebensjahr** vollendet haben. Der Antrag kann jedoch auch schon vor Vollendung des 15. Lebensjahres gestellt werden, denn die Zulassung zur Prüfung ist bereits drei Monate vor diesem Zeitpunkt möglich.

2 Prüfungsablauf

2.1 Vollprüfung
Die Prüfung besteht aus drei Teilen, die jeweils einzeln bestanden werden müssen.

Praktischer Teil: Dieser Prüfungsteil soll je Bewerber 20 Minuten nicht überschreiten. Gefordert ist eine fehlerfreie Abgabe sowie Aufnahme von Not-, Dringlichkeits- oder Sicherheitsmeldungen nach Vorgabe eines Textes in englischer Sprache. Dabei ist die Buchstabiertafel (siehe Anhang 1) anzuwenden. Daneben werden weitere praktische Übungen aus den Bereichen Not-, Dringlichkeits-, Sicherheits- und Routinefunk im Seefunk in Verbindung mit der fachgerechten Bedienung einer Seefunkstelle geprüft.

Theoretischer Teil: Bearbeitung eines Fragebogens mit 34 ausgewählten Fragen aus dem Fragenkatalog innerhalb von 60 Minuten. Es müssen mindestens 80 % der möglichen Punktzahl erreicht werden.

Fremdsprachlicher Teil: Aufnahme eines englischen Textes mit anschließender schriftlicher Übersetzung ins Deutsche sowie die schriftliche Übersetzung eines vorgegebenen deutschen Textes in die englische Sprache.

2.2 Ergänzungsprüfung
Für die Inhaber eines „UKW-Sprechfunkzeugnisses für den Binnenschifffahrtsfunk" (UBI) besteht die Möglichkeit, zum Erwerb des SRC eine Ergänzungsprüfung abzulegen. Die Ergänzungsprüfung besteht aus drei Teilen:

Praktischer Teil: Dieser Teil der Prüfung soll je Bewerber 20 Minuten nicht überschreiten. Gefordert ist eine fehlerfreie Abgabe sowie Aufnahme von Not-, Dringlichkeits- oder Sicherheitsmeldungen nach Vorgabe eines Textes in englischer Sprache. Dabei ist die Buchstabiertafel (siehe Anhang 1) anzuwenden. Daneben werden weitere praktische Übungen aus den Bereichen Not-, Dringlichkeits-, Sicherheits- und Routinefunk im Seefunk in Verbindung mit der fachgerechten Bedienung einer Seefunkstelle geprüft.

Theoretischer Teil: Bearbeitung eines Fragebogens mit 16 ausgewählten Fragen innerhalb von 30 Minuten. Es müssen mindestens 80 % der möglichen Punktzahl erreicht werden.

Fremdsprachlicher Teil: Aufnahme eines englischen Textes mit anschließender schriftlicher Übersetzung ins Deutsche und die schriftliche Übersetzung eines vorgegebenen deutschen Textes in die englische Sprache.

Die Anforderungen für den praktischen Teil der Prüfung können im Einzelnen dem unten stehenden Prüfungsprotokoll (Abschnitt 3) entnommen werden.

Auswertung der Prüfungsleistungen: Ist diese erfolgt, wird festgestellt, ob der Bewerber bestanden, nur teilweise bestanden oder gar nicht bestanden hat. Davon hängt das weitere Vorgehen ab.

Hat der Bewerber die Prüfung vollständig bestanden, wird ihm die Erlaubnis erteilt. Er erhält das SRC ausgehändigt.

Hat er die Prüfung nur teilweise bestanden, wird ihm dies anhand seiner Prüfungsleistungen erläutert. Er erhält eine Rechtsbehelfsbelehrung. Der bestandene Prüfungsteil bleibt für sechs Monate gültig. Den nicht bestandenen (theoretischen oder praktischen) Teil der Prüfung darf der Bewerber frühestens nach zwei Wochen wiederholen. Nach Ablauf von sechs Monaten muss er jedoch wieder ein vollständiges Verfahren durchlaufen.

Hat er die Prüfung nicht bestanden, wird ihm dies unter Angabe seines Ergebnisses erläutert. Er erhält eine Rechtsbehelfsbelehrung.

3 Übersicht Prüfungsanforderungen

Bei den hier abgebildeten Protokollen handelt es sich um Auszüge aus der Durchführungsrichtlinie. Diese sind für die Prüfer eine Gedankenstütze, damit alle wesentlichen und wichtigen Aufgaben geprüft werden. Die ausgefüllten Prüfprotokolle dienen zudem als Nachweis der bestandenen oder nicht bestandenen Prüfung. Alle in der Durchführungsrichtlinie enthaltenen praktischen Aufgaben können geprüft werden.

Protokoll der praktischen Prüfung zum Erwerb des Beschränkt Gültigen Funkbetriebszeugnisses (SRC)

Tag der Prüfung: _____

Prüfungsausschuss: _____

Bewerber: Name : _____ Vorname: _____

Geb. am: _____

Bitte kenntlich machen (umkreisen) welcher Fragenstrang (A oder B) bzw. welche Fragen (1-13) gestellt wurden!

lfd. Nr.	Pflichtaufgaben		1. Versuch	2. Versuch
	A	B		
1	Controller editieren und Senden eines Notalarms	Speicherabfrage und Bestätigung des Empfangs eines DSC-Notalarms		
2	Aussenden der Notmeldung	Controller editieren, Weiterleitung eines Notalarms und Information der Seefunkstelle in Not		
3	Beenden des Notverkehrs	Aufhebung eines Fehlalarms		
4	Controller editieren, Senden eines Dringlichkeitsanrufes und Abgabe der Dringlichkeitsmeldung	Speicherabfrage, Aufnahme der Dringlichkeitsmeldung und Einleitung weiterer Maßnahmen		
	Sonstige Fertigkeiten			
1	Aussenden eines Notalarms durch eine Funkstelle, die sich nicht selbst in Not befindet			
2	Speicherabfrage und Empfangsbestätigung			
3	Abwicklung des Notverkehrs			
4	Funkstille gebieten			
5	Abwicklung des Funkverkehrs vor Ort			
6	Aufhebung einer Dringlichkeitsmeldung			
7	Controller editieren und Senden eines Sicherheitsanrufes; Abgabe der Sicherheitsmeldung			
8	Controller editieren und Senden eines Routineanrufes an eine Seefunkstelle			
9	Kanalwechsel			
10	Abwicklung des Routinefunkverkehrs mit einer Seefunkstelle			
11	Controller editieren und Senden eines Routineanrufes an eine Küstenfunkstelle			
12	Abwicklung des Routinefunkverkehrs mit einer Küstenfunkstelle			
13	Einstellen des Controllers			

Die praktische Prüfung „Pflichtteil" ist ☐ bestanden ☐ nicht bestanden

Die praktische Prüfung „sonstige Fertigkeiten" ist ☐ bestanden ☐ nicht bestanden

_____   _____

IV Rechtliche Grundlagen des Funkverkehrs

1 Internationale Vereinbarungen

1.1 Radio Regulations (Vollzugsordnung für den Funkdienst, VO Funk)

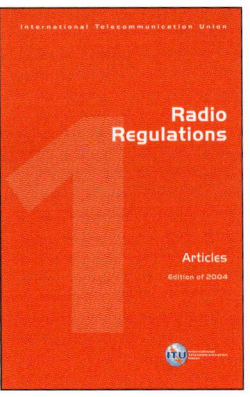

Die Radio Regulations (RR), erstmalig 1906 von 27 Staaten in Berlin unterzeichnet, regeln äußerst wichtige, alle Funkdienste betreffende Verfahrensweisen bezüglich des **Errichtens und Betreibens einer Funkstelle** weltweit.

Die vier Bände der Radio Regulations werden mit ihren Articles, Appendicies, Resolutions sowie Recommendations von der International Telecommunication Union (ITU) herausgegeben. Die ITU ist eine Unterorganisation der UNO. Alle Länder, die die Konstitution und Konvention der Internationalen Fernmeldeunion unterschrieben haben, verpflichten sich, die Regeln der Radio Regulations zu beachten und in nationales Recht umzusetzen. In Deutschland entsprechen die RR der Vollzugsordnung für den Funkdienst (VO Funk) und werden regelmäßig in ihrer letzten Fassung per Gesetz in Kraft gesetzt. Die **Regelungen** betreffen u. a.:

- Genehmigungspflicht von Funkanlagen
- Befähigungsnachweise (Funkzeugnisse)
- Fernmeldegeheimnis
- Überwachungsrecht der Verwaltungen
- Kennzeichnung von Funkstellen
- Not-, Dringlichkeits- und Sicherheitszeichen
- Rangfolge von Funkverkehr
- Hörwachen auf Not- bzw. Anruffrequenzen
- Sprechfunkverfahren
- Frequenzverteilung und Frequenznutzung
- Abrechnungsverfahren
- Vermeidung von Störungen
- Technische Parameter von Funkanlagen

Die aufgeführten Stichpunkte werden im weiteren Verlauf dieses Buches noch näher erläutert. Alle in der International Convention for the Safety of Life at Sea (SOLAS) sowie in den nationalen Bestimmungen wie

z. B. dem Telekommunikationsgesetz oder der Schiffssicherheitsverordnung nachfolgend enthaltenen Regelungen, die den Funkverkehr betreffen, haben ihren Ursprung in den Radio Regulations.

1.2 International Convention for the Safety of Life at Sea (SOLAS)

Die International Convention for the Safety of Life at Sea (SOLAS) von 1974, erweitert im Jahr 1988, enthält grundsätzlich international gültige und verbindliche **Vorschriften über die Sicherheit auf Seeschiffen.** Hierzu gehören u. a. die Ausrüstung mit Überlebensfahrzeugen, Rettungsinseln, Rettungswesten als auch die Funkausrüstung, zusammengefasst in den Kapiteln III, IV und V. Speziell für den Funk wird geregelt:

- Ausrüstungspflicht mit Funkanlagen
- Definition der Seegebiete
- Beobachtung der Notfrequenz
- Vorgeschriebene Funkzeugnisse
- Hörwachen auf Not- bzw. Anruffrequenzen

Nach SOLAS sind prinzipiell alle Schiffe in der Auslandsfahrt über 300 BRZ funkausrüstungspflichtig. Welche Ausrüstung genau für ein Schiff vorgeschrieben ist, hängt jedoch davon ab, in welchem Seegebiet es unterwegs ist. Die Seegebiete sind folgendermaßen definiert:

Seegebiet A1: Ein von der zuständigen Verwaltung festgelegtes Gebiet innerhalb der Sprechfunkreichweite mindestens einer VHF-Küstenfunkstelle, die ununterbrochen für DSC-Alarmierungen zur Verfügung steht.
Seegebiet A2: Ein von der zuständigen Verwaltung festgelegtes Gebiet innerhalb der Sprechfunkreichweite mindestens einer MF-Küstenfunkstelle, die ununterbrochen für DSC-Alarmierungen zur Verfügung steht.
Seegebiet A3: Ein Gebiet innerhalb der Überdeckung der geostationären Inmarsat-Satelliten, die ununterbrochen für Alarmierungen zur Verfügung stehen.
Seegebiet A4: Ein Gebiet außerhalb der Gebiete A1, A2 und A3.

Zum Beispiel muss ein Schiff im See-

IV Rechtliche Grundlagen des Funkverkehrs

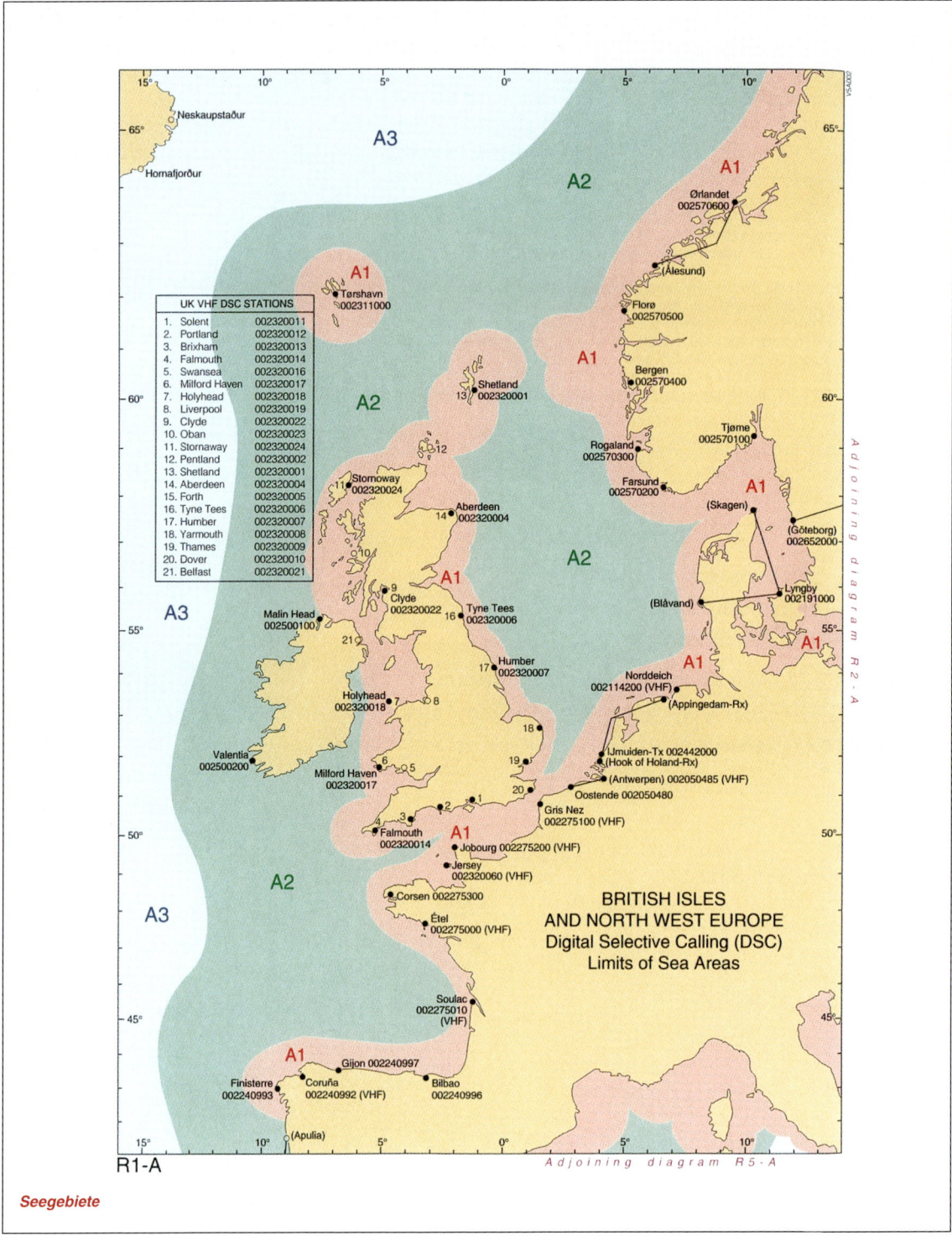

R1-A

Seegebiete

gebiet A1 (Küstennahe Gewässer) sinnvollerweise mit einer UKW-DSC-Seefunkanlage, mit Navtex, mit 2 Handsprechfunkgeräten, 2 Radartranspondern (Schiffe unter 500 BRt nur 1) sowie einer EPIRB ausgerüstet werden.

Zusätzlich müssen je nach Fahrtgebiet mehr oder weniger aufwendige zweite Alarmierungsmöglichkeiten von der Brücke aus installiert sein. Laut SOLAS ist, zusätzlich zu der erwähnten Funkausrüstung, eine Sicherstellung der Betriebsbereitschaft erforderlich. Diese kann erreicht werden durch:

1. Dopplung von Geräten,
2. landseitige Wartung (Wartungsvertrag mit einer Fachfirma),
3. bordseitige Wartung (Fahren eines Inhabers eines Funkelektronikzeugnisses 1. oder 2. Klasse).

Der **VHF-Kanal 70** ist **im GMDSS der Not- und Anrufkanal** und muss gemäss SOLAS, sofern sich das Schiff auf See befindet, ununterbrochen abgehört werden. Die **„alte" Notfrequenz 156,8 MHz (Kanal 16)** soll, wenn der Schiffsbetrieb es zulässt, bis auf Weiteres zusätzlich abgehört werden, um auch Schiffen, die nicht nach GMDSS ausgerüstet sind, die Möglichkeit zu geben, im Notfall erfolgreich um Hilfe rufen zu können.

2 Nationale Gesetze und Verordnungen

2.1 Telekommunikationsgesetz (TKG)

Das Telekommunikationsgesetz (TKG) enthält wichtige Vorschriften über:

- Frequenzzuteilungen
- Fernmeldegeheimnis
- Überwachung von Funkanlagen
- Straf- und Bußgeldvorschriften
- Ordnungswidrigkeiten

Jede Frequenznutzung bedarf nach dem TKG der vorherigen **Zuteilung einer Frequenz** oder eines Frequenzbereiches. Eine Seefunkstelle erhält auf Antrag eine entsprechende Frequenzzuteilung von der Bundesnetzagentur für Elektrizität, Gas, Telekommunikation, Post und Eisenbahnen (BNetzA), Außenstelle Hamburg. Für eine kombinierte See-/Binnenfunkanlage wird die Frequenzzuteilung auf Antrag auch von der BNetzA, Außenstelle Hamburg, ausgestellt. Für eine reine Binnenfunkanlage stellt die BNetzA, Außenstelle Mülheim/Ruhr, die Frequenzzuteilung aus.

Auf der Frequenzzuteilung für den Seefunk sind die Adresse des Antragstellers, der Schiffsname, der Heimathafen, das Rufzeichen, die Maritime Mobile Service Identity (MMSI), andere Kennungen und ggf. Bemerkungen sowie die genehmigten Funkanlagen vermerkt. Jede Änderung der manifestierten Daten sollte sofort der BNetzA schriftlich mitgeteilt werden. Wenn also z. B. eine vorhandene alte Funkanlage durch ein neueres Modell ausgewechselt werden soll, so muss dies der BNetzA mitgeteilt werden, damit die Frequenzzuteilungsurkunde entsprechend abgeändert wird. Bei Nichtbeachtung kann die Funkanlage stillgelegt bzw. ein Betriebsverbot durch die Verwaltung ausgesprochen werden.

Telekommunikationsgesetz (TKG)*)

Vom 22. Juni 2004

Der Bundestag hat mit Zustimmung des Bundesrates das folgende Gesetz beschlossen:

Inhaltsübersicht

Teil 1
Allgemeine Vorschriften

- § 1 Zweck des Gesetzes
- § 2 Regulierung und Ziele
- § 3 Begriffsbestimmungen
- § 4 Internationale Berichtspflichten
- § 5 Medien der Veröffentlichung
- § 6 Meldepflicht
- § 7 Strukturelle Separierung
- § 8 Internationaler Status

Teil 2
Marktregulierung

Abschnitt 1
Verfahren der Marktregulierung

- § 9 Grundsatz
- § 10 Marktdefinition
- § 11 Marktanalyse
- § 12 Konsultations- und Konsolidierungsverfahren
- § 13 Rechtsfolgen der Marktanalyse
- § 14 Überprüfung der Marktdefinition und -analyse
- § 15 Verfahren bei sonstigen marktrelevanten Maßnahmen

Abschnitt 2
Zugangsregulierung

- § 16 Verträge über Zusammenschaltung
- § 17 Vertraulichkeit von Informationen
- § 18 Kontrolle über Zugang zu Endnutzern
- § 19 Diskriminierungsverbot
- § 20 Transparenzverpflichtung
- § 21 Zugangsverpflichtungen
- § 22 Zugangsvereinbarungen
- § 23 Standardangebot
- § 24 Getrennte Rechnungsführung
- § 25 Anordnungen durch die Regulierungsbehörde
- § 26 Veröffentlichung

Abschnitt 3
Entgeltregulierung

Unterabschnitt 1
Allgemeine Vorschriften

- § 27 Ziel der Entgeltregulierung
- § 28 Missbräuchliches Verhalten eines Unternehmens mit beträchtlicher Marktmacht bei der Forderung und Vereinbarung von Entgelten
- § 29 Anordnungen im Rahmen der Entgeltregulierung

Unterabschnitt 2
Regulierung von Entgelten für Zugangsleistungen

- § 30 Entgeltregulierung
- § 31 Entgeltgenehmigung
- § 32 Arten der Entgeltgenehmigung
- § 33 Kostenunterlagen
- § 34 Price-Cap-Verfahren
- § 35 Verfahren der Entgeltgenehmigung
- § 36 Veröffentlichung
- § 37 Abweichung von genehmigten Entgelten
- § 38 Nachträgliche Regulierung von Entgelten

Unterabschnitt 3
Regulierung von Entgelten für Endnutzerleistungen

- § 39 Entgeltregulierung bei Endnutzerleistungen

Abschnitt 4
Sonstige Verpflichtungen

- § 40 Betreiberauswahl und Betreibervorauswahl
- § 41 Angebot von Mietleitungen

Abschnitt 5
Besondere Missbrauchsaufsicht

- § 42 Missbräuchliches Verhalten eines Unternehmens mit beträchtlicher Marktmacht
- § 43 Vorteilsabschöpfung durch die Regulierungsbehörde

---

*) Das Gesetz dient der Umsetzung folgender Richtlinien:
Richtlinie 2002/21/EG des Europäischen Parlaments und des Rates vom 7. März 2002 über einen gemeinsamen Rechtsrahmen für elektronische Kommunikationsnetze und -dienste (Rahmenrichtlinie) (ABl. EG Nr. L 108 S. 33); Richtlinie 2002/20/EG des Europäischen Parlaments und des Rates vom 7. März 2002 über die Genehmigung elektronischer Kommunikationsnetze und -dienste (Genehmigungsrichtlinie) (ABl. EG Nr. L 108 S. 21); Richtlinie 2002/19/EG des Europäischen Parlaments und des Rates vom 7. März 2002 über den Zugang zu elektronischen Kommunikationsnetzen und zugehörigen Einrichtungen sowie deren Zusammenschaltung (Zugangsrichtlinie) (ABl. EG Nr. L 108 S. 7); Richtlinie 2002/22/EG des Europäischen Parlaments und des Rates vom 7. März 2002 über den Universaldienst und Nutzerrechte bei elektronischen Kommunikationsnetzen und -diensten (Universaldienstrichtlinie) (ABl. EG Nr. L 108 S. 51) sowie Richtlinie 2002/58/EG des Europäischen Parlaments und des Rates vom 12. Juli 2002 über die Verarbeitung personenbezogener Daten und den Schutz der Privatsphäre in der elektronischen Kommunikation (Datenschutzrichtlinie) (ABl. EG Nr. L 201 S. 37).

IV.2 Nationale Gesetze und Verordnungen

Füllen Sie bitte den Antrag mit Schreibmaschine oder mit Kugelschreiber in Druckschrift aus.
Prüfen Sie bitte vor der Absendung, ob der Antrag vollständig ausgefüllt und unterschrieben ist.

Für Rückfragen ☎ (0 40) 2 36 55 - 0   oder   📠 (0 40) 2 36 55 - 1 82

Gebühren und Beiträge werden auf der Grundlage des Telekommunikationsgesetzes (TKG) erhoben.

Eingangsstempel Bundesnetzagentur

An die
Bundesnetzagentur
Außenstelle Hamburg
Sachsenstraße 12+14
20097 Hamburg

Erläuterungen zu den Randziffern auf Seite 2

Benutzen Sie bitte zum Drucken die Schaltflächen auf dieser Seite

Antrag auf Frequenzzuteilung zur Nutzung für das Betreiben einer Seefunkstelle auf einem nicht funkausrüstungspflichtigen Schiff in dem unten angegebenen Umfang an Bord der/des

☐ Segeljacht   ☐ Motorjacht   ☐ Binnenschiffes   ☐ Frachtschiffes   ☐ Fischereifahrzeuges   ☐

Name des Schiffes	Unterscheidungssignal	Bestand oder besteht bereits eine Frequenzzuteilung für dieses Schiff? ☐ Ja ☐ Nein
Eigentümer (ggf. laut Schiffsregister)	Geburtsdatum	mit Rufzeichen
		Vermessung (BRZ/BRT)
		Länge ü.A. (m)
Straße / HsNr.		Breite (m)
PLZ / Ort		Zahl der Personen an Bord
Für telefonische Rückfragen tagsüber erreichbar unter		Teilnahme am Binnenschifffahrtsfunk? ☐ Ja ☐ Nein
Angaben zur Kontaktperson für Rückfragen des MRCC Bremen und ITU in Notfällen ④		Teilnahme Inmarsat
Name der Kontaktperson		☐ B ☐ C ☐ F ☐ M ☐
Straße / HsNr.		Öffentlicher Nachrichtenaustausch ☐ Ja ☐ Nein
PLZ / Ort		dafür Verkehrsabrechnung über Abrechnungskennung (AAIC)
Telefon / Telefax		terrestrisch Inmarsat
Vorgesehenes Datum der Inbetriebnahme	Liegeplatz des Schiffes	

Eignerdaten löschen

Folgende Funkanlagen und Zusatzgeräte sollen betrieben werden

Funkausrüstung		Anzahl	Typenbezeichnung DSC-fähige Geräte ankreuzen ♦	Zulassungs-/Referenz-Nr.
UKW VHF	Sprechfunkanlagen			☐
				☐
	Handsprechfunkgeräte			
GW/KW MF/HF	Sprechfunkanlagen			☐
EPIRB				

Funkausrüstungsdaten löschen

Ausdruck des Antrages mit Einträgen   **Ausdruck ohne Feldeinträge**

Vermerke der Bundesnetzagentur			Datum	Nz.
Rufzeichen	MMSI	Vorprüfung		
INM-C ID	ATIS	Gebühren und Beiträge veranlasst Änderungsgebühr veranlasst		
INM-B/M ID		Frequenzzuteilung zum		

Bundesnetzagentur, Antrag Seefunk, Stand: Juni 2006

Zur Frequenzzuteilung gehören Nebenbestimmungen, die entsprechend eingehalten werden müssen. Die Nebenbestimmungen enthalten u. a. grundsätzliche Regelungen zur Beitragspflicht, zum Überwachungsrecht, zu Störungen durch Funkstellen sowie Angaben, die zum Widerruf einer Frequenzzuteilung führen können. Die Frequenzzuteilung ist im Original an Bord mitzuführen. Für die erstmalige Ausstellung einer Frequenzzuteilungsurkunde ist ein Einmalbetrag zu entrichten, zurzeit sind das 130 Euro. Jährlich wiederkehrend fallen zusätzlich noch Gebühren und Beiträge an, die etwa 20 bis 30 Euro/Jahr betragen.

Weiter ist im TKG geregelt, wer die **Frequenznutzung überwacht**. Unter anderem sind die BNetzA, die Polizei oder Beauftragte des BSH befugt, Funkanlagen an Bord von Schiffen zu überprüfen und bei Verstößen ggf. ein Betriebsverbot auszusprechen. Ordnungswidrigkeiten können mit Bußgeldern belegt werden. Ordnungswidrig handelt derjenige, der eine Funkanlage ohne entsprechende Frequenzzuteilung errichtet oder betreibt oder aber auch ohne ein für die Funkanlage vorgeschriebenes Seefunkzeugnis eine Seefunkanlage bedient oder Funkverkehr abwickelt. Auch ausländische Verwaltungen dürfen die Funkanlage überprüfen, wenn es einen Grund hierfür gibt. Ein nachvollziehbarer Grund wäre etwa das Stören des laufenden Funkverkehrs. In diesem Fall werden Messungen an den Funkanlagen vorgenommen und die Frequenzzuteilungsurkunde sowie das für die zur Bedienung der Funkanlage vorgeschriebene Funkzeugnis überprüft. Bei auftretenden Störungen kann auch der eigentliche Funkverkehr durch die BNetzA abgehört werden, um so den Störer zu ermitteln.

Das **Fernmeldegeheimnis** ist grundsätzlich ein hohes Gut. Weltweit bereits in den Radio Regulations (VO Funk) geregelt und auch in unserem Grundgesetz (GG), wird es im TKG noch einmal ausdrücklich erwähnt. Die Funkzeugnisse enthalten einen entsprechenden Hinweis als Verpflichtung, das Fernmeldegeheimnis zu wahren.

Die Wahrung des Fernmeldegeheimnisses bedeutet im Einzelnen, dass nur Nachrichten aufgenommen werden dürfen, die an alle Schiffsfunkstellen oder an die eigene Funkstelle gerichtet sind. Unzulässig ist es, Nachrichten zu empfangen, die an eine andere Funkstelle adressiert sind (Abhörverbot).

Ferner dürfen weder die Umstände des Nachrichtenaustausches noch der Inhalt von Nachrichten Dritten mitgeteilt werden, sofern es sich nicht um Meldungen an alle Seefunkstellen gehandelt hat. Nur ein Richter kann vor Gericht von der Wahrung des Fernmeldegeheimnisses entbinden.

2.2 Frequenzzuteilungsverordnung (FreqZutV)

Die Frequenzzuteilungsverordnung (FreqZutV) enthält insbesondere Vorschriften über:

- Allgemeine Voraussetzungen für Frequenzzuteilungen
- Arten von Frequenzzuteilungen
- Inhalt von Frequenzzuteilungen
- Änderungen von Frequenzzuteilungen
- Löschung von Frequenzzuteilungen

Diese Regelungen beziehen sich somit darauf, **an wen und für welchen Verwendungszweck** Frequenzzuteilungen vergeben werden können. Angaben, die die Frequenzzuteilungsurkunde enthält, müssen der FreqZutV entsprechen.

Frequenzzuteilungsverordnung

(FreqZutV)

Vom 26. April 2001

Auf Grund des § 47 Abs. 4 des Telekommunikationsgesetzes vom 25. Juli 1996 (BGBl. I S. 1120) verordnet die Bundesregierung:

§ 1
Geltungsbereich

Diese Verordnung regelt die Zuteilung von Frequenzen.

§ 2
Frequenzzuteilung

(1) Unbeschadet einer nach § 6 des Telekommunikationsgesetzes erforderlichen Lizenz bedarf es für jede Frequenznutzung einer Zuteilung.

(2) Frequenznutzung im Sinne dieser Verordnung ist jede erwünschte Aussendung oder Abstrahlung elektromagnetischer Wellen.

(3) Frequenznutzung im Sinne dieser Verordnung ist auch jede Führung elektromagnetischer Wellen in und längs von Leitern, die bestimmungsgemäß betriebene Funkdienste oder bestimmungsgemäß betriebene andere Anwendungen elektromagnetischer Wellen unmittelbar oder mittelbar beeinträchtigen könnte.

(4) Eine Frequenzzuteilung ist die behördliche oder durch Rechtsvorschriften erteilte Erlaubnis zur Benutzung von bestimmten Frequenzen unter festgelegten Bestimmungen.

(5) Frequenzen werden zweckgebunden zugeteilt. Die Frequenzzuteilung erfolgt nach Maßgabe des Frequenznutzungsplanes.

§ 3
Arten der Frequenzzuteilung

(1) Frequenzen werden

1. natürlichen Personen, juristischen Personen oder Personenvereinigungen, soweit ihnen ein Recht zustehen kann, für einzelne Frequenznutzungen auf schriftlichen Antrag als Einzelzuteilung oder

2. von Amts wegen als Allgemeinzuteilung für die Benutzung von bestimmten Frequenzen durch die Allgemeinheit oder einen nach allgemeinen Merkmalen bestimmten oder bestimmbaren Personenkreis oder

3. auf Grund eines sonstigen Verfahrens, soweit dies in Gesetzen und Rechtsverordnungen vorgesehen ist,

zugeteilt.

(2) Frequenzen, die im Frequenznutzungsplan für die Seefahrt und die Binnenschifffahrt sowie den Flugfunkdienst ausgewiesen sind und die auf fremden Wasser- oder Luftfahrzeugen, die sich im Geltungsbereich des Telekommunikationsgesetzes aufhalten, zu den entsprechenden Zwecken genutzt werden, gelten als zugeteilt.

Änderungen der Person, des Verwendungszwecks oder der Funkausrüstung müssen der BNetzA angezeigt werden; die Angaben in der Frequenzzuteilungsurkunde sind entsprechend zu ändern. Konkret sind das z. B. Wohnortänderungen, Namensänderungen oder aber auch Änderungen in der Funkausrüstung wie die Zurüstung einer Satelliten-Seenotfunkbake (EPIRB). Auch der Austausch der vorhandenen Seefunkanlage durch ein neueres Modell gehört dazu.

Schiffssicherheitsverordnung (siehe Seite 23)

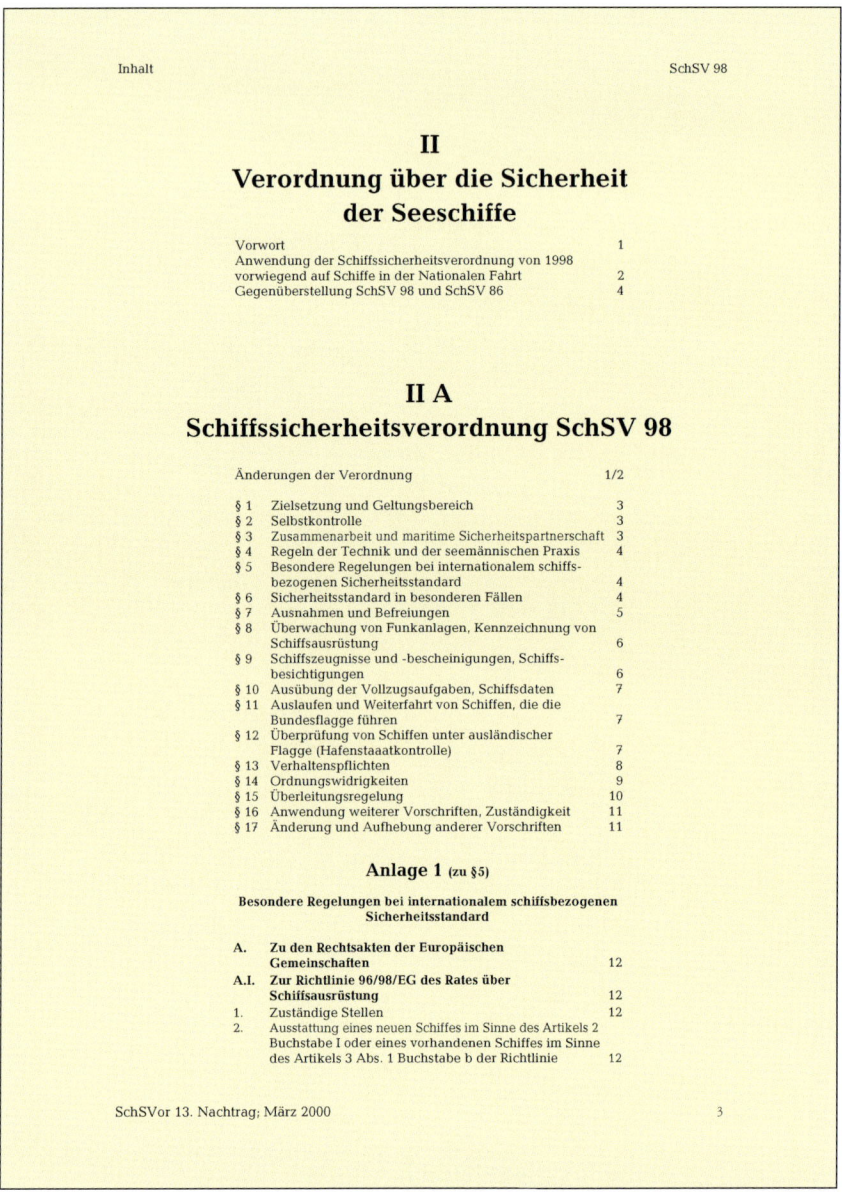

2.3 Schiffssicherheitsverordnung (SchSV)

Die Schiffssicherheitsverordnung wird **nur für Fahrzeuge** angewendet, welche die **Flagge der Bundesrepublik Deutschland** führen. Ergänzend zum SOLAS-Abkommen finden hier auch Regelungen zur Ausrüstungspflicht für Frachtschiffe Anwendung, die weniger als 300 BRZ aufweisen, für Fahrgastschiffe in der Inlandsfahrt sowie für Traditionsschiffe, Ausbildungs- und Sonderfahrzeuge. Insgesamt unterscheidet sich die Funkausrüstung nach SOLAS bzw. nach SchSV nur wenig. Unterschiedlich kann der Besitz eines Funkzeugnisses geregelt sein. So ist zum Beispiel auf einem mit UKW-DSC ausgerüstetem Traditionsschiff mindestens ein SRC, auf einem Frachtschiff mit der gleichen Funkausrüstung über 300 BRZ aber ein „Restrictet Operator's Certificate" (ROC) – Funkzeugnis für die Berufsschifffahrt für jeden Nautiker – vorgeschrieben.

Sportfahrzeuge unterliegen keiner Funkausrüstungspflicht. Jedoch ist es aus Sicherheitsgründen zu empfehlen, sich entsprechend seinem Fahrtgebiet mit Funkanlagen auszurüsten. Hierzu hat die International Maritime Organization (IMO) Richtlinien für die Teilnahme am GMDSS herausgegeben, deren Anwendung Eignern von Sportbooten dringend empfohlen wird. Diese können zusätzlich zu der UKW-DSC-Seefunkanlage im Küstenbereich auch noch eine EPIRB und ein Handsprechfunkgerät hinzurüsten, um verschiedene Notalarmierungswege beschreiten zu können, die unabhängig von der Bordbatterie funktionieren.

Funkausrüstungspflichtige Schiffe müssen neben der nach den RR vorgeschriebenen Frequenzzuteilungsurkunde auch noch ein gültiges Funksicherheitszeugnis an Bord im Original mitführen. In der Regel ist die Gültigkeit auf 5 Jahre begrenzt und wird jährlich überprüft. Die See-Berufsgenossenschaft (See-BG) fordert hierzu eine Prüfung der Funkanlage, die gemäß Schiffssicherheitsverordnung vom Bundesamt für Seeschifffahrt und Hydrographie oder von Beauftragten einer Klassifikationsgesellschaft durchgeführt wird.

2.4 Gesetz über Funkanlagen und Telekommunikationsendeinrichtungen (FTEG)

Das FTEG legt u. a. fest, **unter welchen Bedingungen Seefunkanlagen** für nicht ausrüstungspflichtige Schiffe **benutzt werden dürfen**. Funkanlagen müssen hiernach in mindestens einem EU-Staat in den Verkehr gebracht worden sein. Dies bedeutet, dass der Verwaltung unter Angabe der technischen Normen angezeigt wird, dass ein bestimmtes Gerät für den Seefunk in diesem Land verkauft werden soll. Für ein nicht in Deutschland in Verkehr gebrachtes Seefunkgerät wird eine Konformitätsbescheinigung des Herstellers gefordert, die die einzuhaltenden Normen und das Land benennt, in dem es in Verkehr gebracht wurde. Alle in den Verkehr gebrachten Geräte müssen mit dem Gerätetyp, der Seriennummer sowie einem speziellen CE-Kennzeichen (mit Ausrufezeichen) gekennzeichnet sein.

Funkausrüstungspflichtige Schiffe benötigen Geräte, die mit einer Steuerradkennzeichnung (Wheelmark) gekennzeichnet sein müssen, die von einer benannten Stelle wie z. B. dem Bundesamt für Seeschifffahrt und Hydrographie (BSH) für das entsprechende Gerät vergeben wurden. Die Steuerradkennzeichnung beurkundet die uneingeschränkte Verwendung und den erweiterten Funktionsumfang des Gerätes für die Berufsschifffahrt.

Für Seefunkgeräte und DSC-Controller wird grundsätzlich nur noch eine Frequenzzuteilung ausgestellt, die technisch dem Kanalbelegungsplan der Radio Regulations, Ausgabe 2001, entspricht. Dies bedeutet u. a., dass die Kanäle 75 und 76, die vormals gesperrt und als Schutz für den Kanal 16 gedacht waren, freigeschaltet sein müssen und dass die Kanäle 87 und 88 Simplexkanäle sind, da die ehemaligen oberen Frequenzen dieser beiden Kanäle nun für das Automatic Identification System (AIS) in der Seefahrt benutzt werden.

**Gesetz
über Funkanlagen und Telekommunikationsendeinrichtungen
(FTEG)**

Vom 31. Januar 2001

(BGBl. I S. 170)

Der Bundestag hat mit Zustimmung des Bundesrates das folgende Gesetz beschlossen:

Inhaltsübersicht

**Erster Teil
Allgemeine Vorschriften**

- § 1 Zweck und Anwendungsbereich des Gesetzes
- § 2 Begriffsbestimmungen
- § 3 Grundlegende Anforderungen
- § 4 Bereitstellung von Schnittstellenbeschreibungen durch die Regulierungsbehörde für Telekommunikation und Post
- § 5 Schnittstellenbeschreibungen der Netzbetreiber
- § 6 Harmonisierte Normen

**Zweiter Teil
Konformitätsbewertung und CE-Kennzeichnung**

- § 7 Konformitätsbewertungsverfahren
- § 8 Benannte Stellen
- § 9 CE-Kennzeichnung

**Dritter Teil
Inverkehrbringen und Inbetriebnahme**

- § 10 Inverkehrbringen
- § 11 Inbetriebnahme und Anschlussrecht
- § 12 Schutz von Personen in elektromagnetischen Feldern
- § 13 Messen und Ausstellungen

**Vierter Teil
Aufgaben und Befugnisse der
Regulierungsbehörde für Telekommunikation und Post**

- § 14 Aufgaben und Zuständigkeiten
- § 15 Befugnisse der Regulierungsbehörde für Telekommunikation und Post
- § 16 Kostenregelung

**Fünfter Teil
Bußgeldvorschriften**

- § 17 Bußgeldvorschriften

**Sechster Teil
Übergangs- und Schlussbestimmungen**

- § 18 Übergangsbestimmungen
- § 19 Änderung von Rechtsvorschriften
- § 20 Inkrafttreten, Außerkrafttreten

**Erster Teil
Allgemeine Vorschriften**

**§ 1
Zweck und
Anwendungsbereich des Gesetzes**

(1) Zweck des Gesetzes ist es, durch Regelungen über das Inverkehrbringen, den freien Verkehr und die Inbetriebnahme von Funkanlagen und Telekommunikationsendeinrichtungen einen offenen wettbewerbsorientierten Warenverkehr dieser Geräte im europäischen Binnenmarkt zu ermöglichen. Das Gesetz dient zugleich der Umsetzung der Richtlinie 1999/5/EG des Europäischen Parlaments und des Rates vom 9. März 1999 über Funkanlagen und Telekommunikationsendeinrichtungen und die gegenseitige Anerkennung ihrer Konformität (ABl. EG Nr. L 91 S. 10).

(2) Dieses Gesetz gilt auch, wenn

1. ein Gerät im Sinne von § 2 Nr. 1 als Bestandteil oder als Zubehör ein Medizinprodukt im Sinne des § 3 des Medizinproduktegesetzes vom 2. August 1994 (BGBl. I S. 1963), das durch Artikel 1 des Gesetzes vom 6. August 1998 (BGBl. I S. 2005) geändert worden ist, umfasst, und zwar unbeschadet der Anwendung des Medizinproduktegesetzes auf das Medizinprodukt,

2. ein Gerät im Sinne von § 2 Nr. 1 ein Bauteil oder eine selbständige technische Einheit eines Kraftfahrzeugs bildet, unbeschadet der Anwendung straßenverkehrsrechtlicher Vorschriften.

(3) Dieses Gesetz gilt nicht für

1. Funkanlagen, die von Funkamateuren im Sinne des Amateurfunkgesetzes vom 23. Juni 1997 (BGBl. I S. 1494) verwendet werden und die nicht im Handel erhältlich sind. Als nicht im Handel erhältliche Funkanlagen gelten auch aus Einzelteilen bestehende Bausätze, die von Funkamateuren zusammengesetzt werden sowie handelsübliche Anlagen, die von Funkamateuren für ihre Zwecke umgebaut wurden,

2. Ausrüstung im Sinne der Richtlinie 96/98/EG des Rates vom 20. Dezember 1996 über Schiffsausrüstung (ABl. EG 1997 Nr. L 46 S. 25), geändert durch Richtlinie 98/85/EG der Kommission vom 11. November 1998 (ABl. EG Nr. L 315 S. 14), in ihrer jeweiligen Fassung sowie Ausrüstung im Sinne der Richtlinie 98/18/EG des Rates vom 17. März 1998 über Sicherheitsvorschriften und -normen für Fahrgastschiffe (ABl. EG Nr. L 144 S. 1),

3. Kabel und Drähte,

(Fragen: 4–9, 42, 49, 53, 62–64, 66, 75, 79, 80, 87–89, 93, 94, 96–100, 106, 120, 123–125)

V Urkunden

1 Frequenzzuteilungsurkunde (Ship Station Licence)

Die Radio Regulations (VO Funk) schreiben international verbindlich für das Errichten und Betreiben von Funkanlagen auf Schiffen eine Ship Station Licence (Frequenzzuteilungsurkunde) vor. Form und Inhalt dieser Urkunde sind vorgegeben. Auf Antrag wird diese Urkunde von der Bundesnetzagentur (BNetzA) für ein bestimmtes Schiff für den Eigner des Schiffes ausgestellt.

Inhalt und Zweck der Frequenzzuteilungsurkunde ist es, die **Art und** den **Umfang der** an Bord **vorhandenen Seefunkanlagen** zu dokumentieren. Neben den allgemeinen Angaben wie Name und Adresse des Zuteilungsinhabers sind Angaben zur Kennzeichnung der Funkstation wie Schiffsname, Rufzeichen und Maritime Mobil Service Identity (MMSI) eingetragen. Ist eine Binnenfunkanlage vorhanden, wird auch die im Binnenschifffahrtsfunk vorgeschriebene ATIS-Kennung (Automatic Transmitter Identification Code) erfasst. Bei Bedarf und Vorhandensein von weiteren Funkanlagen werden auch diese Kennungen wie Inmarsat-Kennungen aller Art festgehalten.

Ist die Teilnahme am öffentlichen Nachrichtenaustausch gewünscht und damit ein Vertrag mit einer autorisierten Abrechnungsgesellschaft vorhanden, so wird die zu verwendende Abrechnungskennung unter Art des Verkehrs als CP (P = Public) mit dem 4-stelligen Accounting Authority Identification Code (AAIC) der Abrechnungsgesellschaft festgehalten. Wenn öffentlicher Funkverkehr nicht gewünscht ist, so lautet die Abkürzung CR (R = Restricted). In diesem Fall dürfen Telefongespräche von einer Küstenfunkstelle nicht ins öffentliche Telefonnetz weitergeleitet werden. Unter Dienststunden findet sich bei nicht ausrüstungspflichtigen Schiffen meist die Bezeichnung „HX" als Synonym für Dienst von unbestimmter Dauer.

Die zweite Seite der Frequenzzuteilungsurkunde enthält neben einer Rechtsbehelfsbelehrung noch die Anzahl und Art der eingebauten Funkanlagen mit ihrer genauen Typenbezeichnung und dem Frequenzbereich, in dem die einzelnen Seefunkanlagen arbeiten.

Eine dritte Seite enthält die Nebenbestimmungen zur Frequenzzuteilung und ist mit der Frequenzzuteilung im Original an Bord mitzuführen.

Die Angaben in der Frequenzzuteilungsurkunde werden der International Telecommunication Union (ITU) und den SAR-Leitstellen gemeldet. Die ITU verwendet diese Daten u. a. für die Erstellung der „List of Ship Stations" und der „List of Call Signs and Numerical Identities", die auf ausrüstungspflichtigen Schiffen zwingend vorgeschrieben sind und vorhanden sein müssen.

Seefunkanlagen dürfen erst dann eingeschaltet und bedient werden, wenn die Frequenzzuteilung vorhanden ist. Die Frequenzzuteilungsurkunde ist im **Original an Bord** mitzuführen und muss autorisierten Mitarbeitern der BNetzA sowie der Polizei vorgezeigt werden können. Auch im Ausland können entsprechende Behörden bei Kontrollen das Vorzeigen der Urkunde verlangen.

Bundesrepublik Deutschland

Neuausfertigung

**Bundesnetzagentur
für Elektrizität, Gas, Telekommunikation, Post und Eisenbahnen**

ZUTEILUNGSURKUNDE
SHIP STATION LICENCE
LICENCE DE STATION DE NAVIRE
LICENCIA DE ESTACIÓN DE BARCO

16.07.2007			31.12.2012
valid from		to	

Zuteilungsnummer: **31 80 01 22 20**
assignment number

Frequenzzuteilung zur Nutzung zum Betreiben der nachfolgend gekennzeichneten Seefunkstelle aufgrund des § 55 des Telekommunikationsgesetzes (TKG) vom 22. Juni 2004 (BGBl. I S. 1190). Die Frequenzzuteilung entspricht einer Genehmigung zum Errichten und Betreiben der Seefunkstelle in Übereinstimmung mit Artikel 18 der Radio Regulations.
Frequency assignment for the operation of the below mentioned ship's radio station pursuant to § 55 of the Telecommunications Act (TKG) published on 22th of June 2004 (Federal Law Gazette I p. 1190). The frequency assignment is equivalent to the licence according to Article 18 of the Radio Regulations.

Name des Schiffes *name of ship*	**Tina**	Rufzeichen *call sign*	**DILD**
MMSI *Maritime Mobile Service Id.*	**211302690**	Inmarsat B	**321130269**
			321130274
Selektivruf (SSFC) *selective call* (DSC)	**64182** **211302690**		
ATIS-Kennung *ATIS code*	**9211091204**	Inmarsat C	**421130269**
Funktelex *radiotelex*	**64182**		
		Inmarsat F77	**762113069**
EPIRB-Kennung(en) *EPIRB identification(s)*	**211302690**		**762113074**

Inhaber
holder of licence

Dienststunden: **HX** *hours of service*	Art des Verkehrs: *nature of service (terrestrial)*	**CP**	Abrechnungskennung: AAIC (terrestrial) AAIC (Inmarsat)		**DP07** **DP01**

Amtliche Eintragungen:
Official remarks

Seite 1 von 2

V.1 Frequenzzuteilungsurkunde

Zuteilungsnummer:
assignment number

Name des Schiffes
name of ship

Rufzeichen
call sign

Funkausrüstung der Seefunkstelle
ship's radio equipment

Anzahl *quantity*	Art der Seefunkanlage(n) *kind of radio device(s)*	Typenbezeichnung *type*	Frequenzbereich/ Frequenzen *frequency range/ frequencies*
2	VHF-DSC	RT6322	V
2	MF/HF-DSC	Debeg 3120	T, U
1	Inmarsat C	Debeg 3220C	S
1	Inmasat B	Debeg3250E	S
1	EPIRB	Tron 30S MKII	BE
1	AIS	XYZ	V
2	SART	Sart2	G
3	VHF Portable	SP3110	V
1	VHF DSC/ATIS	RT6322	V

Die dem Seefunkdienst und dem Seefunkdienst über Satelliten zugewiesenen Frequenzbereiche / Frequenzen werden zur Nutzung für das Betreiben der Seefunkstelle unter Beachtung der beigefügten Auflagen zugeteilt.

The frequency ranges / frequencies for the maritime mobile and maritime mobile-satellite services are assigned for the use of the ship's radio station. The conditions attached are observed.

Rechtsbehelfsbelehrung:
Gegen diesen Bescheid kann innerhalb eines Monats nach Bekanntgabe Widerspruch erhoben werden. Der Widerspruch ist bei der Bundesnetzagentur für Elektrizität, Gas, Telekommunikation, Post und Eisenbahnen, Tulpenfeld 4, 53113 Bonn oder bei einer sonstigen Dienststelle der Bundesnetzagentur für Elektrizität, Gas, Telekommunikation, Post und Eisenbahnen schriftlich oder zur Niederschrift einzulegen. Es dient einer zügigen Bearbeitung Ihres Widerspruches, wenn er bei der **Bundesnetzagentur für Elektrizität, Gas, Telekommunikation, Post und Eisenbahnen, Außenstelle Hamburg, Sachsenstr. 12 + 14, 20097 Hamburg** eingelegt wird. Die Schriftform kann durch die elektronische Form ersetzt werden. In diesem Fall ist das elektronische Dokument mit einer qualifizierten elektronischen Signatur nach dem Signaturgesetz zu versehen. Der Widerspruch hat keine aufschiebende Wirkung. Die Einlegung eines Widerspruchs ändert nichts an der Wirksamkeit und Vollziehbarkeit des Bescheides.

Hinweise zur Rechtsbehelfsbelehrung:
Für ein ganz oder teilweise erfolgloses Widerspruchsverfahren werden grundsätzlich Kosten (Gebühren und Auslagen) erhoben. Für die vollständige oder teilweise Zurückweisung eines Widerspruchs wird grundsätzlich eine Gebühr bis zur Höhe der für die angefochtene Amtshandlung festgesetzten Gebühr erhoben. Bei Verwendung der elektronischen Form sind besondere technische Rahmenbedingungen zu beachten. Die besonderen technischen Voraussetzungen hierfür sind unter www.bundesnetzagentur.de/enid/elektronische-kommunikation aufgeführt.

Hamburg,
place and date of issue

Anlage *(enclosure)*
Auflagen und Hinweise
(appended conditions and explanatory notes)

Im Auftrag
by order

(Dienststempel)
official stamp

2 GMDSS-Seefunkzeugnisse

Mit Einführung des Global Maritime Distress and Safety System (GMDSS) im Seefunk wurde es aufgrund der neuen Betriebsverfahren und Techniken auch notwendig, die Funkzeugnisse an das Verfahren anzupassen. Alle GMDSS-Seefunkzeugnisse, bis auf das UBZ (UKW-Betriebszeugnis für Funker), sind **international gültig**. Aus diesem Grund fordern die Radio Regulations (RR) den Nachweis der englischen Sprache in der Prüfung.

Alle GMDSS-Seefunkzeugnisse berechtigen jedoch nicht zur **Teilnahme am Binnenschifffahrtsfunk**, weil sich dessen Betriebsverfahren vom Seefunk erheblich unterscheiden. Hierfür ist der gesonderte Erwerb eines „Beschränkt Gültigen UKW-Sprechfunkzeugnisses für den Binnenschifffahrtsfunk" (UBI) erforderlich. Dagegen berechtigen die bis zum 31.12.2002 ausgestellten GMDSS-Zeugnisse „Allgemeines Betriebszeugnis für Funker" und „Beschränkt Gültiges Betriebszeugnis für Funker" (I und II) neben der Teilnahme am GMDSS-Seefunk auch weiterhin zur Teilnahme am Binnenschifffahrtsfunk, weil dieser Bereich auch in der Prüfung abgefragt wurde.

Die nachfolgenden Seefunkzeugnisse können für das GMDSS grundsätzlich erworben werden:
- SRC (Short Range Certificate)
- LRC (Long Range Certificate)
- ROC (Restricted Operator's Certificate)
- GOC (General Operator's Certificate)
- UBZ (UKW-Betriebszeugnis für Funker)
- Funkelektronikzeugnis 1. und 2. Klasse

2.1 Short Range Certificate (SRC)
Das SRC berechtigt seinen Inhaber zur Bedienung von VHF-Sprech-Seefunkstellen und dazugehörigen Einrichtungen des GMDSS auf nicht ausrüstungspflichtigen Schiffen (z. B. Sportboote) weltweit. Es dürfen also VHF-DSC-Seefunkanlagen bedient werden. Die Gültigkeit des Seefunkzeugnisses ist unbefristet, d. h., es ist lebenslang gültig. Die Prüfung wird bei einem Prüfungsausschuss des Deutschen Segler-Verbandes (DSV) abgenommen.

2.2 Long Range Certificate (LRC)
Das LRC berechtigt seinen Inhaber zur Bedienung aller GMDSS-Seefunkanlagen auf nicht ausrüstungspflichtigen Schiffen (z. B. Sportboote und Traditionsschiffe) weltweit. Bedient werden dürfen VHF-DSC-Seefunkanlagen, GW/KW-DSC-Seefunkanlagen, Inmarsat A, B, C, Funktelex sowie alle Zusatzeinrichtungen hierzu. Die Gültigkeit des Seefunkzeugnisses ist unbefristet, d. h., es ist lebenslang gültig. Die Prüfung wird bei einem Prüfungsausschuss des Deutschen Segler-Verbandes (DSV) abgenommen.

2.3 Restricted Operator's Certificate (ROC)
Das ROC berechtigt seinen Inhaber zur Bedienung von VHF-Sprech-Seefunkstellen und dazugehörigen Einrichtungen des GMDSS auf funkausrüstungspflichtigen Schiffen weltweit. Es dürfen also VHF-DSC-Seefunkanlagen bedient werden. Dieses Seefunkzeugnis erhält einen Gültigkeitsvermerk, in der Regel für 5 Jahre. Nach 5 Jahren ist eine Nachprüfung erforderlich, wenn nicht wenigstens ein Jahr lang der Funkdienst auf einem Schiff ausgeübt worden ist. Die Prüfung wird an einer staatlich anerkannten Ausbildungsstätte, z. B. an einer Seefahrtschule, abgenommen. Nachprüfungen werden beim Bundesamt für Seeschifffahrt und Hydrographie (BSH) abgelegt.

2
Beschränkt Gültiges
Betriebszeugnis für
Funker I

Dieses Zeugnis wurde in Übereinstimmung mit Artikel 55 der Vollzugsordnung für den Funkdienst ausgestellt.

Der Inhaber ist berechtigt, die Funkeinrichtungen bei deutschen Sprech-Seefunkstellen für UKW sowie alle Funkeinrichtungen des Weltweiten Seenot- und Sicherheitsfunksystems (GMDSS) bei deutschen Seefunkstellen für UKW zu bedienen.

Der Inhaber ist zur Wahrung des Fernmeldegeheimnisses verpflichtet.

This certificate was issued in accordance with Article 55 of the Radio Regulations.

The holder is authorized to operate all radioinstallations of German ship stations for radiotelephony on VHF and the Global Maritime Distress and Safety System (GMDSS) VHF-equipment of German ship stations.

The holder has to preserve the secrecy of telecommunications.

1.98 / 8 7 6 5   A7-920s   Reg TP F 3.194, Stand 01/98

Bundesrepublik Deutschland

Beschränkt Gültiges Betriebszeugnis für Funker I

Restricted Operator's Certificate I

Inhaber / *Holder*

Nr.:

Name:
Surname:

Vornamen:
Christian names:

Geburtstag:
Date of birth:

Geburtsort:
Place of birth:

Besondere Vermerke / *Special remarks:*

Lichtbild

Ort / *Place:*   Datum / *Date:*

Regulierungsbehörde für
Telekommunikation und Post
Im Auftrag / *By direction*

Unterschrift des Inhabers / *Signature of the holder:*

V Urkunden

2
*Beschränkt Gültiges
Betriebszeugnis für
Funker II*

Bundesrepublik Deutschland

Dieses Zeugnis wurde in Übereinstimmung mit Artikel 55 der Vollzugsordnung für den Funkdienst ausgestellt.

Der Inhaber ist berechtigt, alle Funkeinrichtungen bei deutschen Sprech-Seefunkstellen für UKW sowie alle Funkeinrichtungen des Weltweiten Seenot- und Sicherheitsfunksystems (GMDSS) bei deutschen Seefunkstellen für UKW zu bedienen. Das Zeugnis berechtigt zur Teilnahme am GMDSS ausschließlich in den Gewässern im Bedeckungsbereich der deutschen UKW-Küstenfunkstellen.

Der Inhaber ist zur Wahrung des Fernmeldegeheimnisses verpflichtet.

This certificate was issued in accordance with Article 55 of the Radio Regulations.

The holder is authorized to operate all radioinstallation of German ship stations for radiotelephony on VHF and the Global Maritime Distress and Safety System (GMDSS). The Certificate entitles to participate in the GMDSS exclusively in the waters within the range of German coast stations on VHF.

The holder has to preserve the secrecy of telecommunications.

Beschränkt Gültiges Betriebszeugnis für Funker II

Restricted Operator's Certificate II

1.98 / 8 7 6 5 4   A7-920s   Reg TP F 3.195, Stand 01/98

Inhaber / *Holder*

Nr.:

Name:
Surname:

Vornamen:
Christian names:

Geburtstag:
Date of birth:

Geburtsort:
Place of birth:

Besondere Vermerke / *Special remarks:*

Lichtbild

Ort / *Place:*   Datum / *Date:*

Regulierungsbehörde für Telekommunikation und Post
Im Auftrag / *By direction*

Unterschrift des Inhabers / *Signature of the holder:*

2.1 Beschränkt Gültiges Funkbetriebszeugnis (SRC)

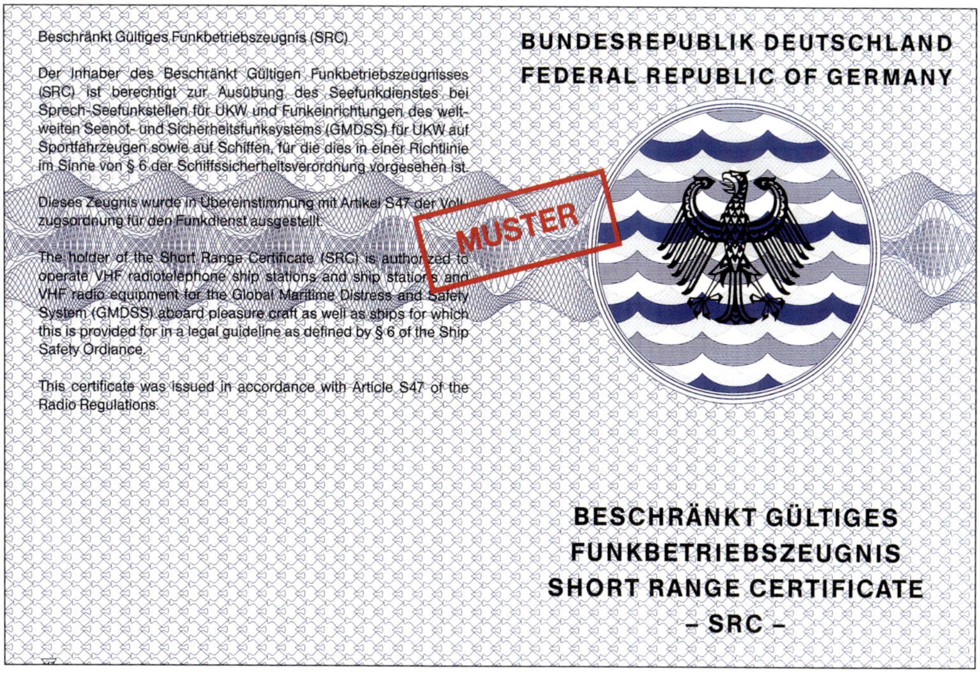

Beschränkt Gültiges Funkbetriebszeugnis (SRC)

Der Inhaber des Beschränkt Gültigen Funkbetriebszeugnisses (SRC) ist berechtigt zur Ausübung des Seefunkdienstes bei Sprech-Seefunkstellen für UKW und Funkeinrichtungen des weltweiten Seenot- und Sicherheitsfunksystems (GMDSS) für UKW auf Sportfahrzeugen sowie auf Schiffen, für die dies in einer Richtlinie im Sinne von § 6 der Schiffssicherheitsverordnung vorgesehen ist.

Dieses Zeugnis wurde in Übereinstimmung mit Artikel S47 der Vollzugsordnung für den Funkdienst ausgestellt.

The holder of the Short Range Certificate (SRC) is authorized to operate VHF radiotelephone ship stations and ship stations and VHF radio equipment for the Global Maritime Distress and Safety System (GMDSS) aboard pleasure craft as well as ships for which this is provided for in a legal guideline as defined by § 6 of the Ship Safety Ordiance.

This certificate was issued in accordance with Article S47 of the Radio Regulations.

BUNDESREPUBLIK DEUTSCHLAND
FEDERAL REPUBLIC OF GERMANY

MUSTER

BESCHRÄNKT GÜLTIGES
FUNKBETRIEBSZEUGNIS
SHORT RANGE CERTIFICATE
– SRC –

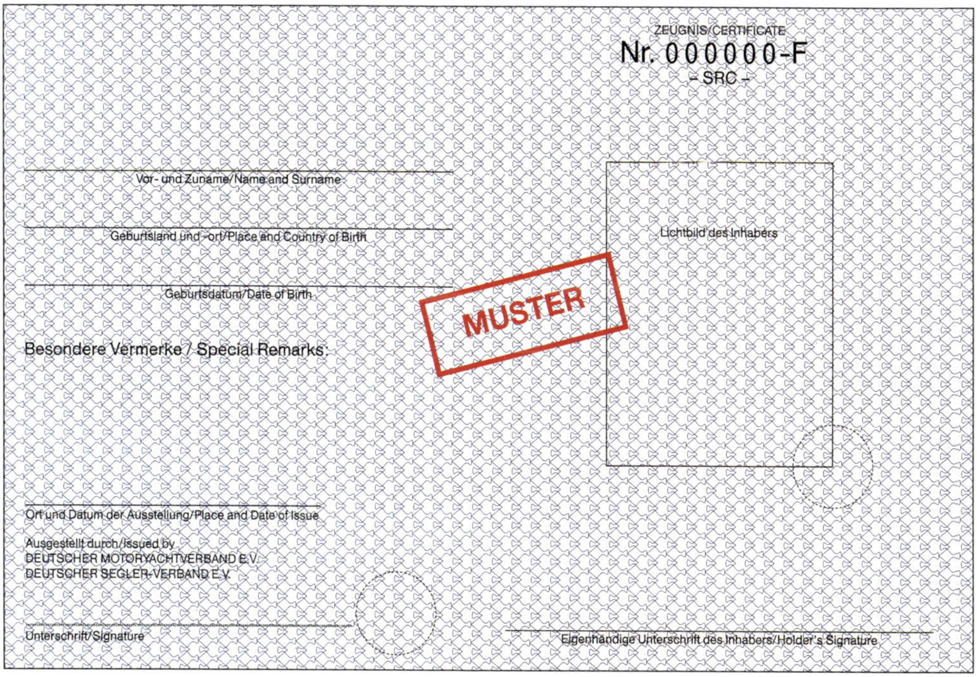

ZEUGNIS/CERTIFICATE
Nr. 000000-F
– SRC –

Vor- und Zuname/Name and Surname

Geburtsland und -ort/Place and Country of Birth

Geburtsdatum/Date of Birth

Besondere Vermerke / Special Remarks:

Lichtbild des Inhabers

MUSTER

Ort und Datum der Ausstellung/Place and Date of Issue

Ausgestellt durch/issued by
DEUTSCHER MOTORYACHTVERBAND E.V.
DEUTSCHER SEGLER-VERBAND E.V.

Unterschrift/Signature

Eigenhändige Unterschrift des Inhabers/Holder's Signature

2.2 Allgemeines Funkbetriebszeugnis (LRC)

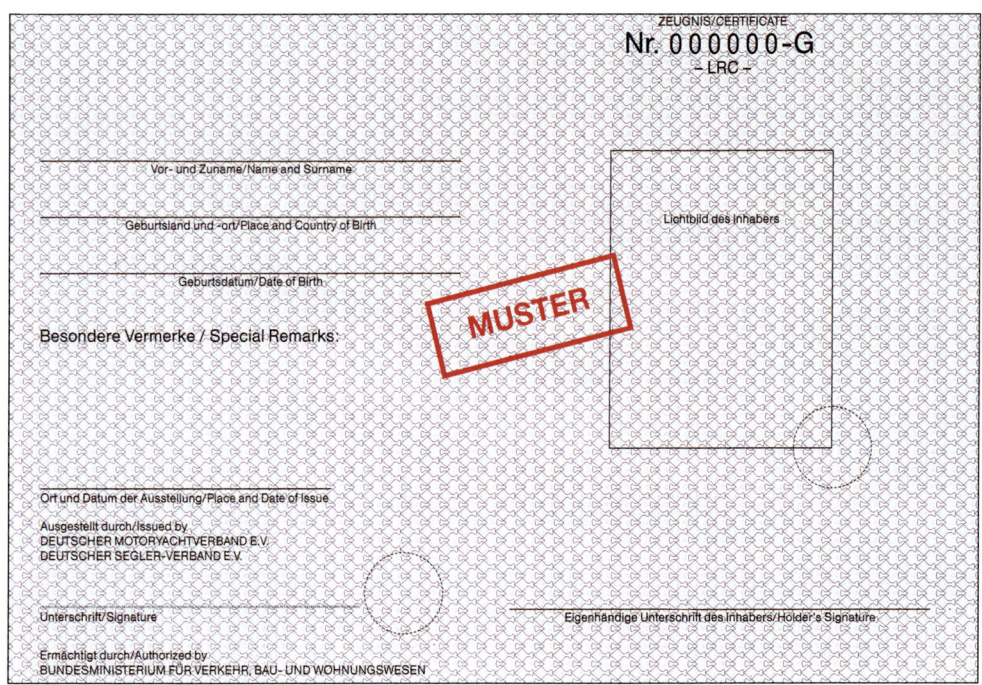

2.3
Beschränkt Gültiges Betriebszeugnis für Funker (ROC)

2.4 General Operator's Certificate (GOC)

Das GOC berechtigt den Inhaber zur Bedienung aller GMDSS-Seefunkanlagen und dazugehörigen Einrichtungen des GMDSS auf ausrüstungspflichtigen Schiffen weltweit. Es dürfen also VHF-DSC-Seefunkanlagen, GW/KW-DSC-Seefunkanlagen, Inmarsat A, B, C, Funktelex sowie alle Zusatzeinrichtungen hierzu bedient werden. Dieses Seefunkzeugnis erhält einen Gültigkeitsvermerk, in der Regel für 5 Jahre. Nach 5 Jahren ist eine Nachprüfung erforderlich. Die Prüfung wird an einer staatlich anerkannten Ausbildungsstätte, z. B. an einer Seefahrtschule, abgenommen. Nachprüfungen werden beim Bundesamt für Seeschifffahrt und Hydrographie (BSH) abgelegt.

2.4 Allgemeines Betriebszeugnis für Funker (GOC)

2.5 UKW-Betriebszeugnis für Funker (UBZ)

Das UBZ berechtigt den Inhaber zur Bedienung von VHF-Sprech-Seefunkstellen und dazugehörigen Einrichtungen des GMDSS auf ausrüstungspflichtigen Schiffen im Bedeckungsbereich der deutschen VHF-DSC-Küstenfunkstellen. Es dürfen also VHF-DSC-Seefunkanlagen bedient werden. Die Gültigkeit des Seefunkzeugnisses ist unbefristet, d. h., es ist lebenslang gültig. Die Prüfung wird beim BSH abgenommen.

2.5
UKW-Betriebszeugnis für Funker (UBZ)

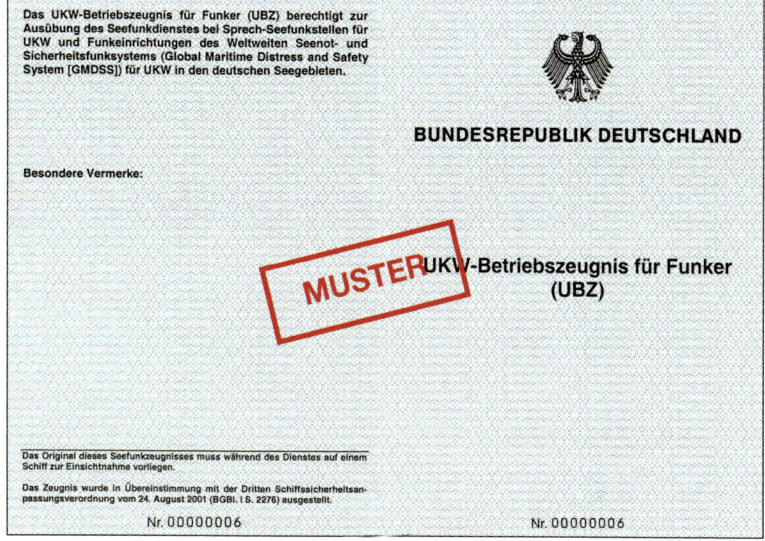

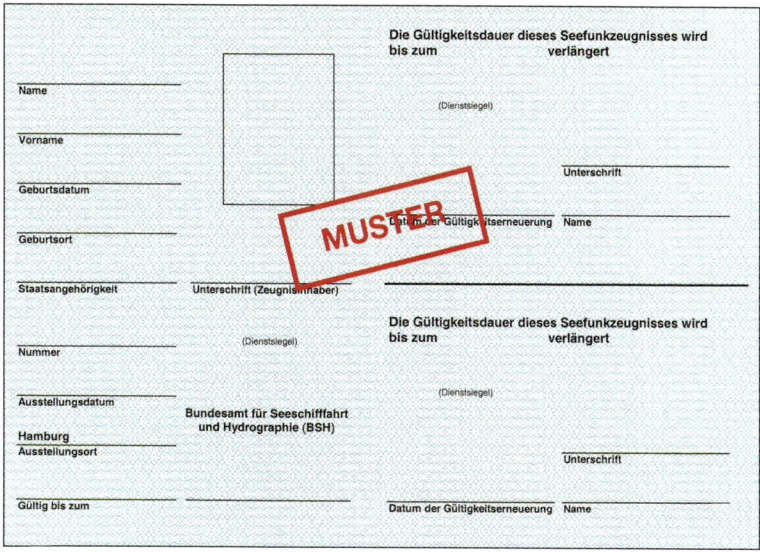

2.6 Funkelektronikzeugnisse 1. und 2. Klasse

Funkelektronikzeugnisse seien hier nur am Rande und der Vollständigkeit halber erwähnt. Sie können nur von Berufsfunkern (Funkoffizieren) erworben werden, die Inhaber eines „Seefunkzeugnisses 1. Klasse", eines „Seefunkzeugnisses 2. Klasse" oder eines „Allgemeinen Seefunkzeugnisses" sind. Nach einer zusätzlichen Ausbildung im technischen Bereich dürfen alle Funkanlagen des GMDSS bedient und auch an Bord repariert werden.

2.6
Funkelektronikzeugnis 1. Klasse

3 Andere Seefunkzeugnisse

Die folgenden Seefunkzeugnisse sind noch gültig, berechtigen aber **nicht zur Bedienung von GMDSS-Seefunkanlagen**. Die Zeugnisse können nicht mehr erworben werden, sind aber durchaus für den Binnenschifffahrtsfunk noch zugelassen:

- UKW-Sprechfunkzeugnis
- Allgemeines Sprechfunkzeugnis
- Seefunkzeugnis 1. und 2. Klasse
- Allgemeines Seefunkzeugnis

3.1
Beschränkt Gültiges
Sprechfunkzeugnis für
Ultrakurzwellen

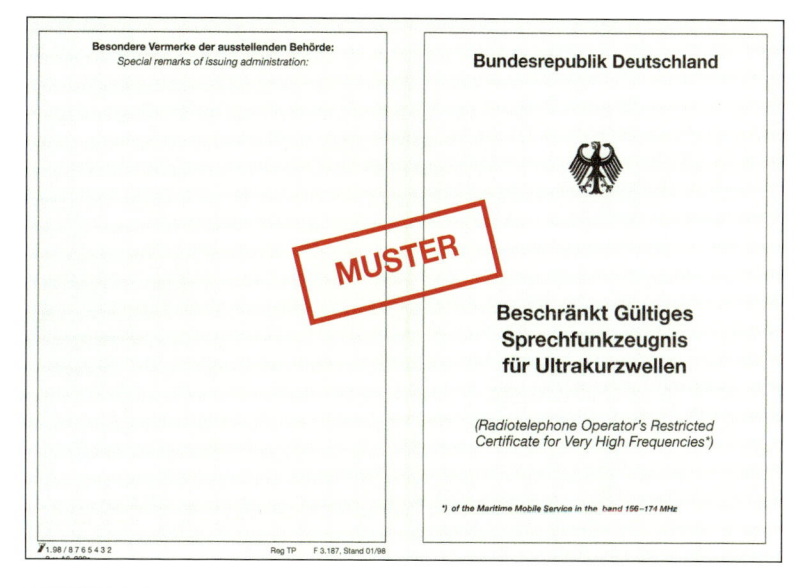

3.2
Allgemeines Sprechfunkzeugnis für den Seefunkdienst

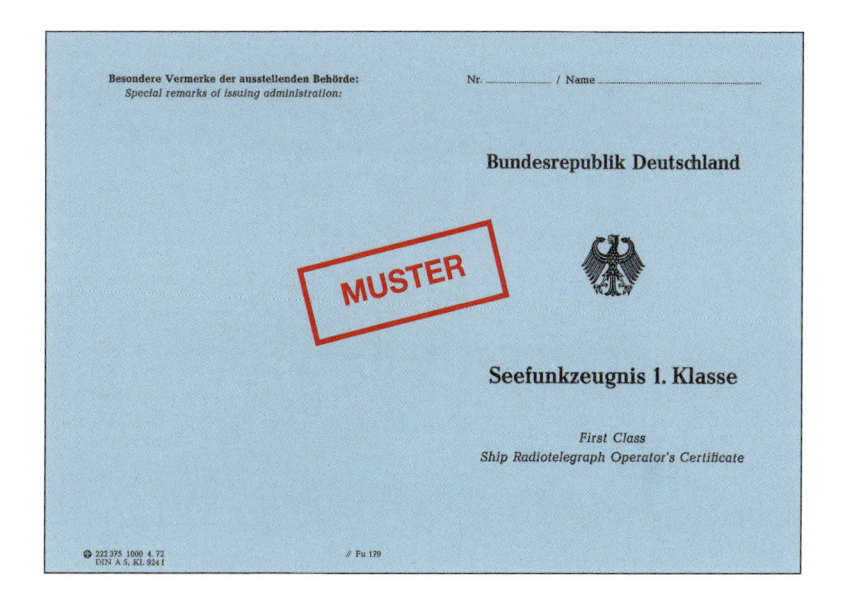

3.3
Seefunkzeugnis 1. Klasse

V Urkunden

3.3
Seefunkzeugnis 2. Klasse

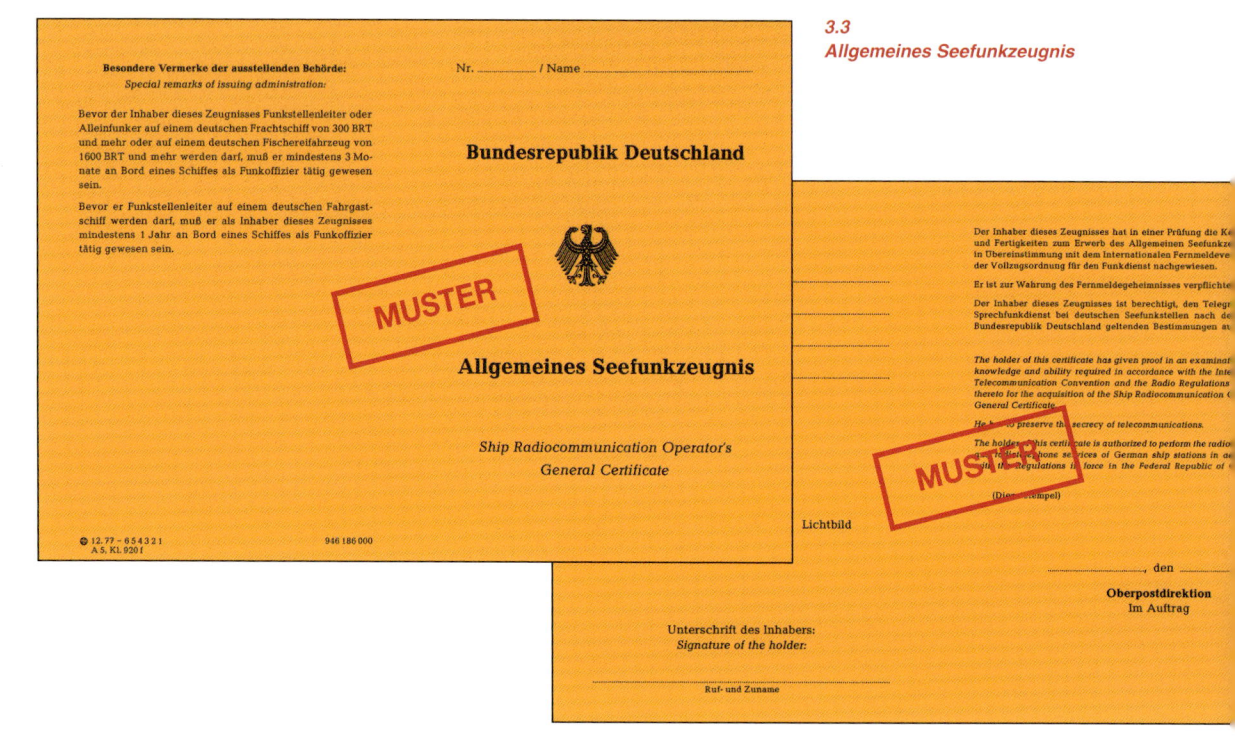

3.3
Allgemeines Seefunkzeugnis

4 Binnenfunkzeugnisse

Neben den unter „Andere Seefunkzeugnisse" aufgeführten alten Seefunkzeugnissen gibt es für den Binnenschifffahrtsfunk ein neues, nur für diesen Funkbereich gültiges Funkzeugnis, das „UKW-Sprechfunkzeugnis für den Binnenschifffahrtsfunk" (UBI).

Das UBI berechtigt zur Teilnahme am Binnenschifffahrtsfunk. **GMDSS-Seefunkanlagen** dürfen nicht bedient werden. Die Prüfung wird beim Deutschen Segler-Verband (DSV) oder beim Deutschen Motoryacht-Verband (DMYV) abgenommen. Für Inhaber eines SRC bzw. LRC existiert die Möglichkeit, dieses Zeugnis durch das Bestehen einer vereinfachten Zusatzprüfung abzulegen.

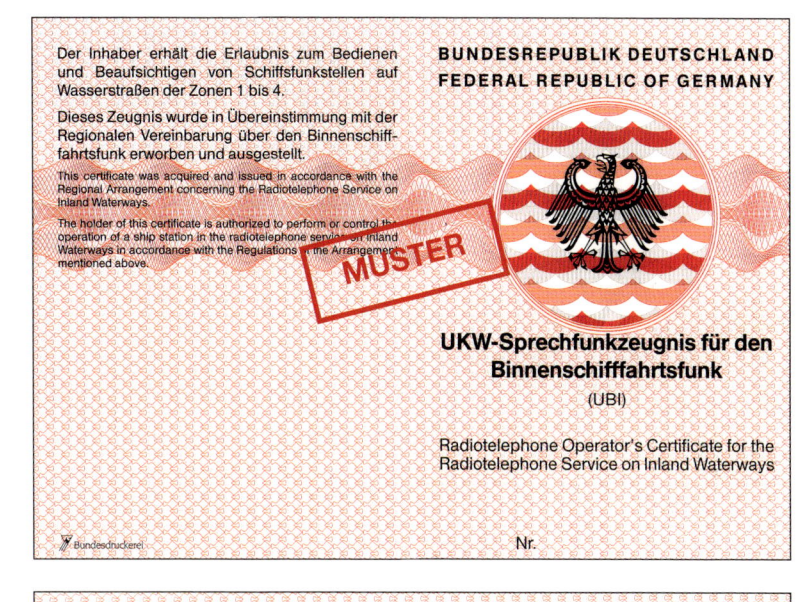

4
UKW-Sprechfunkzeugnis für den Binnenschifffahrtsfunk (UBI)

5 Logbuch

5.1 Eintragung von wichtigem Funkverkehr

Das Führen eines extra Funktagebuches ist im Gegensatz zu früher heute nicht mehr erforderlich. Laut Radio Regulations sollen jedoch Aufzeichnungen über **wichtigen Funkverkehr in Not-, Dringlichkeits- bzw. Sicherheitsfällen** in das Logbuch eingetragen werden, möglichst unter Verwendung international gebräuchlicher Abkürzungen. Vor Gericht können entsprechende Eintragungen als Beweis dienen, sofern sie urkundenecht und zeitnah erfolgt sind. Wie das aussieht, zeigt die folgende Beispieleintragung:

Uhrzeit (UTC)	Empfangs- oder Sendefrequenz	Gesendet an	Gesendet von	Bemerkungen
1715/1725	Ch 70/Ch 16	CQ	DLAL	Urgency msg rd, Searching for Doc
1933/1940	Ch 85	CQ	Lyngby	WX rd

Die erste Eintragung bedeutet, dass auf Kanal 70 eine Alarmierung und auf Kanal 16 die nachfolgende Dringlichkeitsmeldung (urgency msg) an alle Funkstellen (CQ) von dem Schiff mit dem Rufzeichen DLAL ausgesendet wurde und dass ein Arzt gesucht wurde.

Dem zweiten Eintrag zufolge wurde von 1933 UTC bis 1940 UTC auf VHF-Kanal 85 ein Wetterbericht (WX) von Lyngby Radio empfangen (rd = received).

5.2 Eintragung von wichtigen Ereignissen

Unter der Eintragung wichtiger Ereignisse versteht man z. B. die Prüfung der Funkanlage, der Antennen, die Reparatur oder den Ausfall einer Funkanlage oder die Inspektion der Batterie, an der die Seefunkanlage angeschlossen ist. Diese Prüfungen sollten regelmäßig stattfinden und in das Logbuch eingetragen werden. Beispieleintragung:

Uhrzeit (UTC)	Empfangs- oder Sendefrequenz	Gesendet an	Gesendet von	Bemerkungen
1020/1055	—	—	—	VHF ausgefallen, Sicherung ersetzt, OK!
1100/1120	—	—	—	Batterie geprüft (Säure/Belastung), OK!

Die erste Eintragung zeigt an, dass zwischen 1020 UTC und 1055 UTC das UKW-Gerät aufgrund einer defekten Sicherung nicht funktionierte, dieser Fehler aber erfolgreich behoben wurde (OK).

In der zweiten Zeile wurde die Batterieprüfung eingetragen. Es lässt sich aus der Eintragung entnehmen, dass zwei verschiedene Prüfungen vorgenommen wurden. Zum einen wurde mit einem Säureheber der Ladezustand der einzelnen Zellen begutachtet, zum anderen wurde die Batterie unter Belastung geprüft, um festzustellen, ob diese auch mechanisch in Ordnung ist.

(Fragen: 10, 19, 20, 25–28, 69, 75, 78, 87, 90–92, 102–105)

VI Dienstbehelfe

1 Jachtfunkdienst

Der Jachtfunkdienst wird vom Bundesamt für Seeschifffahrt und Hydrographie herausgegeben und jährlich überarbeitet. Die Veröffentlichung stellt einen Auszug aus dem nautischen Funkdienst (s. u.) dar, welcher Funkstellen auf der ganzen Welt beinhaltet. Es gibt zwei Bände:

Bd. 1: Jachtfunkdienst Nord- und Ostsee

Bd. 2: Jachtfunkdienst Mittelmeer

Diese Dienstbehelfe enthalten für die Funkerei wichtige Informationen. Verzeichnet sind alle in dem jeweiligen Bereich ansässigen Küstenfunkstellen des öffentlichen Nachrichtenaustausches mit Anruffrequenzen, Wachzeiten und Arbeitsfrequenzen in den verschiedenen Seefunkbändern, ebenso die Revierfunkstellen (Häfen, Brücken, Schleusen usw.). Darüber hinaus können dem Jachtfunkdienst solch wichtige Angaben wie zum Empfang von Wetterberichten und nautischen Warnnachrichten, Navtex und vielem mehr entnommen werden. Andere Teile des Jachtfunkdienstes beschäftigen sich mit Ortungsfunk und Seenotfunk, also ganz wesentlichen Informationen, über die jeder verfügen sollte.

Diese Bücher sollten in jedem Fall an Bord sein, wenn eine Funkanlage vorhanden ist. Die etwa 15,- Euro, die ein Band kostet, sind zweifellos gut angelegtes Geld.

Jachtfunkdienst Nord- und Ostsee, Seite 130   *Handbuch Nautischer Funkdienst 2006/2007*

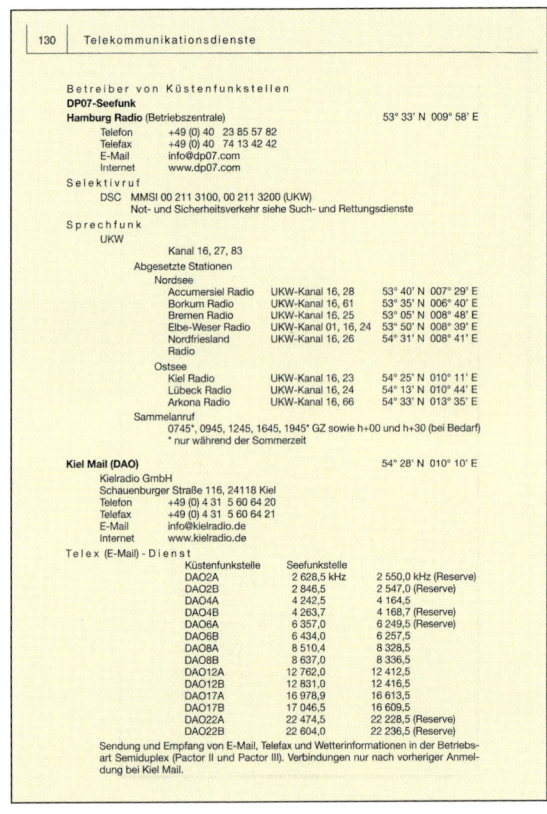

2   Nautischer Funkdienst

Der Nautische Funkdienst, ebenfalls herausgegeben vom BSH, gehört zur Pflichtausrüstung von funkausrüstungspflichtigen Schiffen und ist inhaltlich ähnlich aufgebaut wie der Jachtfunkdienst. Das Werk ist in deutscher Sprache abgefasst, beschränkt sich jedoch nicht wie der Jachtfunkdienst auf die Nord- und Ostsee bzw. das Mittelmeer, sondern bildet funktechnisch gesehen die gesamte Welt ab.

3 Admiralty List

Wer die ganze Welt befährt, kommt um die Admiralty List, herausgegeben von der Britischen Admiralität, nicht herum. Ähnlich wie im Jachtfunkdienst sind hier die meisten Funkstellen des mobilen Seefunkdienstes weltweit mit allen Frequenzen und Dienstangeboten in mehreren Bänden verzeichnet. Dieses Werk ist über den Fachbuchhandel erhältlich.

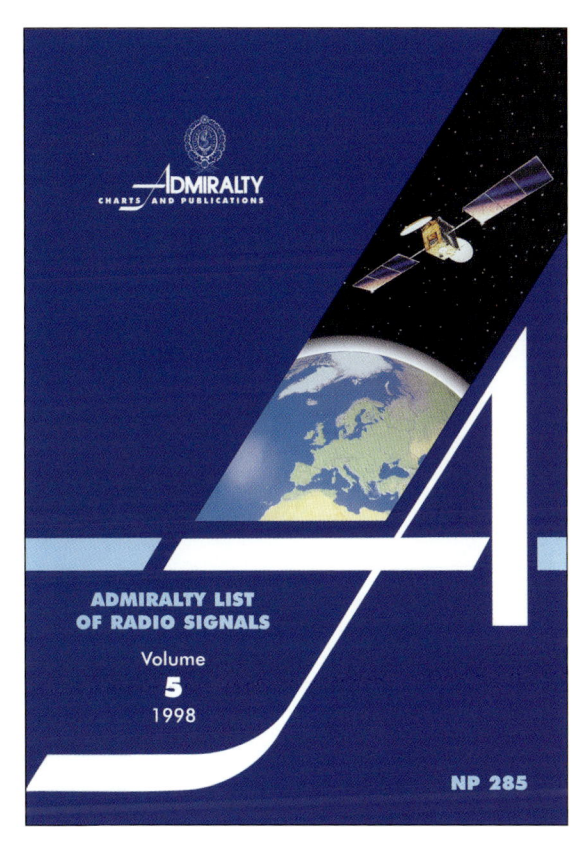

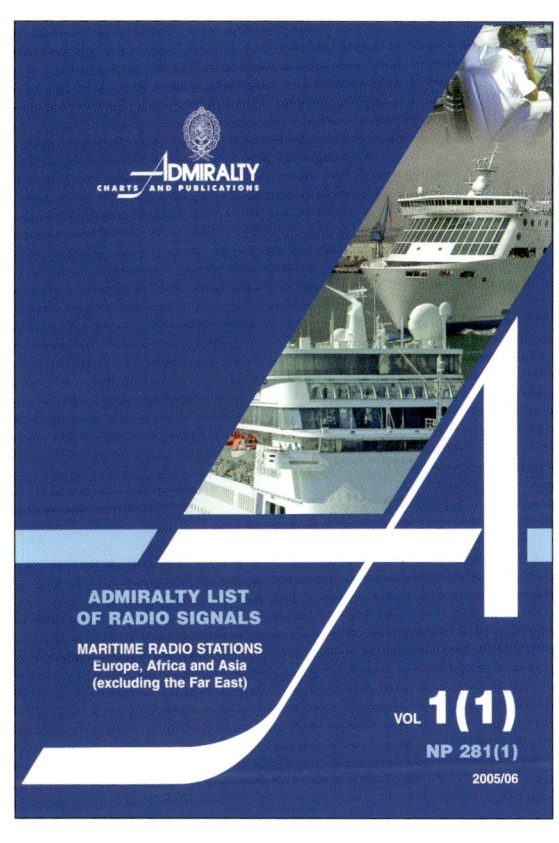

Admiralty List of Radio Signals Vol. 5 und Vol. 1(1)

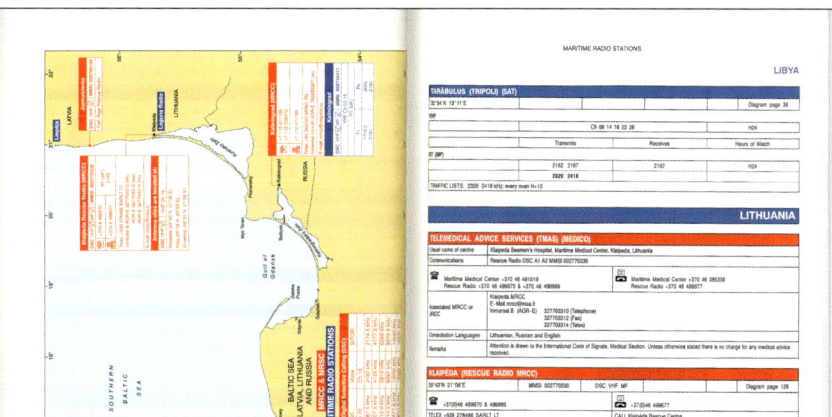

Admiralty List of Radio Signals Vol. 1(1) Seiten 126/127

4 List of Coast Stations

Die List of Coast Stations wird von der International Telecommunication Union (ITU) ca. alle 2 Jahre neu herausgegeben und beinhaltet Informationen über Küstenfunkstellen des öffentlichen Nachrichtenaustausches. Nachträge erscheinen alle 3 Monate. Neben den Anruf- und Arbeitsfrequenzen findet man hier die Wachzeiten der Küstenfunkstellen sowie die Zeiten, zu denen Sammelanrufe ausgesendet werden. Gesprächs-, Telegramm- und Telexkosten können hier für alle Frequenzbereiche für fast jede Küstenfunkstelle eingesehen werden. Im Format eines Hamburger Telefonbuches gehört es zur Pflichtausrüstung von Berufsschiffen.

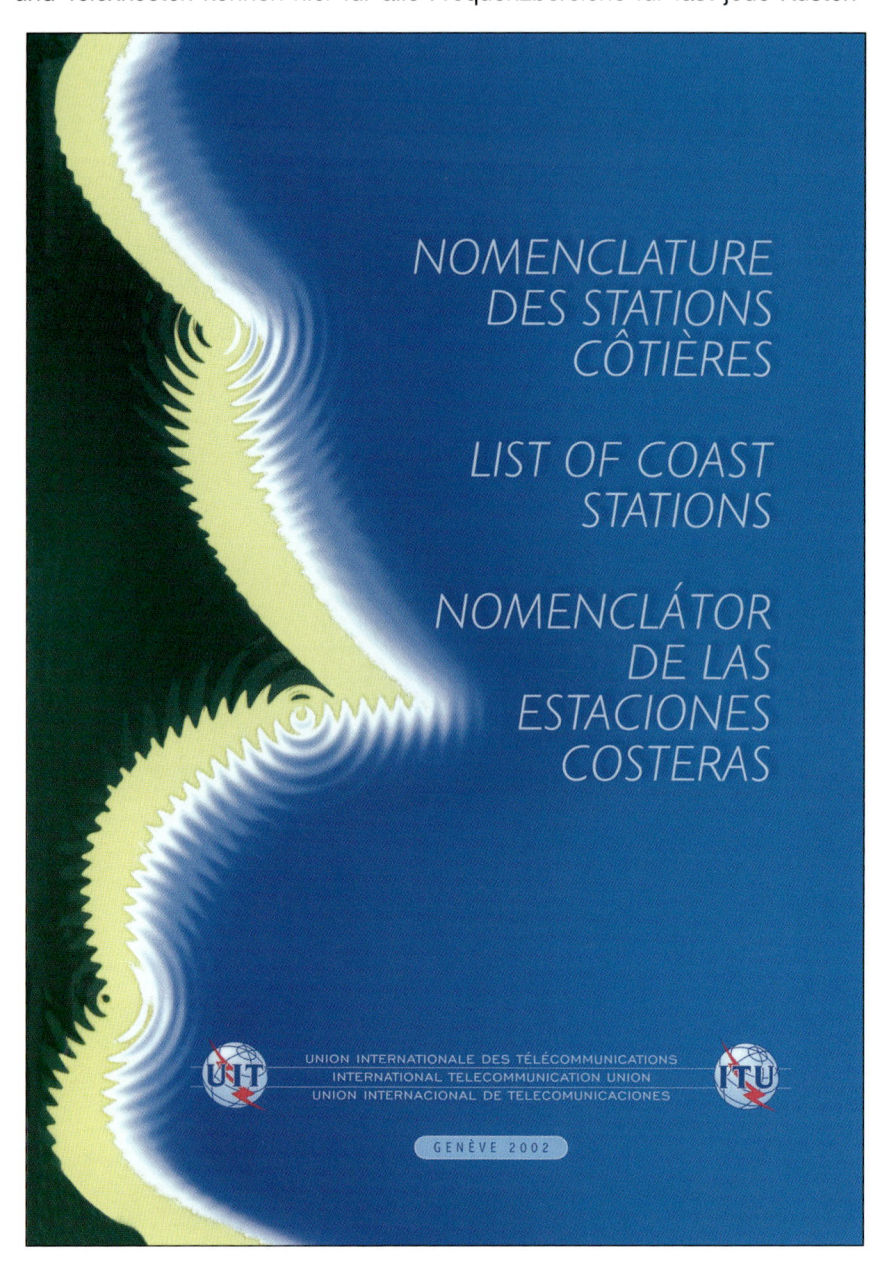

List of Coast Stations

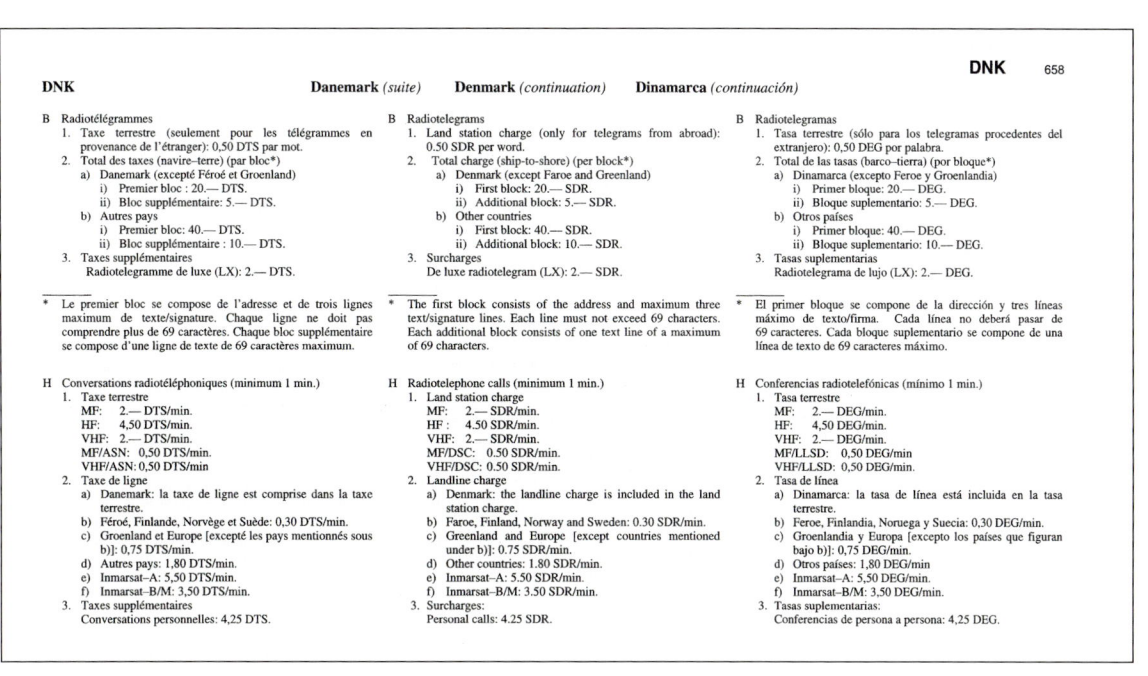

DNK Danemark *(suite)*   Denmark *(continuation)*   Dinamarca *(continuación)*   DNK 658

B Radiotélégrammes	B Radiotelegrams	B Radiotelegramas

1. Taxe terrestre (seulement pour les télégrammes en provenance de l'étranger): 0,50 DTS par mot.
2. Total des taxes (navire-terre) (par bloc*)
   a) Danemark (excepté Féroé et Groenland)
      i) Premier bloc : 20.— DTS.
      ii) Bloc supplémentaire: 5.— DTS.
   b) Autres pays
      i) Premier bloc: 40.— DTS.
      ii) Bloc supplémentaire : 10.— DTS.
3. Taxes supplémentaires
   Radiotelegramme de luxe (LX): 2.— DTS.
	1. Land station charge (only for telegrams from abroad): 0.50 SDR per word.
	2. Total charge (ship-to-shore) (per block*)
	   a) Denmark (except Faroe and Greenland)
	      i) First block: 20.— SDR.
	      ii) Additional block: 5.— SDR.
	   b) Other countries
	      i) First block: 40.— SDR.
	      ii) Additional block: 10.— SDR.
	3. Surcharges
	   De luxe radiotelegram (LX): 2.— SDR.
		1. Tasa terrestre (sólo para los telegramas procedentes del extranjero): 0,50 DEG por palabra.
		2. Total de las tasas (barco–tierra) (por bloque*)
		   a) Dinamarca (excepto Feroe y Groenlandia)
		      i) Primer bloque: 20.— DEG.
		      ii) Bloque suplementario: 5.— DEG.
		   b) Otros países
		      i) Primer bloque: 40.— DEG.
		      ii) Bloque suplementario: 10.— DEG.
		3. Tasas suplementarias
		   Radiotelegrama de lujo (LX): 2.— DEG.

* Le premier bloc se compose de l'adresse et de trois lignes maximum de texte/signature. Chaque ligne ne doit pas comprendre plus de 69 caractères. Chaque bloc supplémentaire se compose d'une ligne de texte de 69 caractères maximum.	* The first block consists of the address and maximum three text/signature lines. Each line must not exceed 69 characters. Each additional block consists of one text line of a maximum of 69 characters.	* El primer bloque se compone de la dirección y tres líneas máximo de texto/firma. Cada línea no deberá pasar de 69 caracteres. Cada bloque suplementario se compone de una línea de texto de 69 caracteres máximo.

H Conversations radiotéléphoniques (minimum 1 min.)
1. Taxe terrestre
   MF: 2.— DTS/min.
   HF: 4,50 DTS/min.
   VHF: 2.— DTS/min.
   MF/ASN: 0,50 DTS/min.
   VHF/ASN: 0,50 DTS/min
2. Taxe de ligne
   a) Danemark: la taxe de ligne est comprise dans la taxe terrestre.
   b) Féroé, Finlande, Norvège et Suède: 0,30 DTS/min.
   c) Groenland et Europe [excepté les pays mentionnés sous b)]: 0,75 DTS/min.
   d) Autres pays: 1,80 DTS/min.
   e) Inmarsat–A: 5,50 DTS/min.
   f) Inmarsat–B/M: 3,50 DTS/min.
3. Taxes supplémentaires
   Conversations personnelles: 4,25 DTS.
	H Radiotelephone calls (minimum 1 min.)
	1. Land station charge
	   MF: 2.— SDR/min.
	   HF : 4.50 SDR/min.
	   VHF: 2.— SDR/min.
	   MF/DSC: 0.50 SDR/min.
	   VHF/DSC: 0.50 SDR/min.
	2. Landline charge
	   a) Denmark: the landline charge is included in the land station charge.
	   b) Faroe, Finland, Norway and Sweden: 0.30 SDR/min.
	   c) Greenland and Europe [except countries mentioned under b)]: 0.75 SDR/min.
	   d) Other countries: 1.80 SDR/min.
	   e) Inmarsat–A: 5.50 SDR/min.
	   f) Inmarsat–B/M: 3.50 SDR/min.
	3. Surcharges:
	   Personal calls: 4.25 SDR.
		H Conferencias radiotelefónicas (mínimo 1 min.)
		1. Tasa terrestre
		   MF: 2.— DEG/min.
		   HF: 4,50 DEG/min.
		   VHF: 2.— DEG/min.
		   MF/LLSD: 0,50 DEG/min.
		   VHF/LLSD: 0,50 DEG/min.
		2. Tasa de línea
		   a) Dinamarca: la tasa de línea está incluida en la tasa terrestre.
		   b) Feroe, Finlandia, Noruega y Suecia: 0,30 DEG/min.
		   c) Groenlandia y Europa [excepto los países que figuran bajo b)]: 0,75 DEG/min.
		   d) Otros países: 1,80 DEG/min
		   e) Inmarsat–A: 5,50 DEG/min.
		   f) Inmarsat–B/M: 3,50 DEG/min.
		3. Tasas suplementarias:
		   Conferencias de persona a persona: 4,25 DEG.

List of Coast Stations, Seite 658

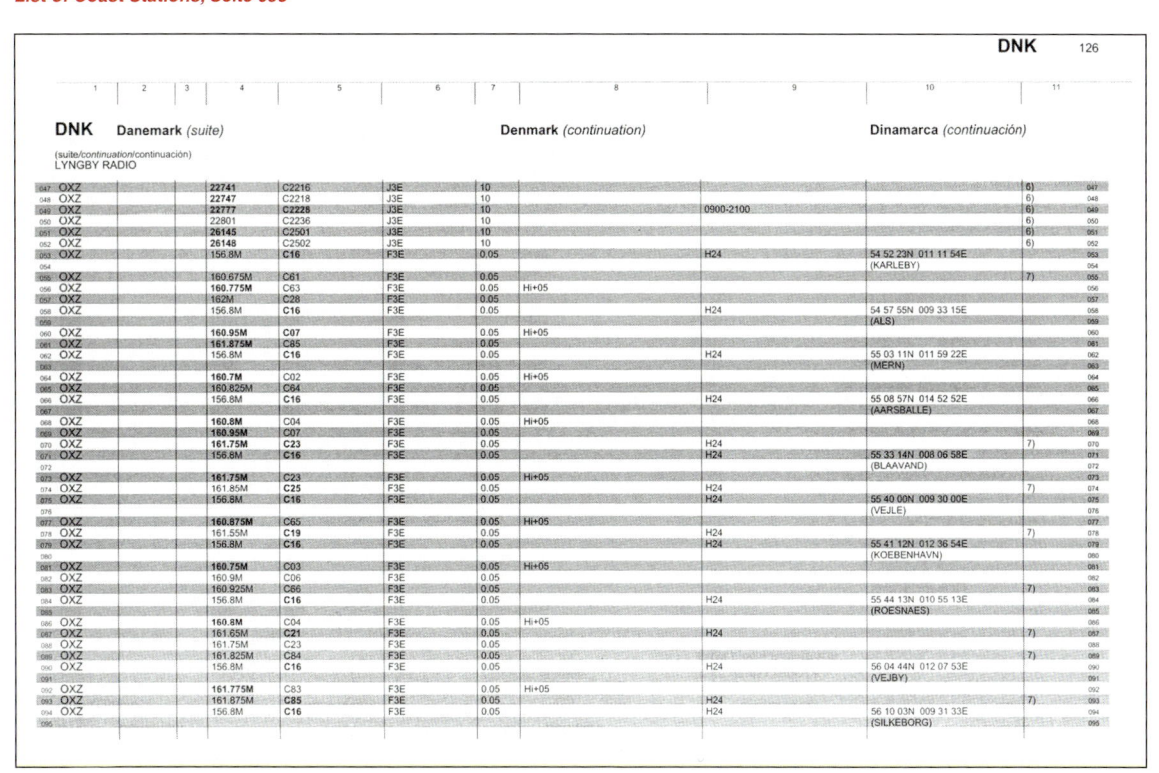

DNK Danemark *(suite)*   Denmark *(continuation)*   Dinamarca *(continuación)*   DNK 126

(suite/continuation/continuación)
LYNGBY RADIO

1	2	3	4	5	6	7	8	9	10	11
OXZ		22741	C2216	J3E	10				6)	047
OXZ		22747	C2218	J3E	10				6)	048
OXZ		22777	C2228	J3E	10				6)	049
OXZ		22801	C2236	J3E	10		0900-2100		6)	050
OXZ		26145	C2501	J3E	10				6)	051
OXZ		26148	C2502	J3E	10				6)	052
OXZ		156.8M	C16	F3E	0.05		H24		54 52 23N 011 11 54E (KARLEBY)	053
										054
OXZ		160.675M	C61	F3E	0.05				7)	055
OXZ		160.775M	C63	F3E	0.05	Hi+05				056
OXZ		162M	C28	F3E	0.05					057
OXZ		156.8M	C16	F3E	0.05		H24		54 57 55N 009 33 15E (ALS)	058
										059
OXZ		160.95M	C07	F3E	0.05	Hi+05				060
OXZ		161.875M	C85	F3E	0.05					061
OXZ		156.8M	C16	F3E	0.05		H24		55 03 11N 011 59 22E (MERN)	062
										063
OXZ		160.7M	C02	F3E	0.05	Hi+05				064
OXZ		160.825M	C64	F3E	0.05					065
OXZ		156.8M	C16	F3E	0.05		H24		55 08 57N 014 52 52E (AARSBALLE)	066
										067
OXZ		160.8M	C04	F3E	0.05	Hi+05				068
OXZ		160.95M	C07	F3E	0.05					069
OXZ		161.75M	C23	F3E	0.05		H24			070
OXZ		156.8M	C16	F3E	0.05		H24		55 33 14N 008 06 58E (BLAAVAND)	071
										072
OXZ		161.75M	C23	F3E	0.05	Hi+05				073
OXZ		161.85M	C25	F3E	0.05		H24		7)	074
OXZ		156.8M	C16	F3E	0.05		H24		55 40 00N 009 30 00E (VEJLE)	075
										076
OXZ		160.875M	C65	F3E	0.05	Hi+05				077
OXZ		161.55M	C19	F3E	0.05		H24		7)	078
OXZ		156.8M	C16	F3E	0.05		H24		55 41 12N 012 36 54E (KOEBENHAVN)	079
										080
OXZ		160.75M	C03	F3E	0.05	Hi+05				081
OXZ		160.9M	C06	F3E	0.05					082
OXZ		160.925M	C66	F3E	0.05				7)	083
OXZ		156.8M	C16	F3E	0.05		H24		55 44 13N 010 55 13E (ROESNAES)	084
										085
OXZ		160.8M	C04	F3E	0.05	Hi+05				086
OXZ		161.65M	C21	F3E	0.05		H24			087
OXZ		161.75M	C23	F3E	0.05					088
OXZ		161.825M	C84	F3E	0.05				7)	089
OXZ		156.8M	C16	F3E	0.05		H24		56 04 44N 012 07 53E (VEJBY)	090
										091
OXZ		161.775M	C83	F3E	0.05	Hi+05				092
OXZ		161.875M	C85	F3E	0.05				7)	093
OXZ		156.8M	C16	F3E	0.05		H24		56 10 03N 009 31 33E (SILKEBORG)	094
										095

List of Coast Stations, Seite 126

5 List of Ship Stations

Ebenfalls von der ITU herausgegeben wird die List of Ship Stations. Hier findet man nach Schiffsnamen geordnet alle Schiffe, die mit Seefunk ausgerüstet sind und eine Ship Station Licence haben, mit allen für die Kommunikation zugehörigen wichtigen Angaben über Art des Schiffes, Frequenzbereiche, Wachzeiten, Rufzeichen, MMSI und allen Inmarsat-Nummern. Nachträge gibt es vierteljährlich. Diese Liste besteht aus zwei Bänden und gehört ebenfalls zur Pflichtausrüstung von ausrüstungspflichtigen Berufsschiffen.

List of Ship Stations, Vol. I

EGO - EIF

1	2a	2b	3	4	5	6	7	8	9	10	11
EGO/LM8726	LM8726		NOR		FV PH	CR CR	HX		V	NO01	2b) ID 257434120
EGO/MDFD2	MDFD2		G		PL MTB					GB14	
EGOISTA	PQ8362		B		PL VDO	CR C	HX		V	BR01	
EGOISTE II	FJ6938		F		PL VLR	CV	HX		V	FR01	
EGOLI	3EFW8		PNR	EG	MM CON	CP DP	H8	SYZ	STV	BE02	2b) ID 351234000
EGO ONE	DCZS		O		PL VLR	CR CR	HX				2b) ID 211353360
EGORLYK	UEDH		RUS	ABDEG	XX XXX	CP CR	HX		TUV	SU04	
EGRESS/EI4385	EI4385		IRL		PL SLO	CP	HX		V	EI01	
EGRESS/WAE8064	WAE8064		USA		PL XXX	CP	HX		V	US01	2b) ID 366009830
EGRESS/WCN9431	WCN9431		USA	C1	PL VLR	CP	HX		UV	US01	
EGRET/3FJR2	3FJR2		PNR	EG	MM CIT	CP	H8	XZ	TV	BE02	2b) ID 355424000
EGRET/3FJR5	3FJR5		PNR	G	MM CIT	CP	H8	Y	U	BE02	
EGRET/J8EU	J8EU		VCT	A1C1	MM CA	CP C	H24		TUV	NL02	2b) ID 376538000
EGRET/MYHR9	MYHR9		G		PL XXX						
EGRET/WAP6487	WAP6487		USA	C1F1E1	PL MTB	CP	HX		TUV		
EGRET/WCT4396	WCT4396		USA		PL SLO	CP	HX		TUV	US01	2b) ID 366688260
EGRET/WCY4358	WCY4358		USA	E1	PL SLO	CP	HX		TV	US01	
EGRET/WDA2524	WDA2524		USA		PL SLO	CP	HX	S	STUV	US01	2b) ID 366790010
EGRETZ/ZNXY8	ZNXY8		G		PL MTB						
EGRET II	MCCD5		G		PL MTB						
EGRETTA	9HZB4		MLT	EB1	MM CA	CP	H8	XZ	TUV	GB11	2b) ID 249579000 2b) SAT 424957910
EGRIOT	FW6399		F		PL VLR	CV	HX		V	FR01	
EGUARAS	LW9231		ARG		PL VLR				V		
EGUN HASTE	FQRF			1 DEF	FV PH	CV	HX		TUV	FR01	2b) ID 228142000
EGUNSENTIA	EHBP		E		FV PH	CR	HX		TUV	ES01	
EGUZKI	EDBE	08460	E		FV PH	CP CD	HX	S	STUV	ES01	2b) SAT 1351227
EGUZKIA	HP6867		PNR	EG	MM FRG	CP	H8	SXZ	STV	PG05	2b) SAT 335177310, 435259410
EGVEKINOT	UHBB	55759	RUS		XX XXX	OT CDOR	H8	XYZ	STUV	SU04	2b) ID 273182100
EGYPT STAR	6ABE	78100	EGY	1 AG	MM CA	OT CD	HX	XY	STUV	NL02	2b) ID 622122266
											2b) SAT 462211844/45
EHCNAM	FM5166		F		NF XXX				V	FR01	
EHIME	....		J	BEG2	MM PA	CV			T		2b) ID 431501694
EHIMEMARU	....		J	BEG2	XX TRA	CV					2b) ID 431501055
EHIMEMARU NO.8	....		J	BEG2	FV PH	CV		Y	TU		2b) ID 431501486
EHIMEMARU NO.18	....		J	BEG2	FV PH	CV	HX		TUV		2b) ID 431501484
EHIMEMARU NO.28	....		J	BEG2	FV PH	CV	HX		TUV		2b) ID 431501366
EHIMEMARU NO.38	....		J	BEG2	FV PH	CV	HX		TUV		2b) ID 431501418
EHIMEMARU NO.68	....		J	BEG2	FV PH	CV	HX		TUV		2b) ID 431500806
E H LENNERT	OXMV		GRL		FV PH	CV	HX		TV	GD01	
EHM MAERSK	OWQV2	03522	DNK	E	MM XXX	CR	HX		STUV	DK01	2b) ID 220086000 2b) SAT 1614612, 1614123, 422008610
EHSAAN-2	YKAK		SYR	1	MM CA	CP	HX		TUV	SY01	
E H SENIOR	LM2890		NOR		FV PH	CR CR	HX		V	NO01	2b) ID 257215420
EHU KAI	WSH5149		USA	C2E1	PL VLR	CP	HX		UV	US01	
EHVOL	FL3644		F		PL VLR	CV	HX		V	FR01	
EIBA	DG6239		D		PL VLR	CR CR	HX		V		
EIBEA	DH7662		D		PL VLR	CR CR	HX		V		2b) ID 211308100
EIBE OLDENDORFF	ELXF2		LBR	BE1	MM CON	CP CD	H24		STUV	CY03	2b) ID 636090358
											2b) SAT 363626610-11, 363626620-30, 391022398, 463678630, 463678730
EIBHLIN OG	EI5547		IRL		FV PH	CP	HX		V	EI01	
EIBORG	UDGS	55797	RUS	BEFG2	XX XXX	CP CDR	HX	YZ	STUV	SU04	2b) ID 273452750 2b) SAT 427321657
EICHEONG MARU	3EEV5		PNR		XX XXX				TV		2b) SAT 1335450, 1335451
EICOMAR I	CB5033		CHL		XX VDO	CR C	HX			CL01	
EID	LGTM	35807	NOR		MM FBT	CR CR	HX		V	NO01	2b) ID 257239400
EIDAI MARU 55	PR3163		B		NF TUG	CP C	HX		TUV		
EIDAI MARU 110	PR3016		B		NF GEN	CV C	HX		V	BR01	
EIDEFISK/LHTK	LHTK	92115	NOR	1 BCEG2	FV PH	CR CR	HX	S	STUV	NO01	2b) ID 257267000 2b) SAT 425726710, 762050675, 762050676, 762050677, 762050678, 762050679
EIDEFISK/LM3072	LM3072		NOR		FV PH	CR CR	HX		V	NO01	2b) ID 257931500
EIDE FOX	JXQt		NOR	E	MM TUG	CR CR	HX		V	NO01	2b) ID 257095600
EIDE JUNIOR/LLHS	LLHS		NOR	EG2	MM DRY	CR	HX	S	STUV	NO01	2b) ID 257236000 2b) SAT 425723610, 425723620
EIDE JUNIOR/LM6551	LM6551		NOR		FV PH	CR CR	HX		V	NO01	2b) ID 257340120
EIDE LIFT	JXOB		NOR		MM CHA	CR CR	HX		V	NO01	2b) ID 257194400
EIDE LIFT 2	LK6115		NOR	EG2	MM TUG	CP	HX		TUV		2b) ID 259585000
EIDELWEISS	3FGE2		PNR	1 E	MM BLK	CP	H8	XYZ	TUV	GB11	2b) ID 354556000 2b) SAT 435455610
EIDE MAX	LHDH		NOR	EG	MM TUG	CP	HX		TUV	NO01	2b) ID 259142000
EIDEMMARU	....		J		XX TRA	CV					2b) ID 431400881
EIDENO	MMJN3		G	BEG2	PL MTB				V		
EIDER/DD7652	DD7652		D		GV INS	CR	HX				
EIDER/DJ2716	DJ2716		D		PL VLR	CR CR	HX		V		
EIDER/FJ9297	FJ9297		F		PL VLR	CV	HX		V	FR01	
EIDER/FVGH	FVGH		F		GV MTB	CV	HX		TV	FR01	
EIDER/MWSX5	MWSX5		G		FV CHR						
EIDER/MXXW6	MXXW6		G		PL MTB						
EIDER/WBY6366	WBY6366		USA		PL MTB	CP	HX		V	US01	2b) ID 366496610
EIDER A	GJBF		G		MM OIL						2b) ID 232816000
EIDE REX	LJJA		NOR	EG	MM TUG	CP	HX	S	STUV	NO01	2b) ID 259532000 2b) SAT 761598910, 761598911, 761598912, 761598913, 761598914
EIDER II	FI9744		F		PL VLR	CV	HX		V	FR01	
EIDE SENIOR	LLAL		NOR	E	MM CIT	CR CR	HX		V	NO01	2b) ID 257439500
EIDESON	LM2001	91890	NOR		FV PH	CR CR	HX		V	NO01	2b) ID 257182220
EIDE WORKER	LK2231		NOR		MM TUG	CR CR	HX		V	NO01	2b) ID 257354800
EIDFJORD	LADK	35839	NOR		MM FBT	CP CR	HX		V	NO01	2b) ID 257240400
EIDHAUG	LGNO	32307	NOR	BCEG2	FV PH	CR CR	HX	Z	TUV	NO01	1) EX OEYBARD 2b) ID 258376000
EIDORA	DF7163	76478	D		PL VLR	CP CR	HX		V	DP07	
EIDSHOLM	LF2253		NOR		FV PH	CR CR	HX		V	NO01	1) EX TUSTNAGUTT 2b) ID 257031020
EIDSVAAG	LIBS		NOR	E	MM DRY	CR	HX		V	NO01	2b) ID 250354000
EIDSVAAG JUNIOR	LLEP		NOR	EG2	MM DRY	CR	HX		TUV	NO01	2b) ID 259688000
EIDSVIK/OW2107	OW2107		FRO							FA01	
EIDSVIK/TFIN	TFIN		ISL	BE1	FV PH	CP	HX		STUV	IS01	2b) ID 251522000 2b) SAT 425152210
EID TRAVEL	SSMG	78039	EGY		MM PA	CP C	H24		STUV	UN01	2b) ID 622122207 2b) SAT 761854971
EIDUM/DJFF	DJFF		D	E1	MM YAT	CR CR	HX		V		2b) ID 211230610
EIDUM/DF5755	DF5755		D		PL VLR	CR CR	HX		V		
EIDUM II	DD5173		D		PL VLR	CP	HX			DP01	
EIDVAAGTIND	LM5608	92462	NOR		FV PH	CR CR	HX		V	NO01	2b) ID 257297920
EIFEL STAR	CRYP		MDR	E1	MM CA	CP CR	HX		TV	PO19	2a) EX EHNK 2b) ID 255749000
EIFFEL	C6RA5		BAH							BE02	1) EX SEABOARD VALPARAISO 2b) SAT 1320625, 430999910

6 List of Call Signs and Numerical Identities

Geordnet nach Rufzeichen bzw. nach MMSI-Nummern ist diese Liste im Telefonbuch-Format Bestandteil der Pflichtausrüstung von ausrüstungspflichtigen Schiffen; auch sie wird von der ITU herausgegeben. In dieser Liste findet man über ein bekanntes Rufzeichen bzw. die MMSI-Nummer den zugehörigen Schiffsnamen heraus. Über diesen kann man dann über die List of Ship Stations sogar die Ausrüstung des Schiffes herausbekommen, von dem man vorher nur das Rufzeichen wusste.

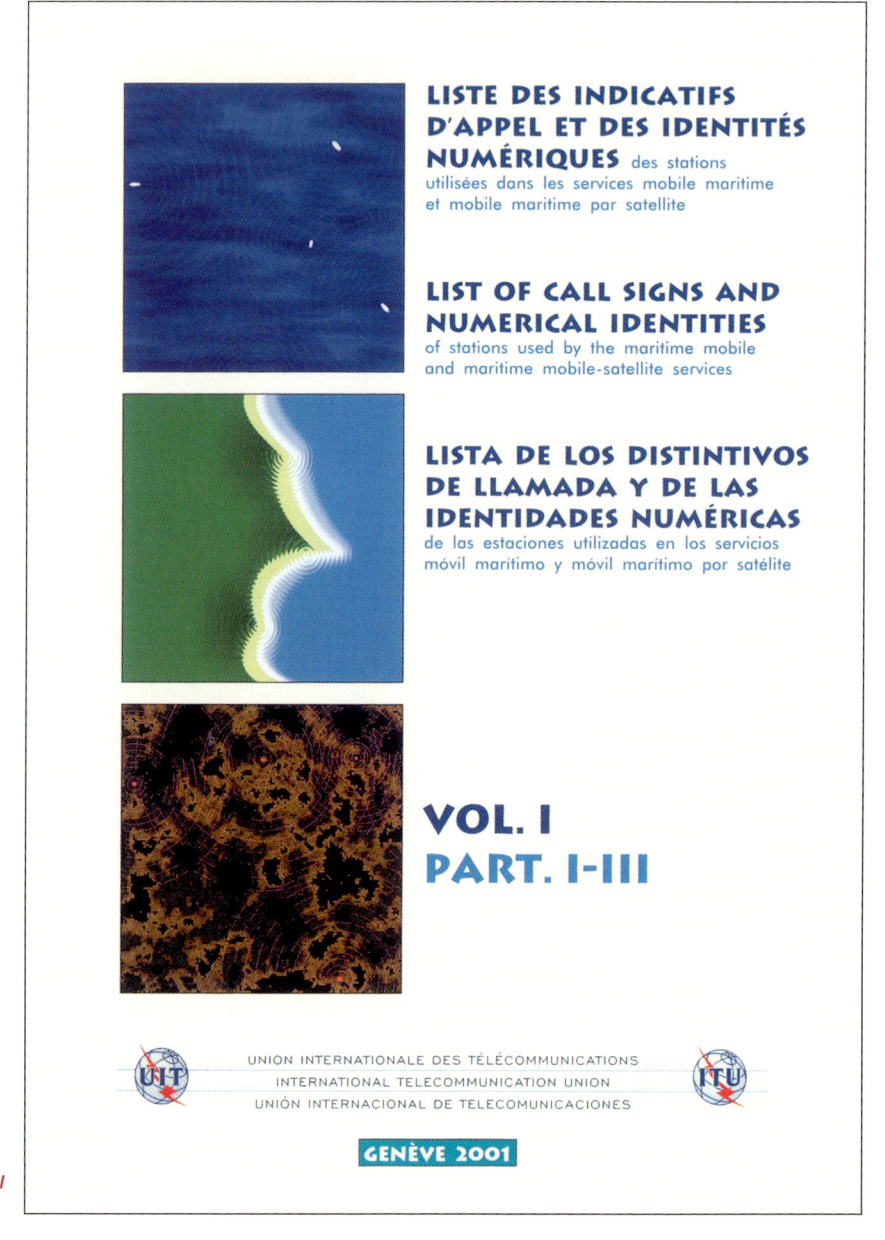

List of Call Signs and Numerical Identities, Vol. I

International Telecommunication Union

Manual
for use by the Maritime Mobile and Maritime Mobile-Satellite Services

Provisions of the Telecommunication Services applicable or useful to stations in the Maritime Mobile and Maritime Mobile-Satellite Services

English edition 2005

Radiocommunication Bureau

Manual for use by the Mobile and Maritime Mobile Satellite Services

List of Call Signs and Numerical Identities, Vol. II, Seite 1226

XYLM – YBJM — 1226 —

1	2	3	1	2	3	1	2	3
XYLM	RUBIN-COMELLIA	MS	Y3CW	A.V.HUMBOLDT	GV	Y4NB	LASSAN	FV
XYLN	ROAD TO MANDALAY	MS	Y3FA	RUDEN	PL	Y4NC	FREUNDSCHAFT II	MM
XYLP	KALAYA	MS	Y3FH	DOGGER	MM	Y4NL	RUDOLF VIRCHOW	FV
XYLQ	SEA EAGLE	MS	Y3FL	BERLINER BAER	PL	Y4NM	M.J.KALININ	MM
XYLR	GLOBAL-EXPLORIER	MS	Y3FN	NADIR	PL	Y4NV	BREEGE	FV
XYLU	MAPLE ARIES	MS	Y3FS	DIETER	MM	Y4OD	HANNO GUENTHER	MM
XYLV	GLOBAL NEXTAGE	MS	Y3FY	KAEPT'N KID	PL	Y4OE	DRESDEN	FV
XYLY	BRIGHT SUM	MS	Y3GA	SLEIPNIR	PL	Y4OH	CHEMNITZ	MM
XYMJ	AUNGZEYA	MM	Y3GC	ASSI	PL	Y4OI	JASMUND	MM
XYMK	AVA	MM	Y3GE	NORDWIND	MM	Y4OK	PASEWALK	PL
XYML	MERGUI	MM	Y3GJ	VESTA	PL	Y4OO	DOBERAN	MM
XYMM	PINYA	MM	Y3GL	WARNOW	PL	Y4OP	DESSAU	MM
XYMN	PATHEIN	MM	Y3GN	BLUE BIRD	PL	Y4OU	ANDREA	FV
XYMQ	MYAN-AUNG	MM	Y3GQ	BOBBY	PL	Y4OV	BARTH	FV
XYMR	PHA SHWE GYAW YWA	MM	Y3GS	SLOCUM	PL	Y4PF	FRITZ REUTER	FV
XYMS	HTAN TAW YWA	MM	Y3GV	CONCORDIA	PL	Y4PJ	MARLEN	FV
XYMU	MYOMAYWA	MM	Y3GX	NORDSTERN	PL	Y4QB	PREROW	FV
XYMW	HTONE YWA	MM	Y3GY	ELLIDA	PL	Y4SD	DELPHIN	FV
XYMZ	SHWAY PYI	MM	Y3GZ	OMU II	PL	Y4SO	NARWAL	PL
XYNB	LOIKAW	MM	Y3IF	HANSEAT	PL	Y4ST	BLAUWAL	FV
XYND	PAGAN	MM	Y3IG	GADUS	PL	Y4TA	GADUS	GV
XYNF	HPA-AN	MM	Y3IM	VELA	PL	Y4TB	POTSDAM	MM
XYNG	MAHN	MM	Y3IO	EMA	PL	Y4TC	INGA	FV
XYNH	HA-KA	MM	Y3IQ	GERMANIA	PL	Y4TG	UECKERMUENDE	MM
XYNJ	MAWLAMYINE	MM	Y3IR	MAREN	PL	Y4TH	ANTJE	FV
XYNK	MYIT-KYEE-NAR	MM	Y3IT	KASPER OHM	FV	Y4TK	BESSIN	FV
XYNL	TAUNG-GYEE	MM	Y3IV	PALUCCA	PL	Y4TL	BERGEN	FV
XYNM	SITTWE	MM	Y3IW	TERTIA	PL	Y4TM	NANCY	MM
XYNN	SHWAY PYI THA	MM	Y3IY	WEGA	PL	Y4TO	HEIMAT	FV
XYNO	PYI	MM	Y3JB	SUEDPERD	PL	Y4TV	USEDOM	FV
XYNP	LASHIO	MM	Y3JC	ALBEA	PL	Y4TX	ORION	FV
XYNQ	BAGO	MM	Y3JD	KATHRIN	FV	Y4TY	LACHS	FV
XYNR	MANDALAY	MM	Y3LZ	SUNDTANK I	NF	Y4TZ	SEEADLER	FV
XYNS	SAGAING	MM	Y3MA	USEDOM	FV	Y4UA	SEEADLER	FV
XYNU	MAGWAY	MM	Y3MS	ORION	MM	Y4UB	DRANSKE	FV
XYNV	CHIN SHWEHAW	MS	Y3MX	EISVOGEL	MM	Y4UE	CONDOR	FV
XYNW	MONG LA	MS	Y3NB	DOCK II VOLKSWERFT	MM	Y4UF	FALKE	FV
XYPA	405	FV	Y3NK	PIONIER	MM	Y4UG	ALBATROS	FV
XYPB	407	FV	Y3NL	SCHLURFI	NF	Y4VC	FALKE	FV
XYPC	409	FV	Y3NS	PETERSDORF	MM	Y4VE	THIESSOW	FV
XYPD	415	FV	Y3NZ	DOCK III	MM	Y4VF	PEENE	FV
XYPE	411	FV	Y3OE	STRELASUND	GV	Y4VG	MOEWE	FV
XYPF	413	FV	Y3OZ	KLAUS STOERTEBEKER	MM	Y4VQ	STRANDVOGEL 1	FV
XYPG	417	FV	Y3VC	RECKNITZ	MM	Y4VT	THI 24	FV
XYPH	419	FV	Y3VW	LAMARA	MM	Y6CM	ODIN	MM
XYPI	421	FV	Y3VY	DER STRALSUNDER	MM	Y6DV	AMPHIBIE	MM
XYPJ	423	FV	Y3WA	SEEWOLF	MM	Y6FB	MOLCH II	MM
XYPK	801	FV	Y3WB	SEESTERN	MM	Y6FD	BUCHE	MM
XYPL	425	FV	Y3WC	WOLGAST	MM	Y6FW	KRAKE	MM
XYPM	427	FV	Y3WK	FREUNDSCHAFT	MM	Y6GL	SCHOLLE	MM
XYPN	429	FV	Y3WR	ROSTOCKER GREIF	MM	Y6GO	ROSENORT	MM
XYPO	431	FV	Y3WZ	FLICKA	MM	Y6KP	HARLE FUER	MM
XYPP	433	FV	Y4DZ	DORADO	FV	Y6LO	OLM	MM
XYPQ	435	FV	Y4EB	BLAUROBBE	FV	Y7DS	WEISSERITZ	PL
XYPR	525	FV	Y4ED	STEINBUTT	FV	Y7DT	WARNOW	NF
XYPS	527	FV	Y4EF	DORNHAI	FV	Y7JA	VAGEL GRIP	MM
XYPT	NGWAY PALEI	MM	Y4EK	SEEFUCHS	FV	Y7JH	ARTUR BECKER	MM
XYPU	705	FV	Y4EL	EISHAI	FV	Y7JM	WAPPEN VON ANKLAM	PL
XYPV	437	FV	Y4EN	RIESENHAI	FV	Y7LO	INA I	GV
XYPW	439	FV	Y4EO	STERNHAI	FV	Y7LP	INA II	MM
XYPX	441	FV	Y4HK	STUBNITZ	MM	YB3256	KM.INDOMAL EXPRESS	MS
XYPY	443	FV	Y4HM	ERIDANUS	FV	YB4195	SARWAGUNA SEPULUH	MS
XYPZ	473	FV	Y4HP	FORNAX	FV	YB4265	ADINDALESTARTI	MM
XYQA	475	FV	Y4HQ	GEMINI	FV	YBBB	SAMAPTA-I	MS
XYQB	477	FV	Y4KA	JAN PETERSEN	FV	YBBZ	SAMAPTA-II	MS
XYQC	529	FV	Y4KE	STORKOW	FV	YBCC	BARUNA ARTHA	MS
XYQD	531	FV	Y4KI	PREROW	MM	YBCD	PAJUDAN	MS
XYR	RANGOON	BM	Y4KN	GRIMMEN	FV	YBCG	BARUNA BHAKTI	MS
XYR	RANGOON	MD	Y4KO	ALEXANDER	PL	YBCH	KELES	MS
XYR	RANGOON	NA	Y4KP	MARITA	FV	YBCK	DJADDI	MS
XYR	YANGON RADIO	FC	Y4KR	RUEGENLAND	FV	YBCL	DJAMBANGAN	MS
XYR2	RANGOON	NA	Y4KS	SACHSEN-ANHALT	FV	YBCM	GILIGENTENG	MS
XYR2	YANGON RADIO	FC	Y4KT	EINHEIT	FV	YBCN	BARUNA CHANDRA	MS
XYR24	YANGON RADIO	FC	Y4KV	FRIEDEN	MM	YBCO	GILIJANG	MS
XYR3	YANGON RADIO	FC	Y4LC	VEREINIGUNG	FV	YBCP	WARU	MM
XYR6	YANGON RADIO	FC	Y4LE	MORET	FV	YBCT	ADIPODAY	MS
XYR7	YANGON RADIO	FC	Y4LF	TIETVERDRIEW	PL	YBCU	ADIRASA	MS
XYR8	YANGON RADIO	FC	Y4LG	HALLE	FV	YBDK	TABULARASA	MS
XYR9	YANGON RADIO	FC	Y4LH	WERNIGERODE	FV	YBEN	TOYO NO.5	MS
XYUB	THIHA	GV	Y4LI	GOERLITZ	FV	YBEO	TOYO NO.6	MS
XYUG	MAY KHALAR	GV	Y4LJ	ARGO	PL	YBEP	RUMBATI NO.1	MS
XYUH	NATTHAR	GV	Y4LK	KAI-TIMO	FV	YBEU	RUMBATI NO.2	MS
XYUJ	SINPYAUNG	GV	Y4LL	SOPHIE SCHOLL	PL	YBEW	NUSANTARA INDAH	MS
XYUR	THAUNG NAING YAY	MS	Y4LM	PRENZLAU	FV	YBEY	CHAKRAWALA NO.1	MS
XYZA	L.T.MEEPYA	GV	Y4LN	FISCHLAND	FV	YBGO	MUNGKAR	MS
XZW	RANGOON MINGALADON	BM	Y4LQ	STURMVOGEL	PL	YBHC	SELAMAT BAHARI	MM
			Y4LT	RUEGEN	FV	YBHH	TANJUNG DUA	MS
			Y4LU	JASMUND	FV	YBHP	DIRGANTARA	MS
			Y4LV	POMMERN	FV	YBHX	PERMINA II	MS
Y3CB	ANTARES	PL	Y4MD	MOEWE	FV	YBJG	TANJUNG SATU	MS
Y3CC	SANTA MARIA	MM	Y4ME	WALTRAUD	FV	YBJI	GUNUNG MERBABU	MS
Y3CD	BIRKE	MM	Y4MF	SCHWALBE	FV	YBJJ	GUNUNG SINDORO	MS
Y3CH	PROFESSOR ALBRECHT PENCK	MM	Y4MI	7.OKTOBER	FV	YBJK	GUNUNG SUMBING	MS
Y3CO	STRELA	GV	Y4MK	OSTSEE	FV	YBJM	TAPIANULI	MS

VI.6 List of Call Signs and Numerical Identities

List of Call Signs and Numerical Identities, Vol. II, Seite 1515

– 1515 –

211332580 – 211335900

1	2	3	1	2	3	1	2	3
211332580	BATAVIA/DG2181	PL	211333740	LUCKY/DD9813	PL	211334830	JADE/DDUL	MM
211332590	LEE/DD8833	PL	211333760	TIKO/DF9976	PL	211334840	BAGHIRA/DH5343	PL
211332600	MECKI/DB4880	PL	211333780	WIF/DD8072	PL	211334850	ALCESTE/DB5588	PL
211332610	MEERPIET/DA7978	PL	211333790	IMAGINE/DF2498	PL	211334860	TAMAM DRY/DF2958	PL
211332630	AQUAFAUNA/DESL	FV	211333800	SEUTE DEERN/DD6234	PL	211334870	SPICA/DJ5631	PL
211332640	EL BARCO/DD7960	PL	211333810	IMPULS/DJ8352	PL	211334880	IDA/DH4869	PL
211332650	BALU/DJ2193	PL	211333820	ARIELLE/DA2771	PL	211334890	ELTIZJA/DJ2481	PL
211332660	AUGUSTA/DA2760	PL	211333830	SIGI LINE/DOSM	PL	211334910	WINDROSE/DA9985	PL
211332670	ANACONDA/DG5614	PL	211333840	HEDOHNE/DPJQ	PL	211334920	ORPLID/DA9005	PL
211332680	LE BOUCHON/DF4540	PL	211333850	ROCKY/DB9490	PL	211334930	ESTRELLA/DF9555	PL
211332690	LUCKY ANNE/DH5400	PL	211333870	JULJA/DH6370	PL	211334940	BENCHIJIGUA/DB5351	PL
211332700	TROLL/DG2184	PL	211333880	LUEMMEL/DA9164	PL	211334950	JOY/DH2474	PL
211332710	HOLY SMOKE/DB4944	PL	211333890	A H A B /DCPB	PL	211334960	DALEXA/DG2223	NF
211332720	GOOFY/DF4544	PL	211333900	OLIVER/DA7451	PL	211334970	OLGALOU/DD6950	PL
211332730	TABALUGA/DB4888	PL	211333910	MAX BRAUN/DD5425	SV	211334980	DUFTE BIENE/DF9965	PL
211332740	CARPE DIEM/DD8458	PL	211333920	PHOENIX/DB9352	PL	211334990	WINDFLOWER/DD3728	PL
211332750	JADE/DDIV	FV	211333930	PIROL/DF7013	PL	211335100	ANARCHE NOVA/DOSJ	PL
211332760	SEESCHAEUMER III/DA6930	PL	211333940	TRY AGAIN/DB7986	PL	211335110	BONNY/DD6206	PL
211332770	CALYPSO/DD7462	PL	211333950	SEEHUND/DERP	FV	211335120	TABALUGA/DJ7238	PL
211332780	TILL/DH3863	PL	211333960	ALPHA/DA2776	PL	211335130	DELIA/DB5763	PL
211332790	MUECKE IV/DA9129	PL	211333970	DELIGHT/DB6994	PL	211335140	KIA ORANA/DG5916	PL
211332800	HUPPALA/DJ7711	PL	211333980	DISCOVER/DH7196	PL	211335160	PEGASUS/DA7016	PL
211332810	MOBBEL/DG9268	PL	211333990	GABY I/DF7248	PL	211335170	SCHNIPPI II/DA7022	PL
211332820	NOMZAMO/DDSS	PL	211334100	JAKOBINE/DJ7509	PL	211335180	RUBBERDUCK/DA8690	PL
211332830	JANA/DB3242	PL	211334110	ERIKA/DB4895	PL	211335190	CAPELLA/DA9986	PL
211332840	FIDELITAS/DF2754	PL	211334120	RHAPSODY IN BLUE/DB9158	PL	211335200	DOLCE FAR NIENTE/DB7994	PL
211332850	APHRODITE/DB9468	PL	211334130	SCHWALBE/DA7169	MM	211335210	VINCINETTE/DG2327	PL
211332870	GENESSIS/DH6635	PL	211334140	SEAWITCH II/DD7965	PL	211335220	DOER/DD7465	PL
211332880	INGE-CARINA II/DB4891	PL	211334150	QUINTA/DD7961	PL	211335230	SHARKY/DF2554	PL
211332890	CISANO/DB9889	PL	211334160	FUN/DG6574	PL	211335240	PAULA/DA9893	PL
211332900	JAN BRASS/DB9077	PL	211334170	CAPELLA/DH4690	PL	211335250	NICI/DA9572	PL
211332910	GREAT FOX/DA7991	PL	211334180	SHUNA/DG3206	PL	211335260	GRAND LILLI D /DD6058	PL
211332920	NEVER-MIND/DB4642	PL	211334190	HELLER WEST/DMMI	PL	211335270	BLUE BAYOU/DB3916	PL
211332940	JOY/DH4597	PL	211334200	CABARET/DB4906	PL	211335280	BONNIE/DB5421	PL
211332950	LUETTE/DG6909	PL	211334210	HIDDENSEE/DH3390	PL	211335290	BLUES/DB5035	PL
211332960	ALBATROS/DH2825	PL	211334220	KING CRAB/DH4817	PL	211335300	PACIFIC QUEEN/DA9574	PL
211332970	PETRINE/DGKN	PL	211334230	VANTAGE/DG8400	PL	211335310	ANIXA/DB4937	PL
211332980	CARMEN MC RAE/DA8152	PL	211334240	PELAGONISSI/DF7731	PL	211335320	IGELTOERN/DB9398	PL
211332990	YVONNE/DD4816	PL	211334250	SINDBAD DER SEEFAHRER/DG9695	PL	211335330	JOYMARO/DH5820	PL
211333100	GARFIELD/DG6760	PL				211335340	INO/DF2529	PL
211333110	ORION II/DB7908	PL	211334270	ASTARTE/DIRD	MM	211335350	NOBITO/DB5600	PL
211333120	NOA/DB8390	PL	211334280	ALOHA/DD5431	PL	211335360	MECKI/DA2989	PL
211333130	WIKING/DD5542	PL	211334290	LORBASS/DH9208	PL	211335370	NORDLICHT/DA7682	PL
211333140	FENJA/DA9148	PL	211334300	RENATE/DD9036	PL	211335380	NATALIE/DA7459	PL
211333150	TROLL/DA9971	PL	211334310	ODIN/DF2350	PL	211335390	MONTI/DA7696	PL
211333160	ANKA/DD5390	PL	211334320	ORCA/DB6482	PL	211335400	KALLISTO/DD9173	PL
211333180	BILBO BALINGS/DJ2195	PL	211334330	ANFELA/DH4034	PL	211335410	DIJBOUTI/DA7024	PL
211333190	ARIADNE/DG2190	PL	211334340	DI NETTI/DH3497	PL	211335420	TAKUAN/DA2570	PL
211333200	ALDEBARAN/DH2094	PL	211334350	VOYAGER/DH2836	PL	211335430	BELLETAP/DG6844	PL
211333210	OZZITOKKI II/DD5406	PL	211334360	EDDES/DH4691	PL	211335440	MY WAY/DD7863	PL
211333220	MALTE RAMBOW/DMEM	MM	211334370	MARCALEC/DNLB	PL	211335450	PEPINO/DB7796	PL
211333240	C'EST CA/DF6413	PL	211334380	WESTERN CHIEF/DH4729	PL	211335460	NOMADA/DB5779	PL
211333250	SASCHA/DB7913	PL	211334390	TETHYS/DF2540	PL	211335470	TANTE KAETHE/DH2879	PL
211333260	BLUE SHARK/DA2405	PL	211334400	CONDOR/DD5160	PL	211335480	SCORPIO/DJ4160	PL
211333270	INGUE/DH2128	PL	211334410	BUETZFLETH/DFST	MM	211335490	ERIKA/DA2930	PL
211333290	FLO/DJ7910	PL	211334420	DORADO/DF2657	PL	211335500	ARNDT/DF4955	PL
211333300	TAUCHER O.WULF 10/DIWX	MM	211334430	SOLAGUEEN/DH2189	PL	211335510	KRISTINA/DH2921	PL
211333310	JESSY/DG6434	PL	211334440	LIBERTA/DH7606	PL	211335520	JULIANE/DF5336	PL
211333320	ANDREA-CLAUDIA/DJ2237	PL	211334450	ARTEMIS/DB5453	PL	211335530	LIESKE/DG7225	PL
211333330	MIMI SCHWIMMFIX/DG2683	PL	211334460	TABALUGA/DF9750	PL	211335540	VANTOM/DJ5470	PL
211333340	PAD/DJ5469	PL	211334480	BLUECHIP/DB5135	PL	211335550	TRAUDEL/DGCW	PL
211333350	ODIN/DH5449	PL	211334490	INA II/Y7LP	MM	211335560	PETIT BATEAU/DD7134	PL
211333360	GLUECKSPILZ/DOVU	PL	211334500	PRODOMO III/DB2720	PL	211335570	ES FORTI/DA2983	PL
211333370	GAELA/DA6232	PL	211334500	SANDRA/DB2352	PL	211335580	UTA/DA9285	PL
211333390	NIS-PUK/DB4179	PL	211334510	HORNBLOWER/DH9315	PL	211335590	SUSEWIND/DB5688	PL
211333410	PUMMEL/DB6548	PL	211334520	QUEEN ELSIE/DB4934	PL	211335600	MORRO/DA7854	PL
211333420	SARAH I/DNMG	PL	211334530	GAUDI/DH4978	PL	211335610	CAPRIOLE/DA2976	PL
211333430	MOMO/DD6034	PL	211334540	HOLIDAY II/DG2297	PL	211335620	HUMLEBI/DA2855	PL
211333440	ANNE/DH5273	PL	211334560	CHRISTA/DA3204	PL	211335630	FIDUZ/DH8114	PL
211333450	ARTIS/DH4184	PL	211334570	DORLE/DH5056	PL	211335640	GROENLAND/DEQM	PL
211333460	CATORION/DB9145	PL	211334590	STROMER/DD4268	PL	211335650	IRMA LA DOUCE/DA7038	PL
211333470	NAUTIGEN/DF7247	PL	211334600	MADAME JATZKOWA/DF7255	PL	211335660	SIESTA/DG6075	PL
211333480	GERLIND/DF2494	PL	211334610	HEIN GODEWIND/DH9117	PL	211335670	CHER AMI/DB6332	PL
211333490	FRAENCKI/DH5105	PL	211334620	TUEMMLER/DF7249	PL	211335680	ATLANTIS/DG5410	PL
211333510	LYCKA/DG6057	PL	211334630	S FEE/DA7013	PL	211335690	SMOELJE/DG5879	PL
211333520	AMANDA/DF6161	PL	211334640	EBBA/DB9654	PL	211335700	MANITOBA/DF6238	PL
211333530	R-S 10/DF8972	PL	211334650	HI LIFE II/DJ2435	PL	211335710	NORDSTERN/DB9173	NF
211333540	SONGLINES/DB9935	PL	211334660	GALATEA/DGHY	PL	211335720	BAGATELLE/DJ5668	PL
211333550	DORA II/DB9922	PL	211334670	CHARLY/DD6035	PL	211335730	JUTERNAJESTA/DJ5671	PL
211333570	KAEPT N BLAUBAER/DG5907	PL	211334680	TINNITUS/DF7257	PL	211335740	KAROLA/DF3755	PL
211333580	JULIA/DF6232	PL	211334690	SECOND WIND/DA7692	PL	211335750	MADLEN/DJ5672	PL
211333590	SANS RESSOURCES/DNSK	PL	211334700	SOMMERWIND/DH2971	PL	211335770	ANTARES/DD9787	PL
211333610	AMICUS/DH4686	PL	211334710	VACOA/DG6437	PL	211335780	ARIELLE/DB2724	PL
211333620	STOP AND GO/DJPK	PL	211334720	TRITON II/DH7232	PL	211335790	AMALIA/DD6078	PL
211333630	WAYA 3/DJ6202	PL	211334730	WAVELAND/DH5813	PL	211335800	LIBERTA/DMUT	PL
211333640	ARPEGGIO/DG3626	PL	211334740	ANNELIESE/DG4766	PL	211335810	KAEPT'N BLAUBAER/DA2810	PL
211333650	YOGI/DD3031	PL	211334750	ARIADNE/DD6002	PL	211335820	LEONE/DQLK	FV
211333670	URSARUE/DJ5874	PL	211334760	CLOCHARD/DD7463	PL	211335830	LINUS/DG2329	PL
211333680	BOLERO/DH4185	PL	211334770	BLIXX/DB5720	PL	211335850	ROSA/DA6466	PL
211333690	BUDDY VII/DF9517	PL	211334780	TRITON/OD4046	PL	211335860	MAEUSEL/DFZA	PL
211333700	FINJA/DFQI	MM	211334790	ALEXANDER/DB2990	MM	211335870	SKORPA/DH2744	PL
211333710	COURAGE/DB9816	PL	211334800	MUTSCH/DAB161	PL	211335880	SUNRISE/DJ2773	PL
211333720	SEETEUFEL/DD2192	PL	211334810	INNOVAZIONE/DH7607	PL	211335890	PANTA RHEI/DFOO	PL
211333730	LIBELLE/DJ5604	PL	211334820	TAURUS/DB5614	PL	211335900	TIDE/DH5284	PL

53

7 Merkblatt der deutschen Küstenfunkstellen

Ein Merkblatt über die Lage der deutschen Küstenfunkstellen mit Ausbreitungskreisen für den VHF-Bereich und Arbeitskanälen wird von dem Betreiber der Küstenfunkstellen, DP07 Seefunk, herausgegeben und kann über diesen bezogen werden. Damit verfügt man über eine gute und schnelle Übersicht auf einem Blatt.

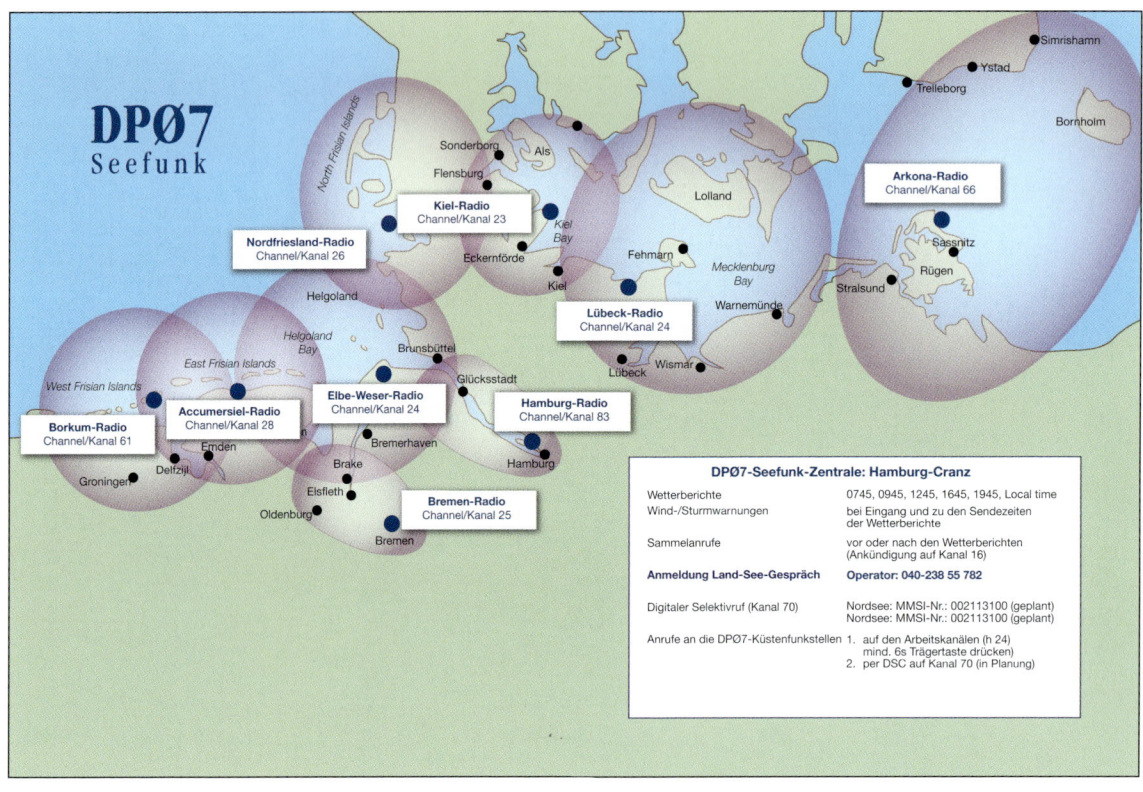

DP07, privater Jachtfunkdienst für die Nord- und Ostsee

| 130 | Telekommunikationsdienste |

Betreiber von Küstenfunkstellen
DP07-Seefunk
Hamburg Radio (Betriebszentrale)   53° 33' N 009° 58' E
    Telefon   +49 (0) 40 23 85 57 82
    Telefax   +49 (0) 40 74 13 42 42
    E-Mail   info@dp07.com
    Internet   www.dp07.com

Selektivruf
  DSC MMSI 00 211 3100, 00 211 3200 (UKW)
    Not- und Sicherheitsverkehr siehe Such- und Rettungsdienste

Sprechfunk
  UKW
    Kanal 16, 27, 83

  Abgesetzte Stationen
    Nordsee

Accumersiel Radio	UKW-Kanal 16, 28	53° 40' N 007° 29' E
Borkum Radio	UKW-Kanal 16, 61	53° 35' N 006° 40' E
Bremen Radio	UKW-Kanal 16, 25	53° 05' N 008° 48' E
Elbe-Weser Radio	UKW-Kanal 01, 16, 24	53° 50' N 008° 39' E
Nordfriesland Radio	UKW-Kanal 16, 26	54° 31' N 008° 41' E

    Ostsee

Kiel Radio	UKW-Kanal 16, 23	54° 25' N 010° 11' E
Lübeck Radio	UKW-Kanal 16, 24	54° 13' N 010° 44' E
Arkona Radio	UKW-Kanal 16, 66	54° 33' N 013° 35' E

  Sammelanruf
    0745*, 0945, 1245, 1645, 1945* GZ sowie h+00 und h+30 (bei Bedarf)
    * nur während der Sommerzeit

Kiel Mail (DAO)   54° 28' N 010° 10' E
  Kielradio GmbH
  Schauenburger Straße 116, 24118 Kiel
  Telefon   +49 (0) 4 31 5 60 64 20
  Telefax   +49 (0) 4 31 5 60 64 21
  E-Mail   info@kielradio.de
  Internet   www.kielradio.de

Telex (E-Mail)-Dienst

Küstenfunkstelle		Seefunkstelle
DAO2A	2 628,5 kHz	2 550,0 kHz (Reserve)
DAO2B	2 846,5	2 547,0 (Reserve)
DAO4A	4 242,5	4 164,5
DAO4B	4 263,7	4 168,7 (Reserve)
DAO6A	6 357,0	6 249,5 (Reserve)
DAO6B	6 434,0	6 257,5
DAO8A	8 510,4	8 328,5
DAO8B	8 637,0	8 336,5
DAO12A	12 762,0	12 412,5
DAO12B	12 831,0	12 416,5
DAO17A	16 978,9	16 613,5
DAO17B	17 046,5	16 609,5
DAO22A	22 474,5	22 228,5 (Reserve)
DAO22B	22 604,0	22 236,5 (Reserve)

Sendung und Empfang von E-Mail, Telefax und Wetterinformationen in der Betriebsart Semiduplex (Pactor II und Pactor III). Verbindungen nur nach vorheriger Anmeldung bei Kiel Mail.

*Jachtfunkdienst
Nord- und Ostsee,
Seite 130*

8 Mitteilungen für Seefunkstellen und Schiffsfunkstellen (MfS)

Die MfS werden von der Bundesnetzagentur (BNetzA) herausgegeben und jedem Frequenzzuteilungsinhaber automatisch nach Erscheinen zugesandt. Hier finden sich wichtige Hinweise zu Änderungen oder Neuerungen im Seefunk. Interessierte können sich die neueste Ausgabe auch im Internet unter www.bundesnetzagentur.de herunterladen. Die MfS sind bei jeder See- und Binnenfunkstelle mitzuführen!

Mitteilungen für Seefunkstellen und Schiffsfunkstellen (Text siehe Anhang 6)

VII Kennzeichnung von Funkstellen des mobilen Seefunkdienstes

Laut Radio Regulations ist eine Aussendung ohne Kennung der Funkstelle verboten. Aus diesem Grund werden Seefunkstellen verschiedenste Kennungen bzw. Systemkennungen von der BNetzA zugeteilt und in der Frequenzzuteilungsurkunde niedergeschrieben.

1 Maritime Mobile Service Identity (MMSI)

Eine MMSI wird zur Verkehrsaufnahme mittels Digitalen Selektivrufs (DSC) auf VHF-Kanal 70 zwischen Funkstellen benötigt. Hierbei kann es sich um den Funkverkehr zwischen Land–Schiff, Schiff–Land oder aber auch Schiff–Schiff handeln. COSPAS-SARSAT-EPIRBs (s. u.) werden auch mit der Schiffs-MMSI programmiert. Neu hinzugekommen sind MMSI-Nummern für Navigationshilfen wie z. B. Bojen, die mit einem AIS-Empfänger ausgewertet werden können.

Jedem Land wurden von der International Telecommunication Union (ITU) sogenannte **Landeskenner** zugewiesen. Diese Landeskenner, auch Maritime Identification Digit (MID) genannt, bestehen aus drei Ziffern. Der **Bundesrepublik Deutschland** wurden die beiden **Ziffernreihen 211 und 218** zugeteilt, die nach einem bestimmten System in die MMSI mit integriert werden. Somit ist also an der MMSI erkennbar, in welchem Land das Schiff registriert ist. Veröffentlicht sind die Landeskenner u. a. in der von der ITU herausgegebenen „List of Ship Stations".

Eine MMSI besteht grundsätzlich aus **9 Zahlen** (einschließlich der MID) und **endet** immer mit einer „**0**". Unterschiede gibt es beim Aufbau von Seefunkstellennummern, Gruppenrufnummern und Küstenfunkstellenrufnummern. Es gibt sechs Arten von MMSI:

Seefunkstellen-MMSI: Prinzipaufbau der MMSI: **MIDXXXX0**. Die MID ist der von der ITU zugewiesene Landeskenner, ein X steht für eine beliebige Zahl. Beispiel für eine deutsche MMSI: **211345460**.

Gruppen-MMSI SeeFuSt: Prinzipaufbau der MMSI: **0MIDXXX0**. Die MID ist der von der ITU zugewiesene Landeskenner, ein X steht für eine beliebige Zahl. Beispiel für eine deutsche Seefunkstellen-Gruppen-MMSI: **021122260**.

Küstenfunkstellen-MMSI: Prinzipaufbau der MMSI: **00MIDXXX0**. Die MID ist der von der ITU zugewiesene Landeskenner, ein X steht für eine beliebige Zahl. Beispiel für eine deutsche Küstenfunkstellen-MMSI: **002111240**.

Gruppen-MMSI KüFuSt: Prinzipaufbau der MMSI: **00MIDXXX0**. Die MID ist der von der ITU zugewiesene Landeskenner, ein X steht für eine beliebige Zahl. Eine Küstenfunkstellen-MMSI ist also genauso aufgebaut wie eine normale Küstenfunkstellen-Rufnummer, aber die gleiche Nummer ist natürlich mehreren verschiedenen Küstenfunkstellen zugeteilt.

SAR-Flugzeuge:	Prinzipaufbau der MMSI: **111MIDXXX**. Die drei Einsen signalisieren, dass es sich um ein SAR-Flugzeug handelt. Die MID ist der von der ITU zugewiesene Landeskenner, ein X steht für eine beliebige Zahl. Diese MMSI-Nummernreihe wird mit den Radio Regulations 2008 eingeführt.
Aids to navigation:	Prinzipaufbau der MMSI: **99MIDXXXX**. Die 99 signalisiert, dass es sich um eine Hilfe zur Navigation (z. B. Boje) handelt. Die MID ist der von der ITU zugewiesene Landeskenner, ein X steht für eine beliebige Zahl. Weitere Nummern nach dem Muster **98MIDXXXX** können entsprechende Anlagen in Rettungsbooten und Flößen zugeteilt werden, wobei die 98 auf das Überlebensfahrzeug hinweist. Diese MMSI-Nummernreihen werden mit den Radio Regulations 2008 eingeführt.

2 Rufzeichen/Unterscheidungssignale

Die BNetzA, Außenstelle Hamburg, stellt auf Antrag eine Frequenzzuteilungsurkunde für Seefunkstellen aus. Neben dem Schiffsnamen, den sich der Eigner selbst ausgesucht hat, wird gleichzeitig ein Unterscheidungssignal oder auch Rufzeichen zugeteilt. International wurde der **Bundesrepublik Deutschland** von der International Telecommunication Union (ITU) die **Rufzeichenreihe DAA–DRZ und Y2A–Y9Z** (ehemals DDR) zugewiesen. Die mit Y (Yankee) beginnenden Rufzeichen werden von der BNetzA nicht mehr neu zugeteilt.

Als Landeskenner werden die ersten beiden Buchstaben bzw. die Buchstaben-Ziffern-Kombination eines Rufzeichens bezeichnet. Die von der ITU den jeweiligen Ländern zugeordneten Landeskenner sind u. a. veröffentlicht in der „List of Ship Stations", die von der ITU herausgegeben wird.

Rufzeichen von Seefunkstellen sind im Regelfall 4-stellig. Es können aber auch von der Verwaltung 5- bzw. 6-stellige Rufzeichen für Seefunkstellen vergeben werden. Ist ein Schiff in ein Schiffsregister eingetragen, so wird der Seefunkstelle das bereits vom **Amtsgericht** zugeteilte, **im Schiffsregister vorhandene Unterscheidungssignal als Rufzeichen** zugeteilt. Dieses Unterscheidungssignal ist normalerweise 4-stellig und besteht in der Bundesrepublik Deutschland aus 4 Buchstaben. Beispiel:

DLAL (gesprochen: Delta Lima Alfa Lima)

Eine auf diesem Schiff befindliche Rettungsbootfunkstelle erhält das Mutterrufzeichen mit einer angehängten zweistelligen Zahl, z. B. DLAL47. Der Landeskenner, in diesem Beispiel DL, fällt offensichtlich in die von der ITU zugeteilten Rufzeichenreihe DAA–DRZ hinein. Demzufolge muss das Schiff in Deutschland registriert sein.

Es können seit Kurzem auch 5-stellige Rufzeichen für in ein Schiffsregister eingetragenes Schiff zugeteilt werden. Beispiel:

DCDG2 (gesprochen: Delta Charly Delta Golf Two)

Ist das **Schiff nicht** in ein **Schiffsregister** eingetragen, so vergibt die **BNetzA** selbst ein Rufzeichen. Es ist 6-stellig und besteht neben dem Landeskenner (2 Buchstaben) aus 4 Zahlen. Beispiel:

DB4711 (gesprochen: Delta Bravo Four Seven One One)

Auch in diesem Beispiel handelt es sich aufgrund des Landeskenners (DB) um ein deutsches Schiff.

Ausländische Schiffe haben selbstverständlich andere, von der ITU dem jeweiligen Land zugeteilte Landeskenner. Das gesamte Rufzeichen kann auch 5-stellig sein, ist aber nicht zu verwechseln mit einem gleichfalls 5-stelligen Flugfunkrufzeichen, weil das 5-stellige Seefunkrufzeichen immer mit einer Zahl endet. Beispiel:

3FLE2 (gesprochen: Three Foxtrott Lima Echo Two)

3 Automatic Transmitter Identification System (ATIS)

Zusätzlich zu der zugeteilten MMSI und dem Rufzeichen wird von der BNetzA eine ATIS-Nummer vergeben, wenn eine umschaltbare Kombianlage oder eine zusätzliche Binnenschifffahrtsfunkanlage an Bord Verwendung findet. Heißt ein Schiff z. B. Sharky und wurde ihm das Rufzeichen DC 8216 und die ATIS-Kennung 9211038216 zugeteilt, sieht die **Bildung der ATIS-Kennung** folgendermaßen aus:

- 9 wurde für die Binnenschifffahrt vergeben,
- 211 ist die MID (Maritime Identification Digit),
- 03 der zweite Buchstabe des Rufzeichens wurde kodiert (dritter Buchstabe des Alphabetes = C),
- 8216 sind die dem Rufzeichen zugeordneten Ziffern.

Das ATIS-Signal wird bei jeder Aussendung automatisch ausgesendet, sobald die Sprechtaste losgelassen wird. Es dient der eindeutigen Identifizierung der Binnenfunkstelle. Ortsfeste Funkstellen können feststellen, wer gesendet hat. Es gibt aber auch schon Binnenschifffahrtsfunkanlagen für Schiffe, die das ATIS-Signal decodieren. Das Rufzeichen des sendenden Schiffes ist dann auf dem Display des Gerätes zu erkennen. Tragbare Funkanlagen müssen genauso wie die fest eingebauten Binnenfunkanlagen mit ATIS kodiert werden, bekommen aber kein eigenes Rufzeichen.

Es gibt Funkanlagen, die mit sogenannten „ATIS-Killern" ausgerüstet sind. Ein ATIS-Killer unterdrückt das akustische Signal der empfangenen ATIS-Kennung, nicht jedoch das optische.

4 Kennzeichnung mobiler Seefunkstellen für den Nachrichtenaustausch

Seefunkstellen werden gekennzeichnet durch ihre zugeteilte MMSI, den Schiffsnamen sowie das zugeteilte Rufzeichen. Die MMSI wird im Allgemeinen nur bei der ersten Verbindungsaufnahme mitgesprochen. Das Rufzeichen sollte, weil es ein individuelles und nur einmal auf der Welt vorhandenes Rufzeichen ist, bei jedem Anruf mitgesprochen werden. Beispiel:

211326900 Tina/DILD
(gesprochen: TwoOneOne ThreeTwoSix NineZeroZero Tina Delta India Lima Delta)

5 Kennzeichnung ortsfester Funkstellen des mobilen Seefunkdienstes für den Nachrichtenaustausch

5.1 Kennzeichnung von Küstenfunkstellen

Küstenfunkstellen des öffentlichen Nachrichtenaustausches werden durch ihren **geografischen Namen** mit dem **Zusatz „Radio"** gekennzeichnet, mit dem sie auch im Sprechfunkverfahren gerufen werden. Auch Küstenfunkstellen können Rufzeichen zugeteilt werden: Diese sind grundsätzlich 3-stellig. Üblicherweise wird das Rufzeichen, zumindest im Sprechfunkverfahren, nicht mitgesprochen. Die ersten beiden Buchstaben bzw. die Buchstaben-Zahlen-Kombination sind auch hier wieder der Landeskenner. Beispiel:

Lyngby Radio OXZ

5.2 Kennzeichnung von Revierfunkstellen (KüFuSt des Revier- und Hafendienstes)

Küstenfunkstellen des beschränkt öffentlichen Nachrichtenaustausches, also z. B. Revier- und Hafenfunkstellen, Schleusen, Lotsen, Brücken und Radarfunkstellen, die für bestimmte Zwecke angerufen werden können und dann ihre Dienste anbieten, werden gekennzeichnet durch ihren **geografischen Namen** und den **Verwendungszweck mit dem Zusatz „Radio"**. Dieser wird im Sprechfunkverfahren jedoch nicht mitgesprochen. Beispiele:

Hamburg Port
Hunte Bridge
Brunsbüttel Radar
Rostock Revier
Kiel Kanal
Wismar Pilot
Trave Traffic
Helgoland Report
Bremen Rescue (Rettungsleitstelle)

6 Kennzeichnung mobiler Flugfunkstellen

Flugfunkstellen dürfen zur Abwicklung von Not-, Dringlichkeits- und Sicherheitsverkehr am Seefunk teilnehmen. Flugfunkstellen besitzen 5-stellige Rufzeichen, bei denen aber das **letzte Zeichen** immer ein **Buchstabe** ist. Es kann daher nicht mit einem 5-stelligen Seefunkrufzeichen verwechselt werden, da bei Seefunkstellen das letzte Zeichen immer eine Zahl ist. Im Verkehr mit Flugfunkstellen gilt das **Betriebsverfahren des Seefunks**, nicht des Flugfunks! Beispiel:

DGFLM
(gesprochen: Delta Golf Foxtrott Lima Mike)

DLAL   OXZ   DGFLM
DB4711
3FLE2

(Fragen: 19–21, 55, 57, 67, 68, 70–72, 74, 76, 77, 82, 83, 85, 86, 109, 166)

VIII Systeme des Global Maritime Distress and Safety System (GMDSS)

1 Funktionen im GMDSS

Das weltweite Not- und Sicherheitsfunksystem GMDSS wurde in Zusammenarbeit mehrerer internationaler Organisationen wie der International Maritime Organization (IMO), der International Maritime Satellite Organization (Inmarsat), der COSPAS-SARSAT-Organisation und weiteren erarbeitet und 1988 in die International Convention of Safety of Life at Sea (SOLAS) aufgenommen. Das System als Ganzes hat das Ziel, die **Alarmierung** in Not-, Dringlichkeits- oder Sicherheitsfällen **genauer und effektiver** zu gestalten. Eine gut durchdachte und vollständige Funkausrüstung an Bord kann folgende **neun Funktionen** erfüllen:

- Senden und Empfangen von Notalarmierungen Richtung Schiff–Land
- Empfang von Notalarmierungen Richtung Land–Schiff
- Senden und Empfangen von Notalarmierungen Richtung Schiff–Schiff
- Durchführung von Koordinierungsfunkverkehr bei Such- und Rettungsmaßnahmen
- Durchführung von Funkverkehr vor Ort bei Such- und Rettungsmaßnahmen
- Senden und Empfangen von Zeichen zur Standortfeststellung (Funkortung)
- Senden und Empfangen der Maritime Safety Information (MSI)
- Durchführung von allgemeinem Funkverkehr
- Durchführung von Funkverkehr von Brücke zu Brücke

Die nachfolgend beschriebenen einzelnen Komponenten erfüllen jeweils mindestens eine dieser neun Funktionen und bilden zusammen als Einheit das Global Maritime Distress and Safety System (GMDSS).

2 Inmarsat-System

2.1 Aufbau des Systems

Das Inmarsat-System wurde um 1976 in Betrieb genommen und besteht heute im Wesentlichen aus vier geostationären Satelliten, die in ca. 36 000 km Höhe über einem bestimmten Punkt der Erde über dem Äquator „stehen". Die Schiffs-Erdfunkstellen (Ship Earth Station = SES) können über den Satelliten und die zugehörigen Küsten-Erdfunkstellen (Coast Earth Station = CES, Land Earth Station = LES) **in das öffentliche Telefonnetz Sprache, Telexe oder auch Daten übertragen**. Jeder Satellit hat ca. 2000 Sprechkanäle, die gleichzeitig genutzt werden können. Theoretisch wäre es zwar möglich, den gleichen Bedeckungsgrad mit drei Satelliten zu erreichen, aber der Funkverkehr über Inmarsat-Satelliten hat dramatisch zugenommen, sodass ein vierter Satellit hier Entlastung bei der Belegung der Kanäle bringt.

Das Inmarsat-System weist jedoch einen gravierenden Nachteil auf. Weil die Satelliten geostationär im Orbit „stehen", wird die Erde nur von ca. 76 Grad Nord bis 76 Grad Süd ausgeleuchtet. Über der nördlichen Breite sowie unter der südlichen Breite, **also an den Polkappen**, können Inmarsat-Anlagen **nicht mehr funktionieren**, weil über die Satelliten kein Empfang mehr gewährleistet ist. Die Grafik auf Seite 64 veranschaulicht dies eindrucksvoll.

Inmarsat-System

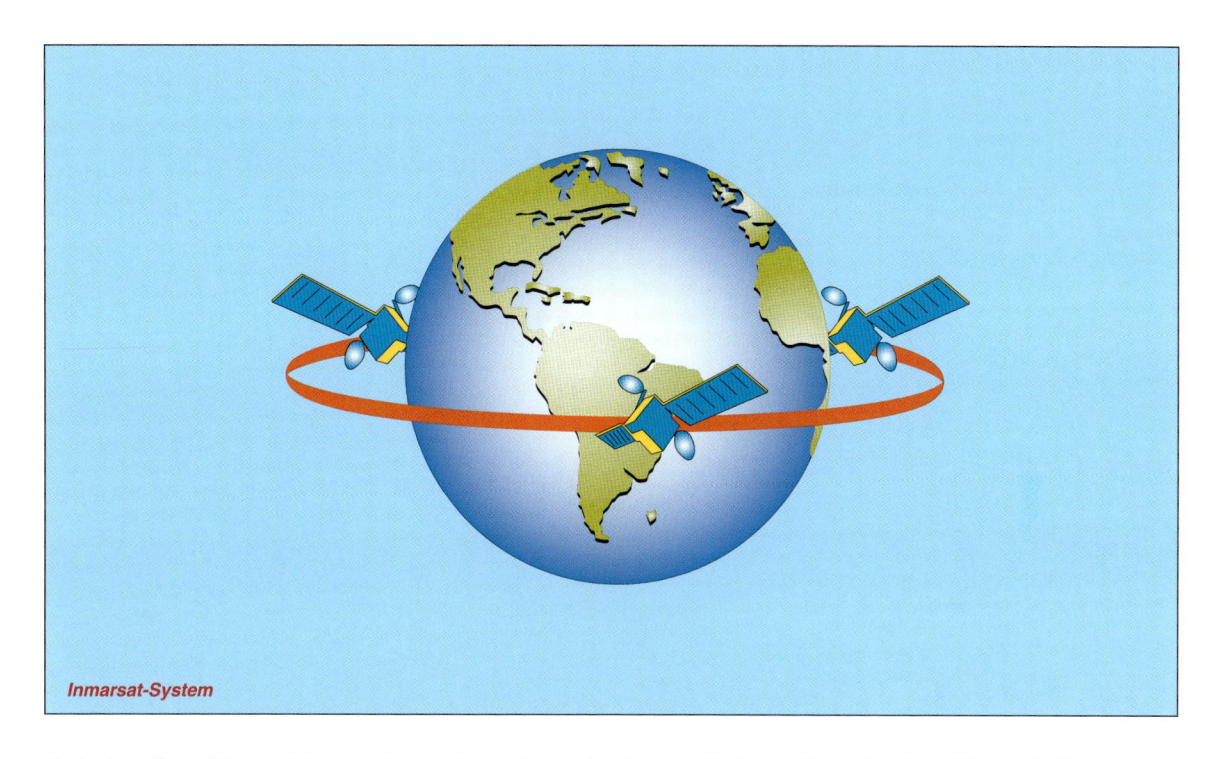

Zu jedem Satelliten gehört ein Ausbreitungskreis, in dessen Umkreis über den Satellit gearbeitet werden kann. Da sich Ausbreitungskreise der verschiedenen Satelliten überschneiden, kann man häufig auch zwischen zwei oder sogar drei Satelliten frei wählen.

Die Schnittstellen zum öffentlichen Telefonnetz bilden die Coast Earth Stations (CES), die auf der ganzen Welt verteilt sind und die für einen oder auch mehrere Satelliten zuständig sind. Der Verbindungsaufbau für Telefongespräche funktioniert in der Regel nach Wählen der Telefonnummer über das Inmarsat-Terminal automatisch.

2.2 Inmarsat-Satellitenanlagen

Es gibt eine Vielzahl von Inmarsat-Anlagen. Einige davon sind für das GMDSS zugelassen, weil sie die Möglichkeit einer schnellen Notalarmierung bieten. Hier ein kleiner, aber nicht abschließender Überblick:

- Inmarsat A: analoges System zum Telefonieren, für Telex und Datenübertragung, auslaufend im Jahr 2007, GMDSS-zugelassen.

- Inmarsat B: digitales System zum Telefonieren und für Datenübertragung, GMDSS-zugelassen, aber aufgrund der großen Antenne nicht für die Sportschifffahrt geeignet.

- Inmarsat C: digitales System für Telex und Datenübertragung, z. B. Fax. GMDSS-zugelassen und geeignet für die Sportschifffahrt aufgrund der kleinen Antenne und des attraktiven Preises.

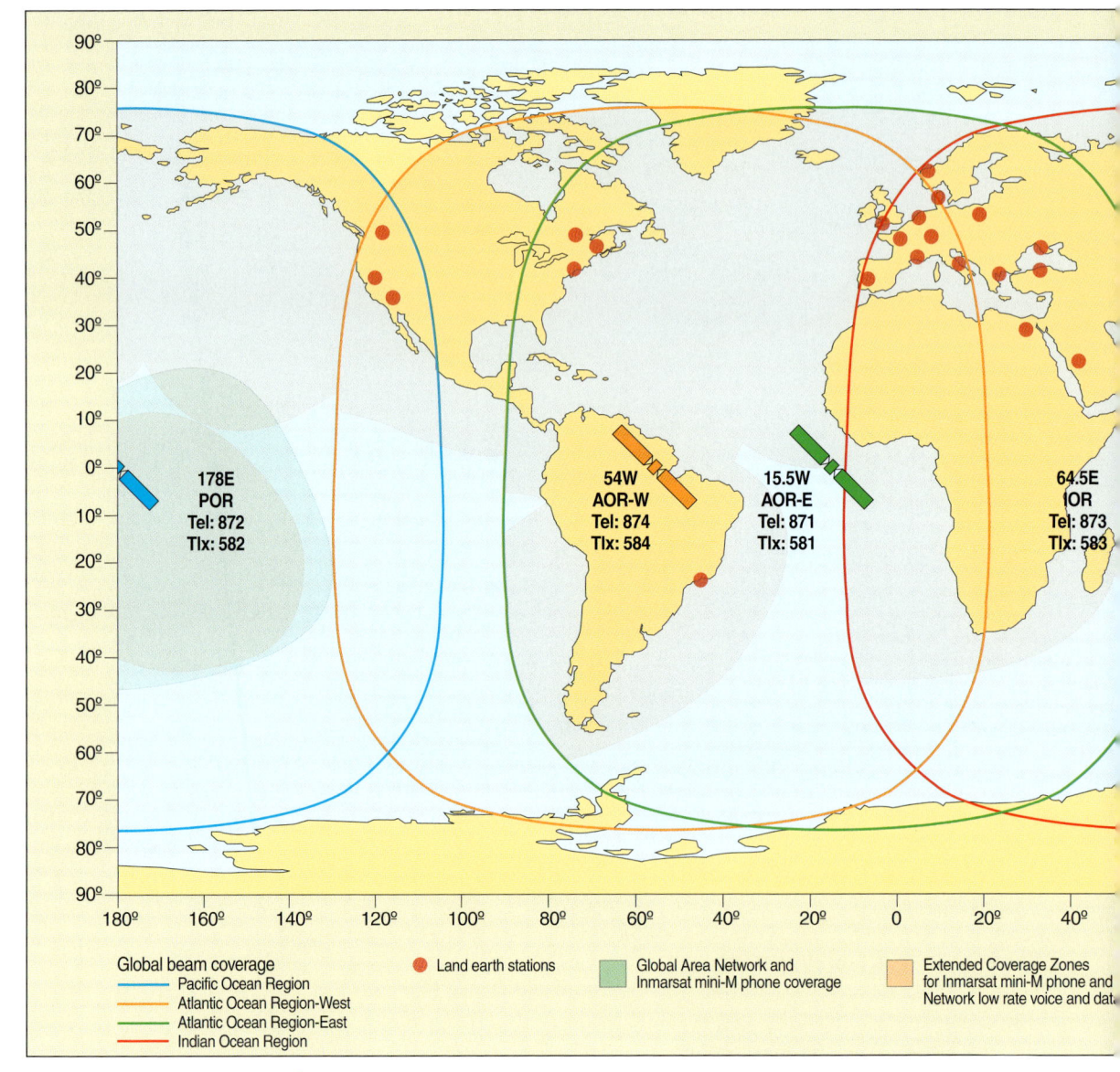

VIII Systeme des Global Maritime Distress and Safety System (GMDSS)

Abdeckungsbereich des Inmarsat-Systems

- Inmarsat M: digitales kleines System mit Telefonie für die Kommunikation, nicht GMDSS-zugelassen, für die Sportschifffahrt geeignet.

- Inmarsat Fleet: digitales schnelles System mit Telefonie und Datenübertragung, auch internetfähig, bedingt für die Sportschifffahrt geeignet.

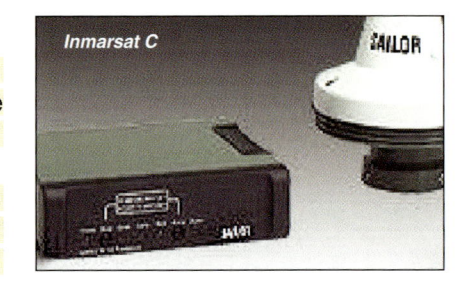

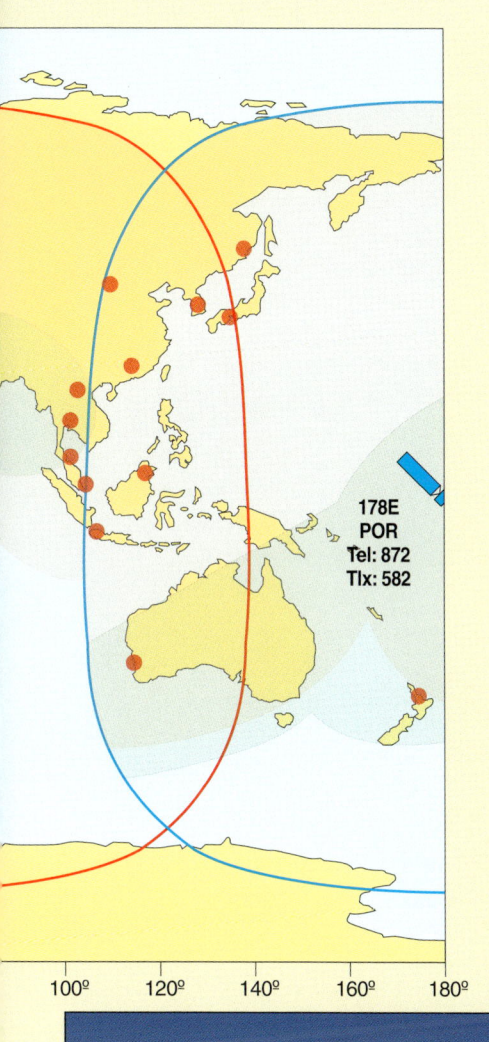

2.3 Inmarsat D und D+

Inmarsat D ist ein einseitiger Datenfunkdienst mobiler Stationen (Simplex Broadcast). Inmarsat D+ erweitert diesen Dienst mit einem Rückkanal, über den eine Empfangsbestätigung empfangen werden kann. Inmarsat D+ wird häufig für das in der Berufsschifffahrt vorgesehene Ship Security Alarm System (SSAS) genutzt.

2.4 Alarmierungswege

Die Seenotalarmierung über Inmarsat-Systeme ist einfach, schnell und genau. Über das Inmarsat-Terminal kann in den Seegebieten A1, A2 und A3 innerhalb kurzer Zeit alarmiert werden. Zunächst werden die Funksignale über den Satelliten an die Coast Earth Station (CES) weitergeleitet. Von hier aus geht es über das Landnetz zu einem Maritime Rescue Co-ordination Centre (MRCC), welches für den Einsatz zuständig ist. Für die Nord- und Ostsee ist u. a. die Deutsche Gesellschaft zur Rettung Schiffbrüchiger (DGzRS) zuständig. Die Alarmierungszeit beträt nur wenige Minuten. Die unten stehende Grafik veranschaulicht den Alarmierungsweg.

Das MRCC wiederum wird alle erforderlichen Maßnahmen ergreifen, damit eine schnelle Rettung stattfinden kann. Hierzu gehört die Weiterverbreitung der aufgefangenen Notmeldung genauso wie die Alarmierung seiner Seenotrettungskreuzer bzw. Hubschrauber und Flugzeuge zur Unterstützung bei der Suche des Havaristen.

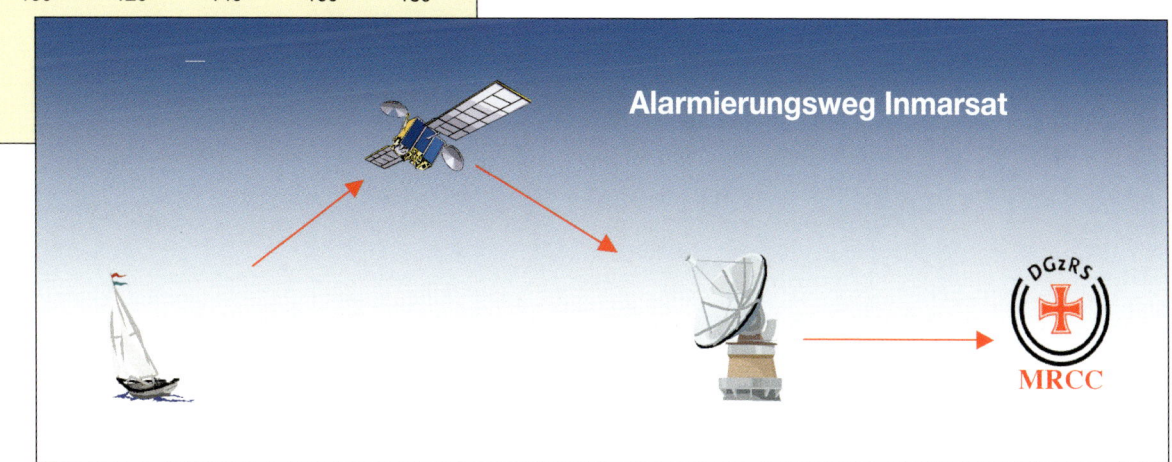

178E
POR
Tel: 872
Tlx: 582

Alarmierungsweg Inmarsat

3 COSPAS-SARSAT-System

3.1 Aufbau des Systems

Das zweite im GMDSS verwendete Satellitensystem, COSPAS-SARSAT, wurde um das Jahr 1982 gemeinschaftlich von Frankreich, Kanada, den USA und der damaligen UdSSR geplant und aufgebaut. COSPAS ist eine russische Abkürzung und bedeutet in etwa „Kosmisches System zur Suche havarierter Flugzeuge und Schiffe". SARSAT ist eine englische Abkürzung (Search and Rescue Satellite) und bedeutet übersetzt „Such- und Rettungssatellit".

Das System besteht hauptsächlich aus mehreren, in etwa 850 km Höhe polumlaufenden LEOSAR-Satelliten (Low Earth Orbit Satellite) und neuerdings aus drei, in 36000 km Höhe über dem Äquator positionierten, geostationären GEOSAR-Satelliten. Das COSPAS-SARSAT-System ist ein **reines Notsystem**. Das bedeutet, dass es nicht möglich ist, über diese Satelliten Kommunikation im herkömmlichen Sinne – wie über Inmarsat-Satelliten – durchzuführen.

Da die LEOSAR-Satelliten jedoch polumlaufend sind, ist dieses System im Gegensatz zum Inmarsat-System **weltweit verfügbar**, also auch **an den Polkappen**. Es werden die Frequenzen im 406-MHz-Band über den Satelliten sowie die Flugfunknotfrequenz 121,5 MHz für Homingsignale verwendet.

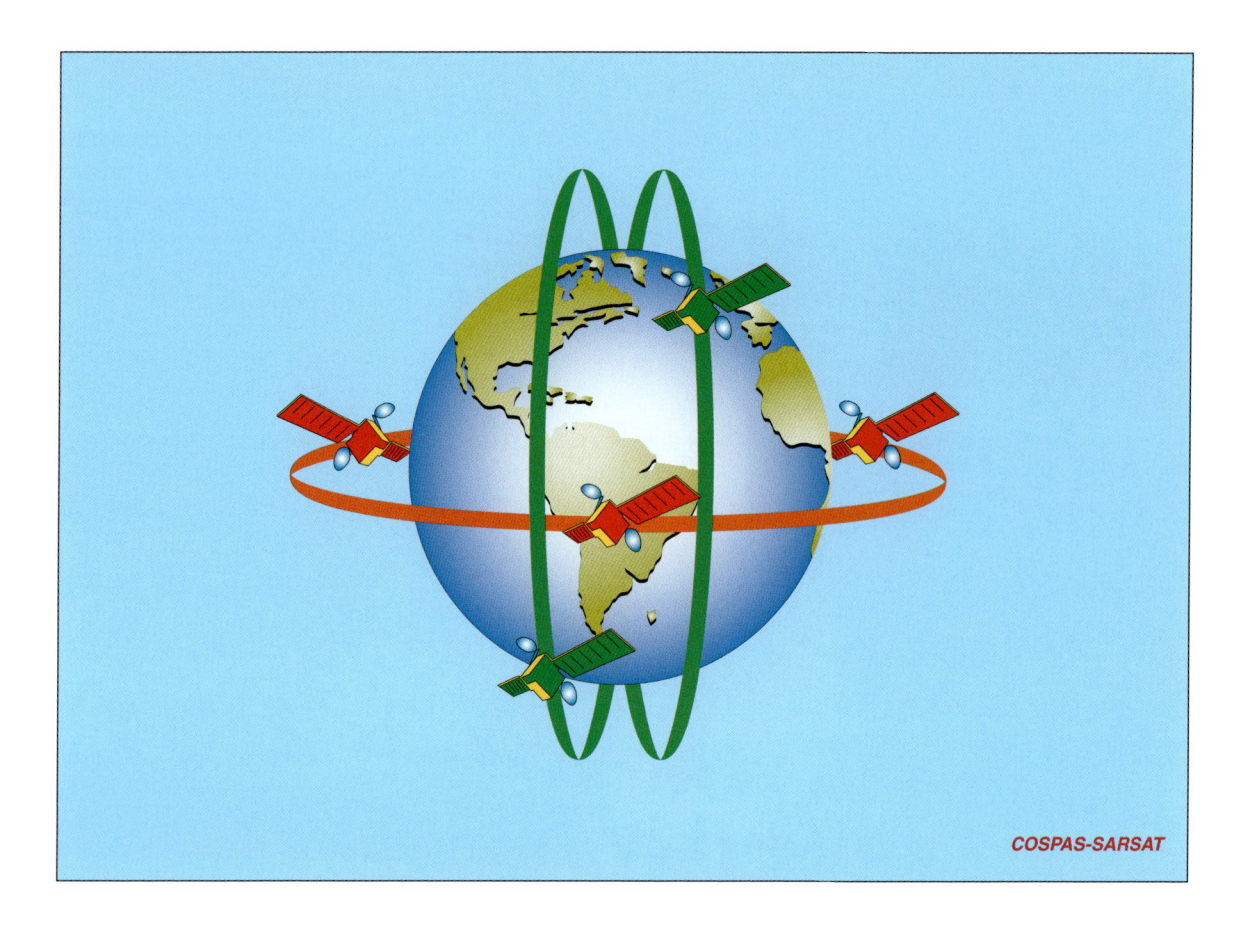

3.2 COSPAS-SARSAT-EPIRBs

COSPAS-SARSAT-EPIRBs senden auf zwei Frequenzen. Über die Frequenzen im **406-MHz-Band** wird die Position durch den überfliegenden Satelliten mittels des Dopplereffekts (Frequenzänderung, Laufzeitmessung der Signale) errechnet. Die Frequenz **121,5 MHz** (Flugfunknotfrequenz) dient der Positionsbestimmung durch Zielfahrt oder Zielanflug, daher auch **Homingfrequenz** genannt. Die einprogrammierte MMSI wird ebenfalls vom Satelliten gespeichert und bei Überflug eines Local User Terminal (LUT) an dieses übermittelt.

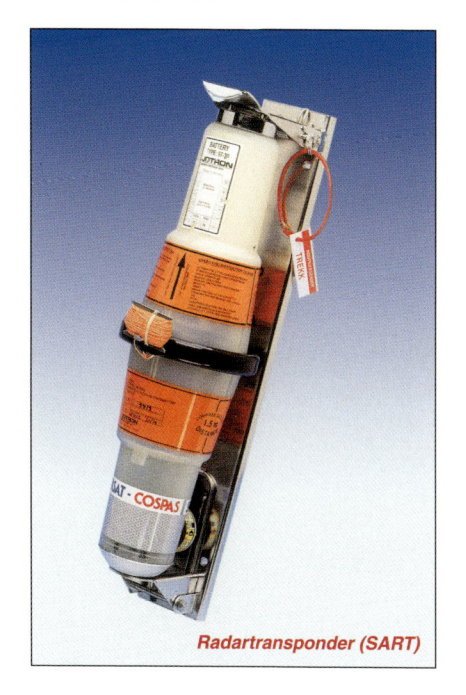

Seit einiger Zeit gibt es auch COSPAS-SARSAT-EPIRBs mit eingebautem GPS-Empfänger. Mit diesen EPIRBs ist quasi eine Real-Time-Alarmierung möglich. Die Positionsdaten werden an die GEOSAR-Satelliten des Systems abgegeben und dienen, nach Übermittlung an ein geostationäres Local User Terminal (GeoLUT), der Plausibilitätskontrolle der errechneten Position. Durch die übermittelten GPS-Daten kann die Genauigkeit der errechneten Position um ein Vielfaches verbessert werden. Der Unterschied ist beträchtlich: Ohne GPS schwankt die Genauigkeit der Position zwischen 5 und 50 sm, je nach Standort des Havaristen.

Bei COSPAS-SARSAT-EPIRBs müssen in regelmäßigen Abständen die Wasserdruckschalter und die Batterien überprüft und bei Ablauf des Haltbarkeitsdatums ausgetauscht werden. Die Prüfung der EPIRB ist nur im Testbetrieb erlaubt. Tests in der Position „armed" oder „manual" sind ausdrücklich verboten.

Radartransponder (SART)

An dieser Stelle sei ausdrücklich vor sogenannten PLBs (Personal Locating Beacon) gewarnt. Sie benutzen teilweise zwar auch die COSPAS-SARSAT-Frequenzen 406 MHz und 121,5 MHz, senden aber keine Kennung aus, weil diese nicht programmiert werden kann. Eine Frequenzzuteilung für solche Geräte wird es ohnehin nicht geben. Eine Aussendung ohne Kennung ist verboten und wird im Zweifelsfall als Fehlalarm gewertet.

3.3 Alarmierungswege

Die Position wird von den vorbeifliegenden Satelliten aufgrund des Dopplereffekts errechnet und bei Überflug eines der weltweit etwa 40 Local User Terminals (LUT) an dieses übermittelt. Nun wird über das Landnetz ein Mission Control Centre (MCC) über den Notfall informiert. Sofort nach Eingang der Nachricht wird ein für diesen Notfall zuständiges Maritime Rescue Co-ordination Centre (MRCC) gesucht und die gesamte Nachricht wird diesem zur Verfügung gestellt. Das MRCC ergreift sodann die für die Suche und Rettung geeigneten Maßnahmen. Die Alarmierungszeit beträgt zwischen 15 Minuten und mehreren Stunden, je nach Standort des havarierten Schiffes (Grafik Alarmierungsweg siehe S. 68).

Nur die Signale der 406 MHz werden vom Satelliten gespeichert, sofern kein geeignetes Local User Terminal (LUT) zur Übermittlung der Daten zur Verfügung steht. Die 121,5 MHz dienen lediglich dem Auffinden des Havaristen durch Peilung (Homing). Flugzeuge können auf dieser Frequenz, der Flugfunknotfrequenz, Zielanflüge aufgrund einer Aussendung durchführen.

Alarmierungsweg COSPAS-SARSAT

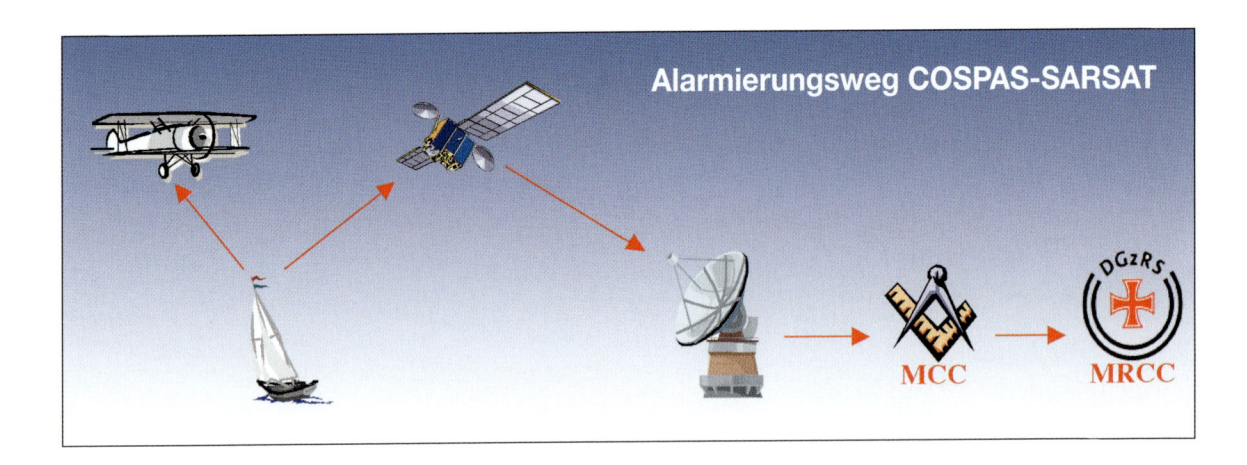

4 VHF-DSC

Der Digital Selective Call (DSC) ist ein ausgesprochen wichtiger Bestandteil des GMDSS. Für den Nahbereich bis 25 sm wurde das UKW-DSC eingeführt. Dieses System ermöglicht es, mit einer **Alarmierung auf VHF-Kanal 70** die Notposition, die Kennung des Schiffes (MMSI) sowie die Art des Notfalles automatisch und per Knopfdruck gleichzeitig an Küstenfunkstellen und andere Seefunkstellen zu übermitteln. Sprachschwierigkeiten in diesem sensiblen Bereich gehören damit der Vergangenheit an. Die ausgesendeten Daten werden bei anderen Seefunkstellen in der Nähe und von Küstenfunkstellen in Reichweite automatisch mit einem Wachempfänger empfangen und können so schnell ausgewertet werden. Der **nachfolgende Notverkehr** findet dann später auf **VHF-Kanal 16 per Sprechfunk** statt.

Empfangene Notrufe können, wenn notwendig, auch per Knopfdruck an ein MRCC, z. B. die DGzRS, weitergeleitet werden. Weiterhin ist es in Dringlichkeits- und Sicherheitsfällen möglich, eine Alarmierung auf VHF-Kanal 70 auszusenden, um dann per Sprechfunk die eigentliche Meldung auf Kanal 16 zu verbreiten. Auch können Schiffe direkt, in Gruppen oder in bestimmten Seegebieten gerufen werden, und es kann im Anschluss eine Meldung an diese auf einem Arbeitskanal übermittelt werden.

5 GW/KW-DSC

Für Seegebiete über 25 sm von der Küste entfernt bietet sich das **Grenzwellen/Kurzwellen-DSC (GW/KW-DSC)** an. Die **Funktionen** sind **ähnlich dem VHF-DSC**, nur dass hier – wie der Bezeichnung schon zu entnehmen ist – andere Frequenzen benutzt werden. Beispielsweise findet die Alarmierung in Not-, Dringlichkeits- und Sicherheitsfällen im GW-Bereich auf 2187,5 kHz statt, der anschließende Sprechfunkverkehr im Notfall dann auf 2182 kHz. Auch hier ist die Übermittlung gleichzeitig an entsprechend ausgerüstete Schiffe sowie Küstenfunkstellen gewährleistet, sofern die Alarmierung an alle Funkstellen gerichtet ist.

Ebenso können gezielt andere Seefunkstellen und auch Küstenfunkstellen zur Verkehrsaufnahme mit digitalen Zeichen, sozusagen per Knopfdruck, gerufen werden. Die Reichweite beträgt bei **GW-DSC mindestens 150 sm/Tag, KW-DSC funktioniert weltweit**!

6 Search and Rescue Transponder (SART)

6.1 Wirkungsweise

Radartransponder senden im 9-GHz-Band (X-Band) **Ortungsfunksignale** und eignen sich besonders zum **Auffinden des Havaristen durch Zielfahrt**. Sie dürfen nur in Notfällen aktiviert werden. Die Signale des SART werden auf Radargeräten von anderen Schiffen – je nach Entfernung – als Punkte bzw. Striche oder auch Kreise sichtbar und zeigen dem Nautiker an, dass in der Nähe möglicherweise ein Notfall eingetreten ist.

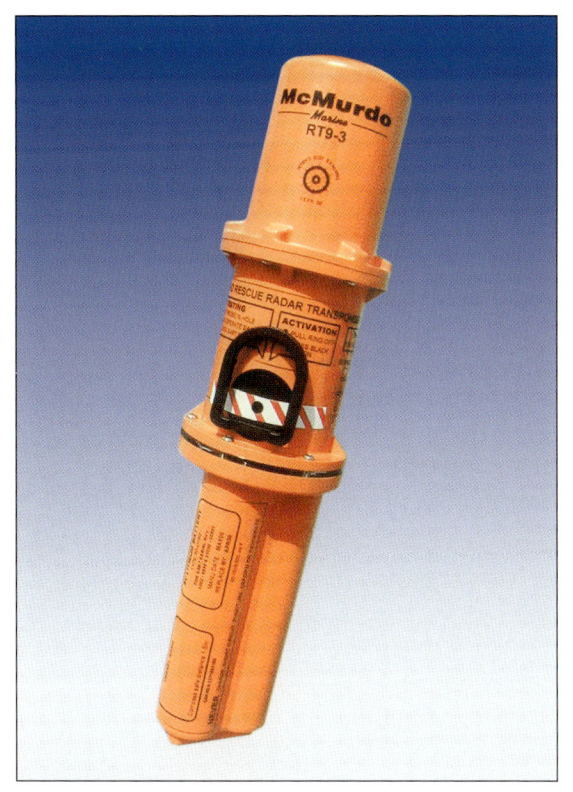

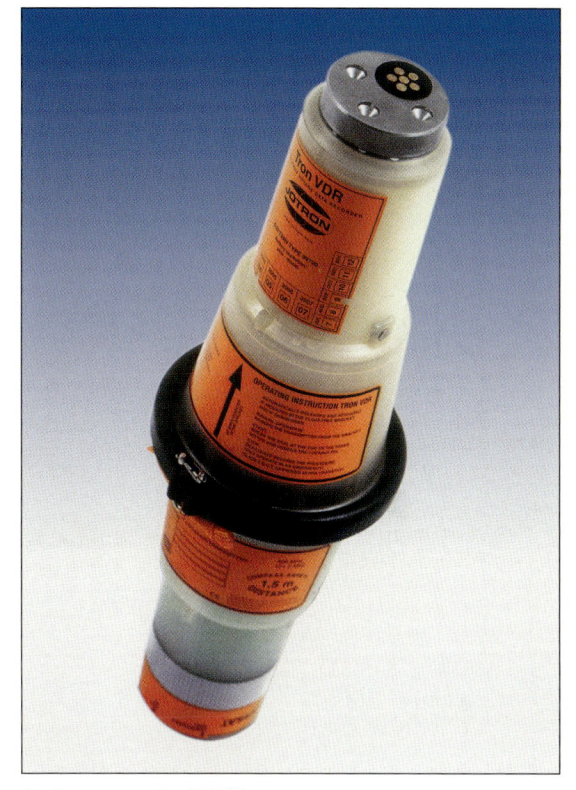

Radartransponder (SART)

Radartransponder (SART)

Radartransponder haben eine **Reichweite von mindestens 5 sm** und ermöglichen eine Zielfahrt auch bei schlechter Sicht. Im Allgemeinen werden sie per Hand aktiviert und befinden sich dann im Stand-by-Modus. Das bedeutet, sie tun erst einmal nichts. Erst wenn sie von einem 3-cm-Radarstrahl eines in der Nähe befindlichen Schiffes erfasst werden, wird der Sender des Radartransponders eingeschaltet. Die Betriebsdauer im Stand-by-Betrieb beträgt etwa 96 Stunden, im Sendebetrieb etwa 8 Stunden.

6.2 Alarmierungsweg

Das nachfolgende Bild zeigt verschiedene Radarbilder bei Empfang eines Radartransponders. Weit entfernt – kleine Striche, näher am Transponder – längere Striche, sehr nah am Transponder – Halbkreise. Gut erkennen kann man hier, dass eine Zielfahrt bei Empfang des SART überhaupt kein Problem darstellt.

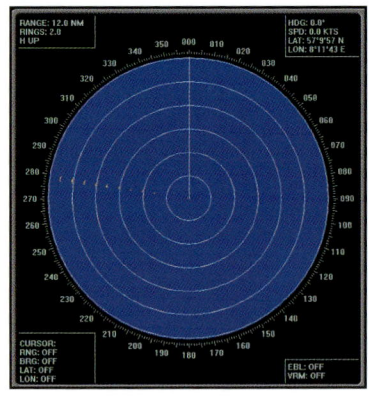

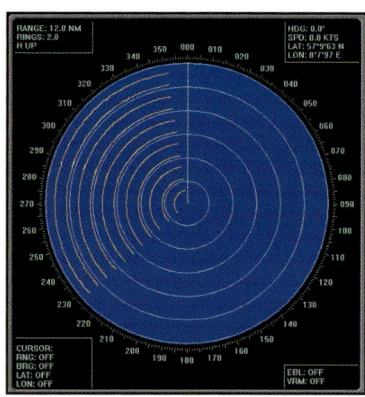

Weit entfernter Transponder   *Naher Transponder*   *Sehr naher Transponder*

7 Navigational Text Messages (Navtex)

7.1 Aufbau des Systems

Navtex ist ein System zur Verbreitung und zum **automatischen Empfang von MSI-Nachrichten** (Maritime Safety Information) über terrestrische (erdnahe) Frequenzen. Hierbei findet das Telex-Betriebsverfahren mit der Forward Error Correction (FEC) Anwendung. Die Betriebsfrequenz im MF-Band ist 518 kHz.

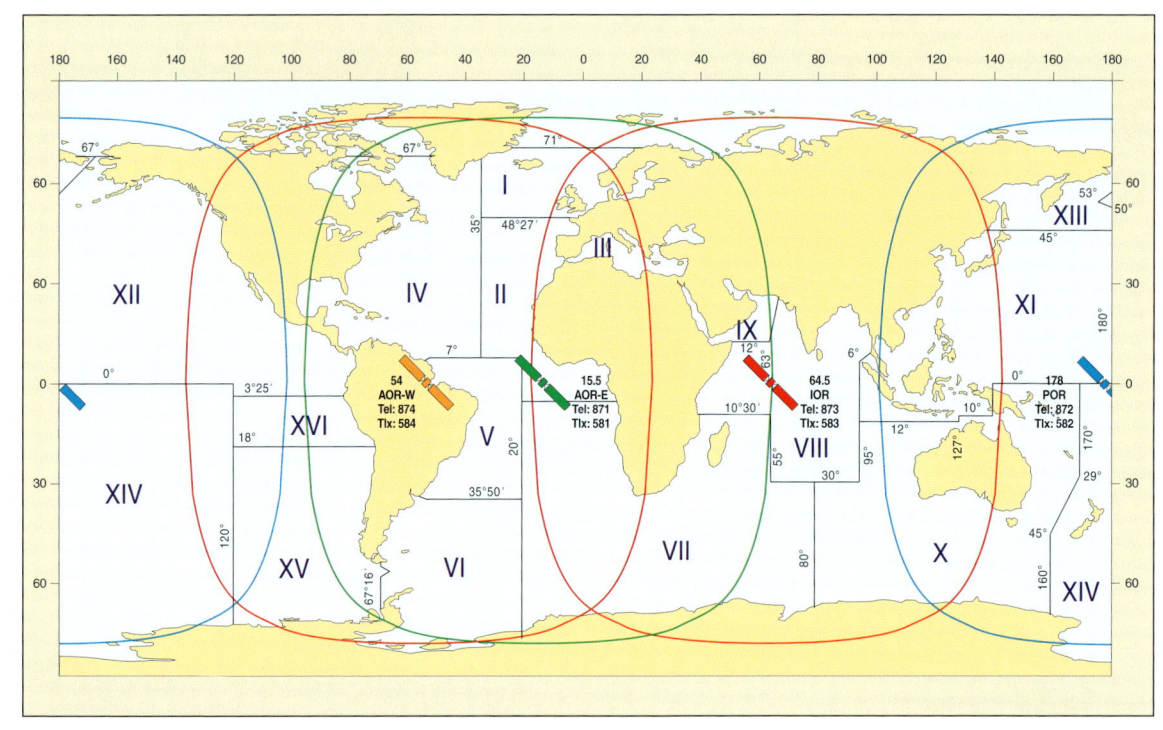

Geografische Gebiete für die Ausstrahlung von Navigationswarnungen

VIII.7 Navigational Text Messages (Navtex)

Auf ihr werden die Sicherheitsinformationen in englischer Sprache verbreitet und können mittels eines Navtex-Empfängers an Bord automatisch empfangen und abgespeichert bzw. ausgedruckt werden. Zusätzlich zur Frequenz 518 kHz können Aussendungen auf 490 kHz in Landessprache angeboten werden. In Gebieten, in denen die MF-Aussendungen von Navtex durch atmosphärische Störungen sehr beeinträchtigt sind, können Aussendungen auch auf der HF-Frequenz 4209,5 kHz erfolgen.

Seit 2007 hat Deutschland einen eigenen **Navtex-Sender**. Dieser steht in Pinneberg bei Hamburg und sendet alle 4 Stunden auf der Frequenz 518 kHz **Warnnachrichten in englischer Sprache** sowie auf 490 kHz **Warnnachrichten in deutscher Sprache** aus. Die einzustellende Kennung am Navtex-Empfänger ist „S".

Die abgebildete Karte zeigt, dass die Erde in 16 sogenannte **Navareas** eingeteilt ist. In jeder einzelnen Navarea werden die **Navtex-Sender mit einem Buchstaben gekennzeichnet**, da es mehrere Navtex-Stationen in einer Navarea gibt, die auf der gleichen Frequenz (518 kHz), aber zu verschiedenen Zeiten senden. Die Kennzeichnung erfolgt in der nördlichen Hälfte der Erde von Nord nach Süd, beginnend mit

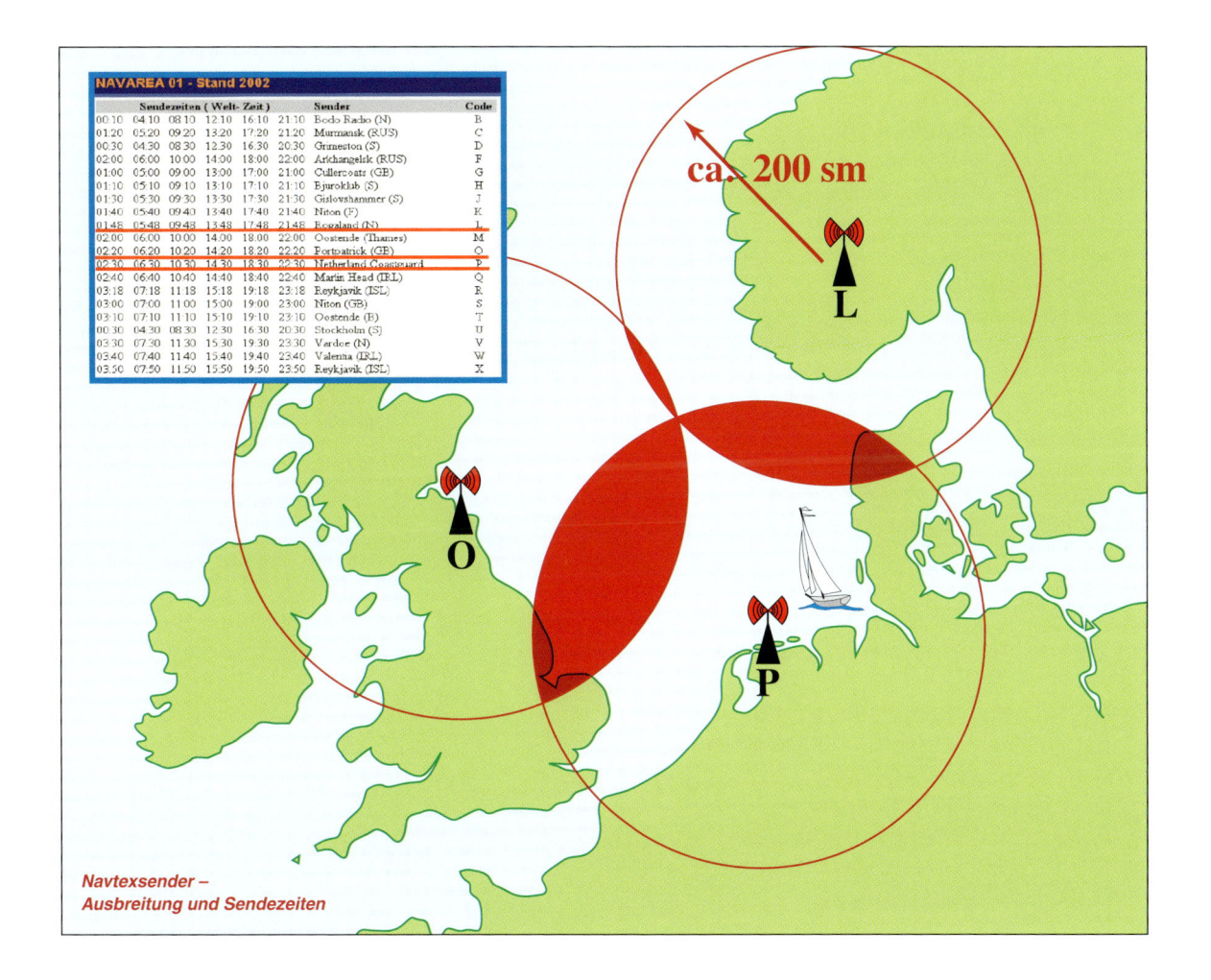

NAVAREA 01 - Stand 2002

Sendezeiten (Welt- Zeit)						Sender	Code
00:10	04:10	08:10	12:10	16:10	21:10	Bodø Radio (N)	B
01:20	05:20	09:20	13:20	17:20	21:20	Murmansk (RUS)	C
00:30	04:30	08:30	12:30	16:30	20:30	Grimeston (S)	D
02:00	06:00	10:00	14:00	18:00	22:00	Arichangelsk (RUS)	F
01:00	05:00	09:00	13:00	17:00	21:00	Cullercoats (GB)	G
01:10	05:10	09:10	13:10	17:10	21:10	Bjuröklub (S)	H
01:30	05:30	09:30	13:30	17:30	21:30	Gislövshammer (S)	J
01:40	05:40	09:40	13:40	17:40	21:40	Niton (F)	K
01:48	05:48	09:48	13:48	17:48	21:48	Rogaland (N)	L
02:00	06:00	10:00	14:00	18:00	22:00	Oostende (Thames)	M
02:20	06:20	10:20	14:20	18:20	22:20	Portpatrick (GB)	O
02:30	06:30	10:30	14:30	18:30	22:30	Netherland Coastguard	P
02:40	06:40	10:40	14:40	18:40	22:40	Martin Head (IRL)	Q
03:18	07:18	11:18	15:18	19:18	23:18	Reykjavik (ISL)	R
03:00	07:00	11:00	15:00	19:00	23:00	Niton (GB)	S
03:10	07:10	11:10	15:10	19:10	23:10	Oostende (B)	T
00:30	04:30	08:30	12:30	16:30	20:30	Stockholm (S)	U
03:30	07:30	11:30	15:30	19:30	23:30	Vardør (N)	V
03:40	07:40	11:40	15:40	19:40	23:40	Valentia (IRL)	W
03:50	07:50	11:50	15:50	19:50	23:50	Reykjavik (ISL)	X

ca. 200 sm

Navtexsender –
Ausbreitung und Sendezeiten

dem Buchstaben „A" und endend mit dem Buchstaben „Z". Die Nord- und die Ostsee z. B. gehören zur Navarea I.

Die **Reichweite** von Navtex-Aussendungen hängt von der Sendeleistung des Senders ab und kann **bis zu 400 sm** betragen. Nachts müssen Navtex-Stationen ihre Sendeleistung reduzieren, damit die Aussendungen wegen der Ausbreitungsbedingungen im MF-Bereich nicht zu weit in den Sendebereich einer benachbarten Station hineinreichen.

Der abgebildete Ausschnitt der Navarea I zeigt die drei Navtex-Sender Rogaland (Kennung L), Portpatrick (Kennung O) sowie den Sender der Netherland Coast Guard (Kennung P). Die Ausbreitungskreise der drei Sender überschneiden sich etwas (rotes Gebiet). Die Tabelle in der linken Ecke zeigt alle verfügbaren Navtex-Sender der Navarea I. Die rot unterstrichenen Zeilen sind die Sender mit der Kennung L, O, P und zeigen u. a. auch die verschiedenen Sendezeiten der Stationen an. Erforderlich sind die unterschiedlichen Sendezeiten deshalb, weil sonst im Überschneidungsgebiet Störungen der Nachbarsender auftreten würden (Grafik siehe S. 71).

Der zu empfangene Sender sowie die Nachrichten, die nicht empfangen werden sollen, müssen am Navtex-Empfänger an Bord eingestellt werden. Mehr hierzu unter Navtex-Empfangsanlagen (siehe 7.3).

7.2 Inhalt und Aufbau von Navtex-Meldungen

Die folgende Grafik veranschaulicht das Zustandekommen von Navtex-Meldungen bis hin zum Empfang an Bord. Über verschiedene Navtex-Koordinatoren werden die Meldungen verdichtet und über die „zuständigen" Sender in ihrer Region verbreitet.

Da Navtex **noch nicht weltweit** verfügbar ist, sind ausrüstungspflichtige Schiffe, wenn sie sich nicht in Navtex-Gebieten aufhalten, verpflichtet, einen EGC (Enhanced Group Call)-Empfänger (Inmarsat C) zu fahren, um so MSI-Nachrichten auch automatisch empfangen zu können.

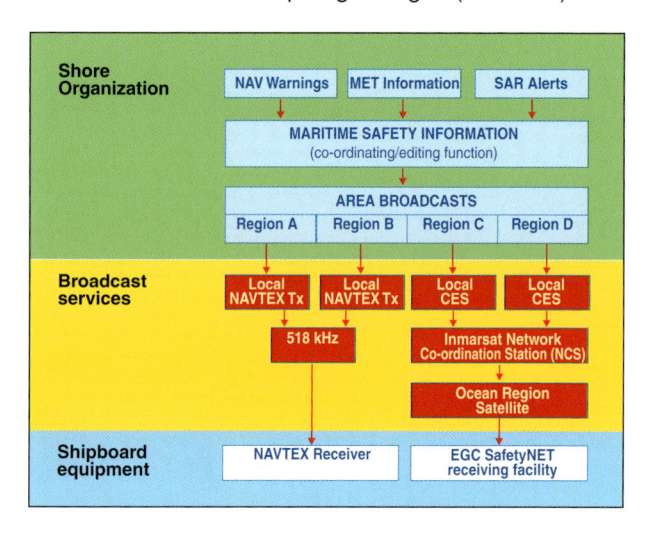

Über Navtex werden Meldungen der verschiedensten Art verbreitet. Dabei **kennzeichnen Buchstaben die unterschiedlichen Meldungsarten**, um später eine geeignete Auswahl treffen zu können:

A	=	**Navigationswarnungen**
B	=	**Meteorologische Warnungen**
C	=	**Eisberichte**
D	=	**SAR-Meldungen**
E	=	**Wettervorhersagen**
F	=	**Lotseninformationen**
G	=	**Nicht belegt**
H	=	**Loran-C-Warnungen**

VIII.7 Navigational Text Messages (Navtex)

I	=	Omega-Warnungen
J	=	Sat-Nav-Warnungen
K	=	Warnungen über andere elektronische Navigationssysteme
L	=	Navigationswarnungen für das Verholen von Bohrplattformen
M...U	=	Nicht belegt
V	=	Ausführliche Navigationswarnungen, Ankündigung über A
W...Y	=	Versuchssendungen
Z	=	Es liegen keine Meldungen vor

Navtex-Meldungen sind nach einem bestimmten, immer wiederkehrenden **Schema** aufgebaut.

1. Zeile	ZCZC LD00
Startgruppe	ZCZC
1. Buchstabe	Kennung der Navtex-Station (hier „L" für Rogaland)
2. Buchstabe	Art der Meldung (hier „D" für SAR-Meldung)
Ziffern	Laufende Nummer der Meldung (hier: „00")
2. Zeile	121950 UTC DEC
Datum und Uhrzeit	hier „121950 UTC DEC" für 12. Dezember, 1950 UTC
3. Zeile	Rogaland Radio SAR Message
Station/Meldungsart	hier Rogaland Radio mit SAR-Meldung

Nachfolgende Zeilen sind der Text der Ursprungsmeldung.

NNNN	Ende der Meldung

7.3 Navtex-Empfangsanlagen

Navtex-Empfänger gibt es eine Menge auf dem Markt. Ihr Funktionsumfang ist jedoch recht unterschiedlich – nicht alle Geräte können auch alles. Wie oben beschrieben, sind Navtex-Meldungen auf drei verschiedenen Frequenzen zu empfangen: 518 kHz, 490 kHz und 4209,5 kHz. Aber nicht jedes Gerät empfängt auch alle drei Frequenzen. Außerdem gibt es Geräte mit Papierausdruck, Geräte mit elektronischem Speicher oder auch Geräte mit beidem. Für **funkausrüstungspflichtige Schiffe** sind **Geräte mit Drucker** vorgeschrieben.

Demgegenüber steht es für **nicht funkausrüstungspflichtige Schiffe frei, welche Ausrüstung** man wählt. Jeder muss für sich die Vor- und Nachteile sorgfältig abwägen. Der Navtex-Empfänger kann an

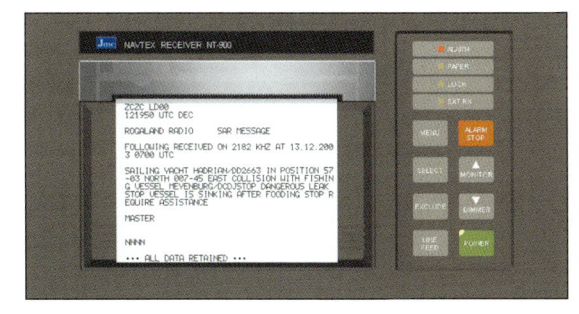

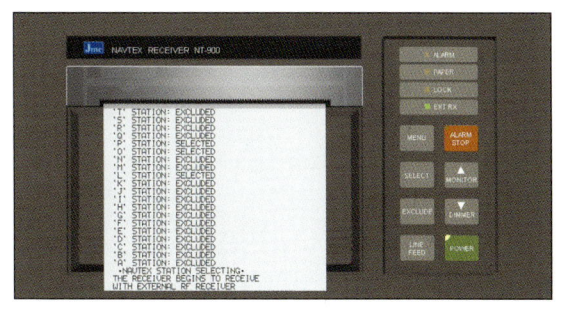

Navtex-Meldung   *Auswahl der Stationen*

73

einer Draht- oder Stabantenne sowie an einer aktiven Antenne betrieben werden. Eine aktive Antenne beinhaltet einen Verstärker, der das ankommende Navtex-Signal vor dem Empfänger „aktiv" verstärkt. Allen Geräten gemeinsam ist allerdings, dass man die **zu empfangenden Stationen einstellen** und die **Meldungen**, die man **nicht empfangen** möchte, **unterdrücken** muss. Es versteht sich, dass man z. B. eine Meldung, die sich mit Loran-C beschäftigt, nicht braucht, wenn man nicht mit Loran-C ausgerüstet ist. An dem abgebildeten Navtex-Empfänger sind die Stationen L, O und P eingestellt; unterdrückt sind die Meldungsarten C, F, G, H, I, K und Z. Die Meldungsarten A, B und D können nicht unterdrückt werden, daher werden sie in jedem Fall empfangen.

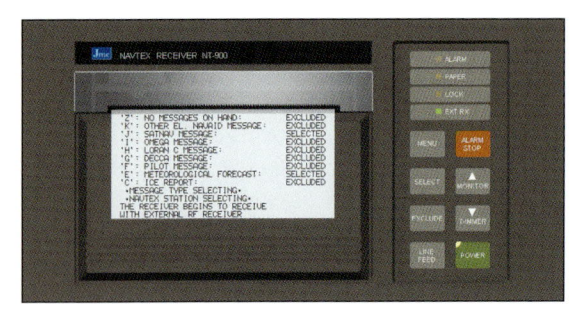

Auswahl der nicht benötigten Meldungsarten

8 Automatic Identification System (AIS)

8.1 Grundlagen zu AIS
AIS ist in erster Linie ein Kollisionsverhütungsverfahren. Im Prinzip werden statischeDaten wie MMSI, Schiffsname und Rufzeichen sowie dynamische Daten wie, Position, Kurs und Geschwindigkeit mit den in der Nähe befindlichen Fahrzeugen in regelmäßigen Zeitabständen ausgetauscht. Mithilfe von geeigneten AIS-Transceivern können:
- Schiffe in der Nähe identifiziert,
- eine Zielverfolgung realisiert,
- Kennungen (MMSI) der in der Nähe befindlichen Schiffe abgefragt werden.

Letzteres vereinfacht den Verbindungsaufbau im GMDSS erheblich. Ohne Weiteres sind nämlich die MMSI der Schiffe in der Umgebung nicht bekannt. Durch AIS können diese Kennungen auf einem Bildschirm sichtbar gemacht und abgelesen werden, weil die auf den anderen Schiffen eingesetzten Transceiver ihre MMSI-Nummern mit anderen Daten wie z. B. Kurs, Geschwindigkeit und Position aussenden und für die umliegende Schifffahrt nutzbar machen.

8.2 AIS-Transceiver
Alle Schiffe, die unter die SOLAS Konvention fallen, müssen sich seit dem 01.01.2005 mit sogenannten „Class A"-AIS-Transceivern ausrüsten. Aber auch Sportbooten steht dieser Service offen. Seit einigere Zeit gibt es „Class B"-AIS-Transceiver, die sich im Leistungsumfang und preislich von den „Class A"-Geräten unterscheiden. Der Vorteil von AIS-Transceivern auf Sportbooten liegt auf der Hand: Auch kleine Boote werden von den großen Tankern und Containern zweifelsfrei erkannt; außerdem können die Verkehrsteilnehmer gegenseitig Rückschlüsse auf die Absichten bezüglich der Navigation ziehen. Im Falle eines Falles kann unproblematisch Kontakt mit dem anderen Schiff über DSC aufgenommen werden.

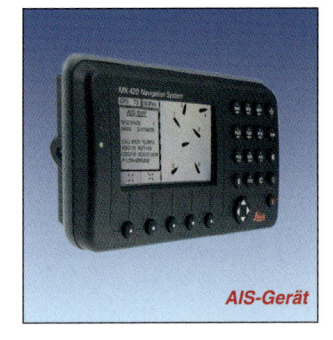

AIS-Gerät

(Fragen: 12–16, 37, 38, 40, 41, 44, 45, 126, 127, 135, 179–202, 220–227)

IX Funkbetrieb

1 Grundlagen

1.1 Allgemeines

Die Funklagen an Bord von Schiffen sind Bestandteil der **Sicherheitsausrüstung** und müssen daher in jedem Fall funktionstüchtig und für den Zweck zugelassen sein. Alle vorgeschriebenen **Dienstbehelfe** müssen an Bord vorhanden sein und auf dem neuesten Stand gehalten werden. Die vorgeschriebenen **Hörwachen auf Kanal 70** und zusätzlich, wenn der Schiffsbetrieb es zulässt, auf Kanal 16 müssen sichergestellt sein. Allerdings ist „Dual Watch", also die gleichzeitige Überwachung zweier Kanäle, hier weder angebracht noch erlaubt, weil der Empfänger dabei zwischen den beiden Kanälen hin und her schaltet und somit eine ununterbrochene Wache auf Kanal 70 nicht mehr gewährleistet ist.

Die abzustrahlende **Sendeleistung** ist auf das **notwendige Mindestmaß** zu begrenzen. Seefunkgeräte bieten die Möglichkeit, mit voller Leistung (25 Watt) oder mit verminderter Leistung (1 Watt) zu senden. Häufig ist es ausreichend, mit verminderter Leistung zu senden, um so anderen die Möglichkeit zu geben, denselben Funkkanal in einem bestimmten Abstand auch benutzen zu können. In Deutschland ist es erlaubt, die VHF-Seefunkanlagen auch in den Häfen zu benutzen. Dies kann aber in anderen Ländern anders sein. Bei Unsicherheiten können Küstenfunkstellen befragt werden; sie werden gewiss gerne Auskunft geben.

Amateurfunkstellen und Mobilfunkgeräte dürfen an Bord mit Zustimmung des Schiffsführers nur betrieben werden, wenn sichergestellt ist, dass keine Störungen bei der Seefunkstelle verursacht werden. Weiterhin müssen die **Frequenzzuteilungsurkunde** und das für die Funkanlage vorgeschriebene **Funkzeugnis** im Original an Bord sein.

Vor jeder Aussendung ist sicherzustellen, dass anderer laufender **Funkverkehr nicht gestört** wird. Um festzustellen, ob auf dem gleichen Kanal gesprochen wird, kann man die Rauschsperre (Squelch) am Funkgerät betätigen. Hierdurch wird die Empfindlichkeit des Empfängers größer. Sollte es rauschen, so ist der Kanal frei. Rauscht es nicht und ist auch kein Sprechen zu hören, kann es sein, dass ein Schiff oder eine Küstenfunkstelle eine Trägerfrequenz aussendet. Dann ist der Kanal belegt. Also gilt grundsätzlich:

> **ERST HÖREN – DANN SENDEN!**

Strengstens verboten ist es, **auf Kanal 16 oder Kanal 70 Aussendungen** vorzunehmen, **die nicht für diese Kanäle vorgesehen** sind. Auf Kanal 16 werden im Seefunk Not-, Dringlichkeits- sowie Sicherheitsmeldungen verbreitet und Anrufverkehr abgewickelt. Der Kanal 70 ist im Seefunk für Aussendungen mittels Digitalen Selektivrufs (DSC) bestimmt und darf deshalb nicht im Sprechfunkverfahren benutzt werden. Da das Seefunksystem ein Sicherheitsfunksystem ist, sollten Routineaussendungen auf ein Mindestmaß beschränkt werden.

Im **Funkverkehr mit Küstenfunkstellen** ist den Anweisungen einer Küstenfunkstelle in jedem Fall Folge zu leisten. Dies können Anweisungen zur Ruhe oder Aufforderungen zu Kanalwechsel sein. Sendungen zu **Testzwecken** sind im Sprechfunkverfahren erlaubt, dürfen aber die Dauer von 10 Sekunden nicht überschreiten und müssen mit Schiffsname, Rufzeichen und dem Wort „Test" gekennzeichnet werden.

Seefunkstellen, die Meldungen empfangen, die nur an sie gerichtet sind, müssen den Empfang der Meldung der sendenden Funkstelle bestätigen. Meldungen an alle Funkstellen werden nicht bestätigt.

1.2 Seefunkanlagen

Bei nicht funkausrüstungspflichtigen Schiffen liegt die Wahl, welche Seefunkanlage zum Einsatz kommt, im Ermessen des Eigners. Voraussetzung ist freilich, dass die Seefunkanlage technisch bestimmten EU-Normen entsprechen muss, damit für den Verwendungszweck zugelassen ist und in mindestens einem Land in Europa in den Verkehr gebracht wurde. Dagegen müssen bei funkausrüstungspflichtigen Schiffen Art und Umfang der Ausrüstung den einschlägigen Bestimmungen der Radio Regulations, von SOLAS und den Erfordernissen der Schiffssicherheitsverordnung entsprechen und mit einem Steuerrad als Zeichen der Zulassung gekennzeichnet sein.

Sogenannte „**Class D**"-**Seefunkanlagen** dürfen nur auf nicht ausrüstungspflichtigen Schiffen installiert werden, weil sie nicht dem vollen Funktionsumfang des GMDSS-DSC-Verfahrens entsprechen, wohl aber die wichtigsten Anruf- und Alarmierungsarten im Gerät integriert sind. Für neue Frequenzzuteilungen gilt, dass die Seefunkanlagen der Kanalbelegung der Radio Regulations, Ausgabe 2001, entsprechen müssen. Dies bedeutet, es müssen die Kanäle 75 und 76, die früher dem Schutz des Kanals 16 dienten, freigeschaltet und damit benutzbar sein. Die Kanäle 87 und 88, früher Duplexkanäle, sind heute Simplexkanäle. Die obere Frequenz der beiden Kanäle wurde für das Automatic Identification System (AIS) benutzt. Bestehende Frequenzzuteilungen für ältere Geräte, die noch nicht dieser Kanalbelegung entsprechen, behalten aber ihre Gültigkeit (Bestandsschutz).

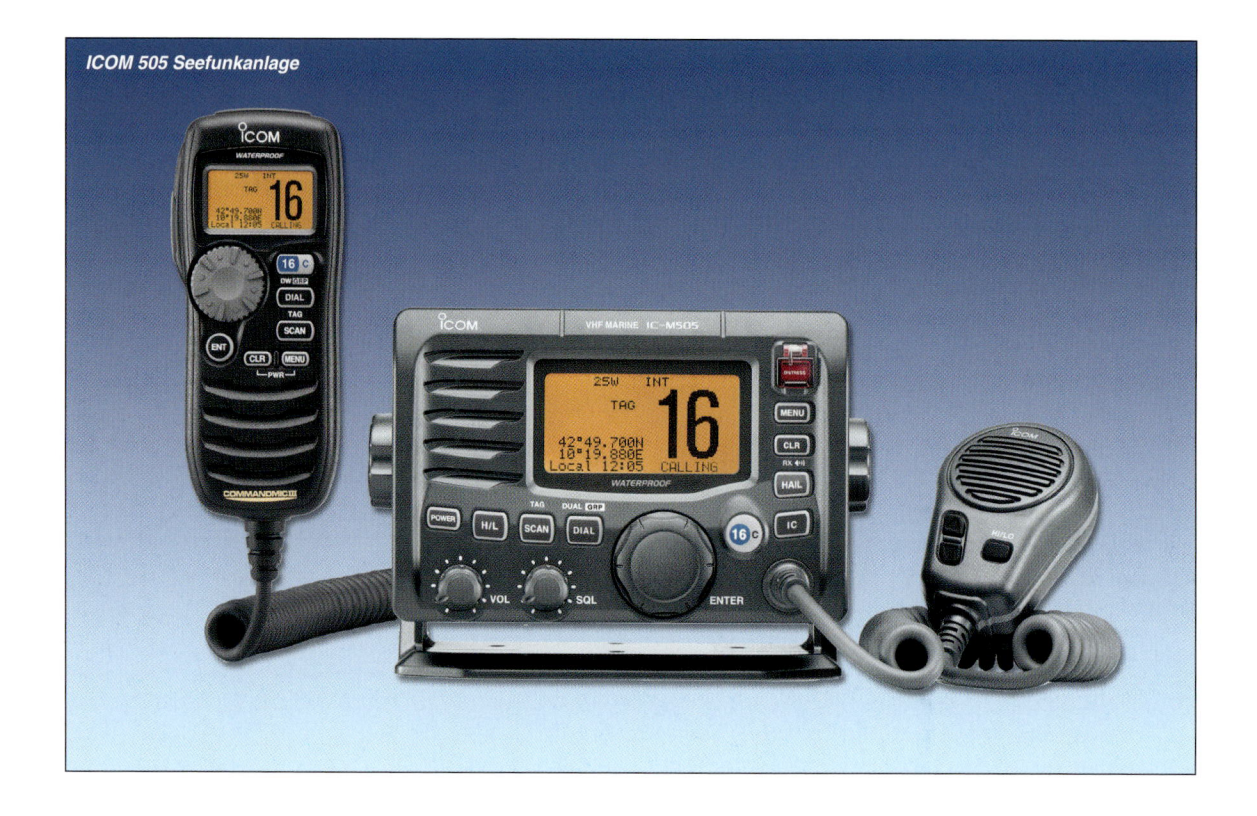

VHF-„Class B"-Seefunkanlage

VHF-„Class D"-Seefunkanlage

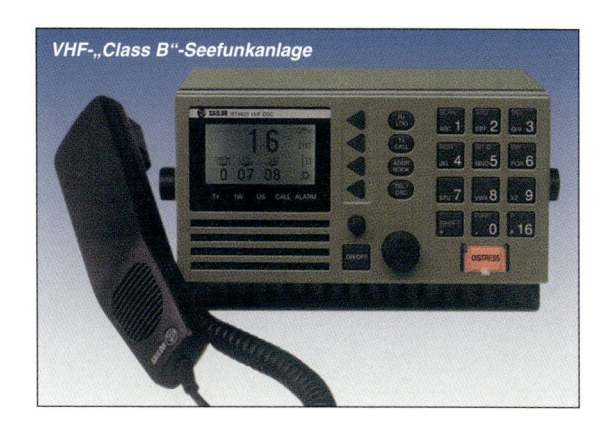

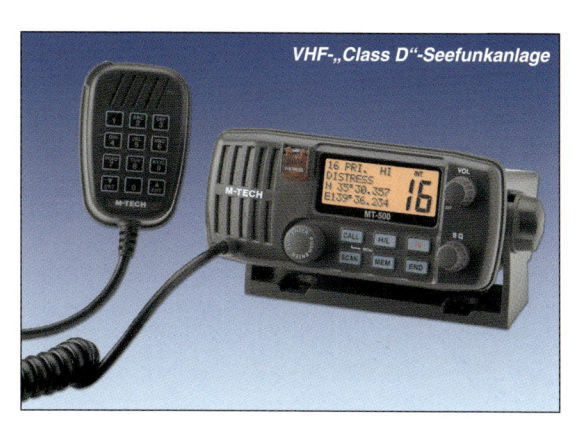

„**Class A**"- und „**Class B**"-**Seefunkanlagen** haben einen erweiterten Funktionsumfang und sind von einer benannten Stelle, z. B. dem BSH, auf ihre Tauglichkeit für die Berufsschifffahrt hin geprüft und mit einem Steuerrad gekennzeichnet worden. Diese Geräte dürfen selbstverständlich auch auf Sportbooten installiert werden, sie sind aber meist um ein Vielfaches teurer als „Class D"-Seefunkanlagen. Der Funktionsumfang umfasst zusätzlich zu dem von Class D u. a.:

Medical Transport	=	Sanitätstransport gemäß der Genfer Konventionen
Positon Request	=	Positionsabfrage mit automatischer Antwort
Distress Relay	=	Weiterleitung eines Notfalls per DSC

Vermehrter Beliebtheit erfreuen sich sogenannte **Kombianlagen**, mit denen man wahlweise am See- als auch Binnenschifffahrtsfunk teilnehmen kann. Zu beachten ist jedoch, dass dann für jeden der Bereiche

VHF-„Class D"-Seefunkanlage

auch ein eigenes Funkzeugnis vorhanden sein muss. Nach neueren Bestimmungen sind das ein SRC für den Seefunk und ein UBI für den Binnenschifffahrtsfunk!

Tragbare Seefunkanlagen dürfen auch auf Sportbooten im Seefunk benutzt werden, nicht aber im Binnenschifffahrtsfunk! Meist werden diese Anlagen als zusätzliche Funkanlagen – auch zur Sicherheit im Seenotfall – gefahren. Einige dieser „Seefunkhandys" können als alleinige Funkanlage, aber nur für ein bestimmtes Schiff, zugelassen werden, wenn sie bestimmte Normen einhalten. Dennoch ist grundsätzlich davon abzuraten, da diese Funkgeräte bei Weitem nicht die Reichweite bringen, wie sie fest eingebaute Geräte besitzen. Dies liegt zum einen an der Leistung, zum anderen ist der Antennenstandort bei diesen Geräten sehr niedrig.

Portable VHF-Seefunkanlage

1.3 Genehmigungsverfahren

International ist in den Radio Regulations (RR, VO Funk) eine Genehmigung zum Errichten und Betreiben einer Seefunkstelle gefordert, die in Deutschland Frequenzzuteilung genannt wird. Das nationale TKG gibt an, wo diese Frequenzzuteilung beantragt werden kann. Die Bundesnetzagentur (BNetzA), Außenstelle Hamburg, ist für die Ausstellung der Frequenzzuteilungsurkunde für den Seefunk zuständig. Bei der Außenstelle Mülheim/Ruhr erhält man dieselbe für den Binnenschifffahrtsfunk. Für Kombianlagen, also Funkanlagen, die umschaltbar im Seefunk oder Binnenfunk betrieben werden können, stellt wiederum die Außenstelle Hamburg die Frequenzzuteilung aus.

Für die Ausstellung der Urkunde ist einmalig ein Betrag an die BNetzA zu zahlen, zurzeit sind das 130,- Euro. Jährlich neu berechnet und somit wiederkehrend fallen Gebühren und Beiträge in Höhe von etwa 25,- Euro an.

1.4 Fernmeldegeheimnis

Alle Personen, die eine Seefunkanlage bedienen bzw. beaufsichtigen, sind verpflichtet, das Fernmeldegeheimnis zu wahren. International schreiben dies die Radio Regulations, national das TKG sowie das Grundgesetz vor.

Generell dürfen Seefunkstellen Funkverkehr aufnehmen, der an alle Funkstellen oder an sie selbst gerichtet ist. Dies können z. B. Wetterberichte, nautische Warnnachrichten, Dringlichkeits- oder Sicherheitsmeldungen sowie Telefongespräche über eine Küstenfunkstelle für das eigene Schiff sein. Inhalte des Funkverkehrs, der für andere Funkstellen bestimmt ist, dürfen nicht abgehört oder weiterverbreitet werden. Selbst das bloße Vorhandensein von Funkverkehr muss verschwiegen werden. Die zugehörigen Aufzeichnungen im Logbuch sind unter Verschluss zu halten.

Dem Schiffsführer gegenüber besteht diese Pflicht nicht. Er hat die Oberaufsicht über die Seefunkstelle und kann verlangen, dass über den Fernmeldeverkehr Auskunft gegeben wird. Vom Fernmeldegeheimnis kann jedoch nur ein Richter vor Gericht entbinden! Ein Verstoß gegen das Fernmeldegeheimnis ist eine Straftat und wird dementsprechend geahndet.

1.5 Überprüfung von Seefunkstellen
Die Bundesnetzagentur (BNetzA) ist laut TKG berechtigt, Funkanlagen an Bord zu überprüfen und ggf. Betriebsverbote auszusprechen bzw. Funkanlagen zu beschlagnahmen. Auch kann die Polizei die Vorlage der erforderlichen Urkunden verlangen.

Geprüft wird zunächst, ob eine Frequenzzuteilungsurkunde und ein Seefunkzeugnis vorhanden sind. Sind alle eingebauten Funkgeräte auch der BNetzA mitgeteilt worden? Es folgt die technische Überprüfung der Funkanlage/Antenne mit Leistungsmessung, die Überprüfung des Frequenzhubs und das Vorhandensein der zugeteilten Kennungen (MMSI, ATIS).

Prüfungen können auch von zuständigen ausländischen Behörden von sich aus oder in Amtshilfe durchgeführt werden. Grundlage hierfür sind die Radio Regulations.

1.6 Hörwachen auf Notfrequenzen
Jedem, der im Besitz einer Seefunkanlage ist, sollte es allein schon eine moralische Verpflichtung sein, die Notfrequenzen zu beobachten. Der **VHF-Kanal 70** ist im GMDSS der **Not- und Alarmierungskanal** und muss daher beobachtet werden, sobald man auf See ist. Dies geschieht automatisch durch einen Wachempfänger, der zusätzlich im VHF-Transceiver eingebaut ist. Außerdem sollte zusätzlich auch weiterhin der **frühere Not- und Anrufkanal 16** (Sprechfunk) überwacht werden, damit auch die Schiffe, die noch nicht nach GMDSS ausgerüstet sind, die Chance haben, im Notfall gehört zu werden.

2 VHF-Kanäle

2.1 Aufbau des VHF-Seefunkbandes
Im VHF-Bereich wird die elektromagnetische Energie von der Antenne gradlinig nach allen Richtungen abgestrahlt. Aufgrund des verwendeten Frequenzbereiches spielen das Wetter oder die Tageszeit dabei keine entscheidende Rolle. Man spricht auch von einer **quasioptischen Ausbreitung**. Digitale Modulation wird in etwa doppelt so weit wie analoge Modulation abgestrahlt, wenn sie nicht auf ein Hindernis wie z. B. ein Metallgebäude trifft. In einem solchen Fall würde alles, was hinter dem Gebäude ist, im Abstrahlungsschatten liegen.

Dem See- und Binnenschifffahrtsfunk wurde international der Bereich von **156 MHz bis 174 MHz** zugeteilt. Zu Beginn wurde dieser Bereich in die Kanäle 1 bis 28 unterteilt. Der Abstand von Kanal zu Kanal betrug 50 kHz. Später, als die technischen Möglichkeiten es zuließen, wurde dieser Abstand halbiert.

Damit nicht weltweit die Kanalbezeichnungen auf den bereits vorhandenen alten Geräten umgeändert werden mussten, wurden den neu entstandenen Kanälen die Kanalbezeichnungen 60–88 zugeordnet. Es stehen nunmehr 57 Kanäle zur Verfügung. Frequenzmäßig liegen jetzt die Kanäle 25 kHz auseinander und beginnen mit Kanal 60. Dann folgt Kanal 1, dann Kanal 61, dann Kanal 2 usw. Zwischen die bereits vorhanden Kanäle 1–28 wurde jeweils immer ein Kanal gelegt.

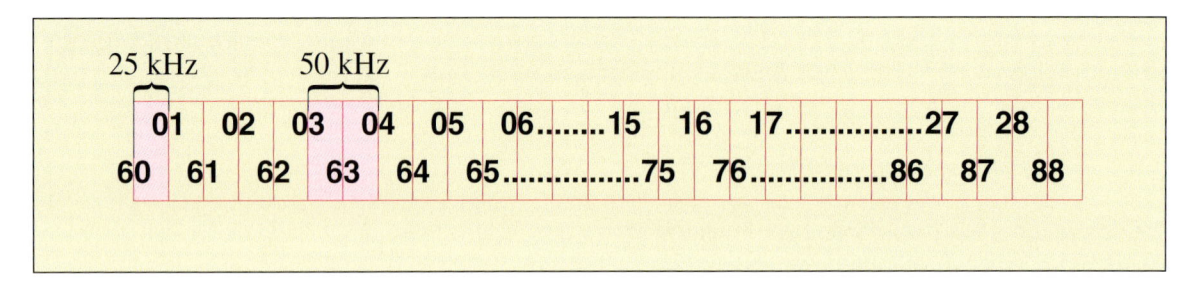

```
  25 kHz       50 kHz
    ⌒           ⌒
  | 01 | 02 | 03 | 04 | 05 | 06.......15 | 16 | 17................27 | 28 |
  | 60 | 61 | 62 | 63 | 64 | 65................75 | 76................86 | 87 | 88 |
```

Verwendet werden sowohl Simplex- als auch Duplexkanäle. Hinter einem **Simplexkanal** verbirgt sich zum Senden und Empfangen nur eine einzige Frequenz. Bei Kanal 16 ist dies z. B. 156,800 MHz (siehe Anhang 8). Aus diesem Grund kann man ein sendendes Schiff auch nicht unterbrechen. Denn solange es auf der Frequenz etwas aussendet, kann es auf dieser nicht gleichzeitig hören. Nach dem Senden ist die Sprechtaste loszulassen, damit wieder etwas empfangen werden kann. Dieses Verfahren wird auch Wechselsprechen (abwechselnd sprechen) genannt.

Hinter **Duplexkanälen** verbergen sich zwei verschiedene Frequenzen, eine zum Senden und eine andere zum Empfangen. Zum Beispiel schaltet man bei Wahl des Kanals 28 automatisch den Sender der Funkanlage auf 157,400 MHz und den Empfänger auf 162,000 MHz. Jetzt kann man auf der einen Frequenz senden und gleichzeitig auf der anderen Frequenz empfangen. Voraussetzung hierfür ist, dass die Seefunkanlage eine **Vollduplex-Anlage** ist. Dieses Verfahren wird Gegensprechen (gegeneinander sprechen) genannt. Weit verbreitet sind, aufgrund der geringeren Kosten, sogenannte **Semi-Duplex-Anlagen**. Bei diesen ist der Kanal 28 auch mit zwei Frequenzen belegt, aus technischen Gründen kann man aber nicht beide Frequenzen gleichzeitig bei der Seefunkstelle benutzen. Praktisch bedeutet das, nach dem Senden die Sprechtaste am Hörer oder Mikrofon loszulassen, um etwas empfangen zu können. Semi-Duplex ist Wechselsprechen auf zwei verschiedenen Frequenzen.

2.2 Wichtige VHF-Seefunkkanäle
Folgende Kanäle sollten im Seefunk nur für ihren vorgesehenen Zweck benutzt werden:

Kanal 70	DSC-Alarmierungen (Not, Dringlichkeit, Sicherheit, Routine)
Kanal 16	Not-, Dringlichkeits-, Sicherheitsmeldungen, SAR-Verkehr, Anrufe non GMDSS
Kanal 06	SAR-Verkehr, internationaler Schiff-Schiff-Verkehr
Kanal 08	Internationaler Schiff-Schiff-Verkehr
Kanal 13	Sicherheitsfunkverkehr, z. B. Brücke zu Brücke
Kanal 15 + 17	Funkverkehr an Bord (maximal 1 W)
Kanal 69 + 72	Schiff-Schiff-Verkehr, vorzugsweise Sportboote
Kanal 75 + 76	Ausschließlich Funkverkehr, der die Navigation von Schiffen betrifft
AIS1 + AIS2	Kanäle für das automatische Schiffsidentifizierungssystem

3 Abrechnung von öffentlichem Funkverkehr

3.1 Abrechnungsgesellschaften

Um am öffentlichen Nachrichtenaustausch teilnehmen zu können, müssen Seefunkstellen eine Abrechnungskennung besitzen. Voraussetzung hierfür ist ein Vertrag mit einer vom Bundesministerium für Wirtschaft und Arbeit (BMWA) anerkannten Abrechnungsgesellschaft. Die zurzeit in der Bundesrepublik anerkannten Abrechnungsgesellschaften mit ihren zugehörigen **Abrechnungskennungen** sind:

DP01	FT MSC GmbH
DP02	Sait Communication GmbH
DP03	FT MSC GmbH
DP04	DH-Intercom GmbH
DP05	DH-Intercom GmbH
DP06	FT MSC GmbH
DP07	DP07 Seefunk
DP08	Ahrenkiel GmbH
DP09	Mobillan GmbH
DP10	Satellution G.F.S. mbH
DP11	Nera GmbH
CH01	Swissradio Accounting GmbH
CY03	Telaccound Ltd
CY05	Satlink Ltd
NL01	Xantic GmbH
NL08	2Connect-IT BV
NL09	K.S.C.
NO01	Telenor International
RS06	MSC PTE Ltd
SW01	Telia AB

Die Abrechnungsgesellschaften tragen dafür Sorge, dass die an der Vermittlung von Nachrichten beteiligten Küstenfunkstellen oder Fernmeldegesellschaften das ihnen zustehende Entgelt erhalten. Die Abrechnungskennung des Schiffes, der Accounting Authority Identification Code (AAIC), ist daher vor jedem entgeltpflichtigen öffentlichen Funkverkehr der übermittelnden Küstenfunkstelle unaufgefordert mitzuteilen.

3.2 Gesprächsabrechnung

Funkgespräche werden im VHF-, MF- und HF-Bereich üblicherweise nach Minuten abgerechnet, wobei aber die ersten drei Minuten im Allgemeinen immer zu bezahlen sind, auch wenn das Gespräch nur eine Minute gedauert hat. Nach den ersten drei Minuten wird minutenweise abgerechnet. Für jede Minute wird eine Coast Charge (CC) und eine Land Line Charge (LL) erhoben. Die Land Line differiert sehr, abhängig davon, aus welchem Land in welches Land telefoniert werden soll. Einige Küstenfunkstellen rechnen von vornherein minutenweise ab.

Um eine ungefähre Vorstellung zu erhalten, welche Kosten dabei entstehen können, hier ein paar Beispiele: Ein über eine deutsche VHF-Küstenfunkstelle geführtes Gespräch nach Amerika ist erheblich teurer als das nach Deutschland. Ein Gespräch über eine VHF-Verbindung nach Frankreich über eine französische Küstenfunkstelle könnte so um 2 Euro pro Minute kosten. Das gleiche Gespräch über MF kostet etwa 4 Euro pro Minute und über HF 6 Euro pro Minute. Die unterschiedlichen Preise hängen mit dem höheren technischen Aufwand im MF- und HF-Bereich zusammen.

Informationen über die Entgelte enthält die von der ITU herausgegebene „List of Coast Stations". Ist man unsicher, so kann auch die Küstenfunkstelle selbst über die Kosten befragt werden.

3.3 Telegrammabrechnung

Telegramme werden nach Worten berechnet. Zusätzlich wird meist eine Fixgebühr pro Telegramm erhoben, unabhängig davon, wie lang oder kurz das Telegramm ist. Ein Wort besteht aus nicht mehr als 10 Buchstaben, Zahlen oder Zeichen. Ist ein Wort länger, so wird es als Doppelwort berechnet, also doppelter Preis!

Auch hier wird für jedes Wort eine Coast Charge und eine Land Line Charge fällig, wobei die Land Line wieder erheblich differieren kann, je nachdem, in welches Land das Telegramm geschickt werden soll. Pro Wort werden etwa 80 Cent berechnet, genauere Angaben enthält die „List of Coast Stations". Zusätzlich könnten verlangte Sonderleistungen wie dringende Zustellung (URGENT), Zustellung per Telefon (TF) oder Zustellung per Fax (FAX) berechnet werden, die im Telegramm als Dienstvermerk die besondere Behandlung kenntlich machen.

Telegramme bestehen aus mehreren **Teilen**:

- Telegrammkopf
- Dienstvermerk
- Anschrift
- Text
- Unterschrift

Der **Telegrammkopf** enthält den Schiffsnamen und das Rufzeichen, die Telegrammnummer, die Wortzahl, das Aufgabedatum, die Aufgabeuhrzeit und die Abrechnungskennung. Der Telegrammkopf ist gebührenfrei, kostet also nichts. Beispiel:

Tina/DILD   5   17/16   11   0750   DP07

Dieses Telegramm wurde vom Schiff „Tina" mit dem Rufzeichen „DILD" aufgegeben. Die Telegrammnummer ist „5", das heißt, es ist das fünfte Telegramm über eine bestimmte Küstenfunkstelle. Die zu bezahlende Wortzahl, gezählt vom Dienstvermerk an, ist „17" obwohl es eigentlich nur „16" Worte sind. Ein Wort hat immer nur bis zu 10 Buchstaben, Ziffern oder Zeichen. Somit hat ein Wort des Telegramms mehr als 10 Zeichen. Das Telegramm wurde am „11". des Monats um „0750" Uhr aufgegeben. Abgerechnet wird über „DP07" Seefunk.

Der Dienstvermerk kann weggelassen werden, wenn keine besondere Behandlung des Telegramms gewünscht wird. Ist ein Dienstvermerk vorhanden, so wird er als Wort berechnet. Bei „URGENT" fallen weitere Gebühren für das Telegramm an. Einige international mögliche Dienstvermerke sind:

Urgent	Bevorzugte Zustellung des Telegramms, LL daher teurer
SLT	Ship Letter Telegram, wird an Land per Post befördert, daher verminderte LL
TFxxx	Telefonische Zustellung des Telegramms, xxx = Telefonnummer
FAXxxx	Zustellung per Fax, xxx = Faxnummer
TLXxxx	Zustellung über Telex, xxx = Telexnummer
SVC	Service-Telegramm, behandelt dienstliche Belange und kostet nichts

Die **Anschrift** ist die Adresse, zu der das Telegramm zugestellt werden soll. Es kann auch eine Kurzanschrift sein, wie z. B. Halo Hamburg. Hinter dieser Adresse verbirgt sich die Reederei Hapag Lloyd in Hamburg. Eine derartige Kurzanschrift muss jedoch mit dem Postdienst vorher vereinbart werden.

Im **Textteil** kann man im Allgemeinen schreiben, was man möchte.

Die **Unterschrift** nennt den Verfasser des Telegramms.

Ein Telegramm ohne Text und ohne Unterschrift ist nicht zugelassen! Eins von beiden kann man aber aus Kostengründen weglassen. Hier ein Beispiel für ein Telegramm:

Kopf	Tina/DILD 4 14/12 12 0930 DP07 =
Dienstvermerk	urgent =
Anschrift	halo hamburg =
Text	eta rotterdam am 15.03.0700lt stopp benoetigen dringend frischwasser =
Unterschrift	master +

3.4 Internationale Verrechnungseinheiten

Die Entgelte für Gespräche oder Telegramme über ausländische Küstenfunkstellen können in Special Drawing Rights (SDR), deutsche Bezeichnung: Sonderziehungsrechte (SZR), oder Goldfranken (Gfr) angegeben werden. Diese Verrechnungseinheiten können in Euro umgerechnet werden. Die aktuellen Kurse bestimmt die Bundesbank.

(Fragen: 10, 18, 29–34, 53, 59–61, 65, 69, 80, 81, 84, 87, 102, 108, 111–119, 121, 122, 130)

X   Betriebsverfahren im GMDSS

Das GMDSS wurde eingeführt, um eine schnellere und genauere Alarmierung in Not-, Dringlichkeits- und Sicherheitsfällen zu gewährleisten. Hierzu wurden u. a. auch die Betriebs- und Sprechverfahren grundlegend überarbeitet. Unverändert ist die festgelegte **Rangfolge im Seefunkverkehr**:

1. Notverkehr
2. Dringlichkeitsverkehr
3. Sicherheitsverkehr
4. Routineverkehr

Diese Rangfolge bedeutet, dass Notverkehr Vorrang vor jedem anderen Funkverkehr hat, der dann in jedem Fall unterbleiben muss. Ist kein Notverkehr im Gange, so genießt der Dringlichkeitsverkehr Priorität, Sicherheitsverkehr steht vor Routineverkehr.

Der Grundgedanke des GMDSS beruht auf einer weitestgehend automatischen Alarmierung im Seenotfall in Richtung Schiff–Land sowie Schiff–Schiff über möglichst zwei verschiedene, unabhängig voneinander funktionierende Alarmierungswege. Sportboote sollten sich, um am GMDSS teilnehmen zu können, gemäß ihrem Fahrtgebiet (A1–A4) aus Sicherheitsgründen mit entsprechenden Seefunkanlagen und Zusatzeinrichtungen, wie z. B. Navtex, ausrüsten.

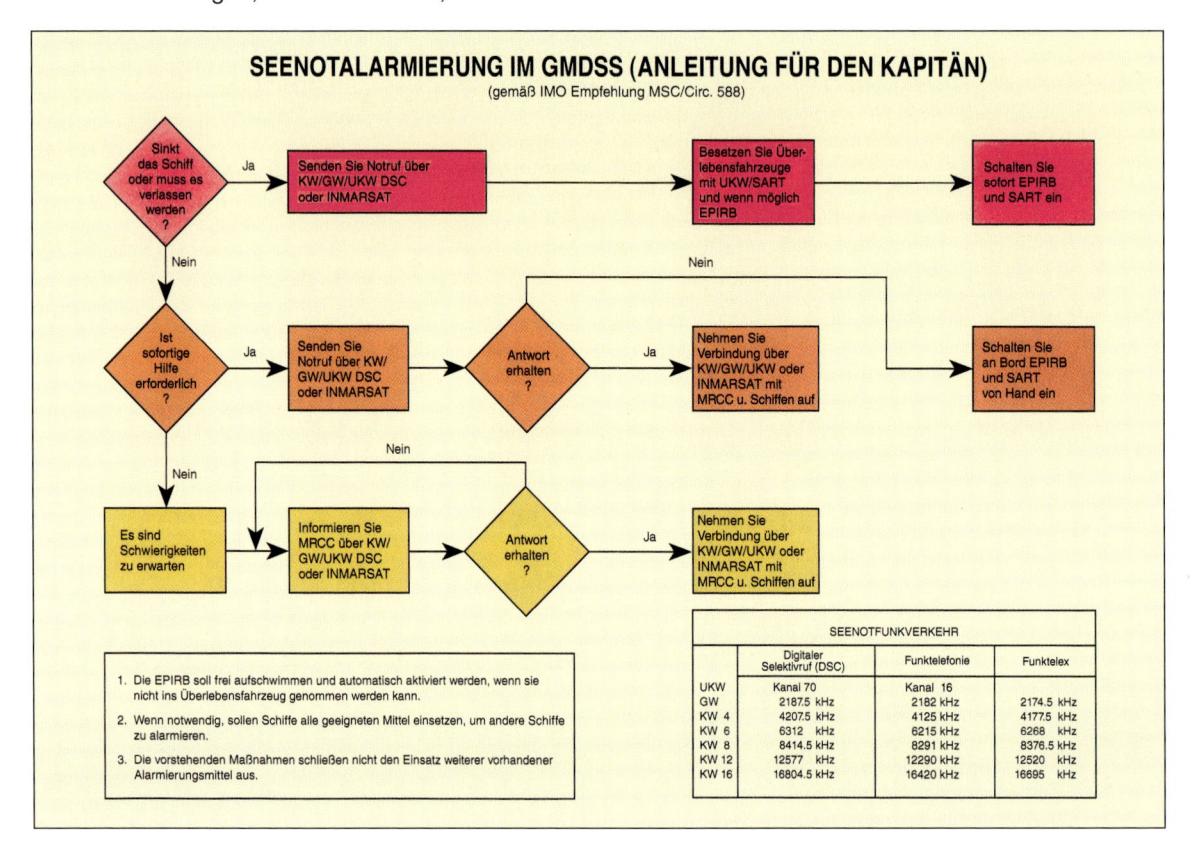

SEENOTALARMIERUNG IM GMDSS (ANLEITUNG FÜR DEN KAPITÄN)
(gemäß IMO Empfehlung MSC/Circ. 588)

Flussdiagramm:

- **Sinkt das Schiff oder muss es verlassen werden?**
  - Ja → Senden Sie Notruf über KW/GW/UKW DSC oder INMARSAT → Besetzen Sie Überlebensfahrzeuge mit UKW/SART und wenn möglich EPIRB → Schalten Sie sofort EPIRB und SART ein
  - Nein ↓
- **Ist sofortige Hilfe erforderlich?**
  - Ja → Senden Sie Notruf über KW/GW/UKW DSC oder INMARSAT → Antwort erhalten?
    - Ja → Nehmen Sie Verbindung über KW/GW/UKW oder INMARSAT mit MRCC u. Schiffen auf → Schalten Sie an Bord EPIRB und SART von Hand ein
    - Nein ↑ (zurück nach oben)
  - Nein ↓
- **Es sind Schwierigkeiten zu erwarten** → Informieren Sie MRCC über KW/GW/UKW DSC oder INMARSAT → Antwort erhalten?
  - Ja → Nehmen Sie Verbindung über KW/GW/UKW oder INMARSAT mit MRCC u. Schiffen auf
  - Nein ↑

Hinweise:
1. Die EPIRB soll frei aufschwimmen und automatisch aktiviert werden, wenn sie nicht ins Überlebensfahrzeug genommen werden kann.
2. Wenn notwendig, sollen Schiffe alle geeigneten Mittel einsetzen, um andere Schiffe zu alarmieren.
3. Die vorstehenden Maßnahmen schließen nicht den Einsatz weiterer vorhandener Alarmierungsmittel aus.

SEENOTFUNKVERKEHR

	Digitaler Selektivruf (DSC)	Funktelefonie	Funktelex
UKW	Kanal 70	Kanal 16	
GW	2187.5 kHz	2182 kHz	2174.5 kHz
KW 4	4207.5 kHz	4125 kHz	4177.5 kHz
KW 6	6312 kHz	6215 kHz	6268 kHz
KW 8	8414.5 kHz	8291 kHz	8376.5 kHz
KW 12	12577 kHz	12290 kHz	12520 kHz
KW 16	16804.5 kHz	16420 kHz	16695 kHz

Bei Sprachschwierigkeiten können im Sprechfunk die Abkürzungen des Internationalen Signalbuches nach vorheriger Ankündigung „Interco" benutzt werden.

Im Oktober/November wird vermutlich auf der World Radio Conference (WRC2007) in Genf ein vereinfachtes Sprechfunkverfahren für das GMDSS beschlossen. Dieses ist in Anhang 3 dargestellt. Ab ca. Ende 2008 ist damit zu rechnen, dass dieses neue Sprechfunkverfahren in Deutschland offiziell eingeführt wird. Es bleibt zu hoffen, dass auch vorher schon in Prüfungen dem neuen Sprechfunkverfahren Rechnung getragen wird. Es ist einfach zu erlernen und man kann es sich besser merken. Ob und inwieweit Prüfungen nach dem neuen Verfahren abgenommen werden, muss beim jeweiligen Prüfungsausschuss erfragt werden. Bis dahin ist das im Augenblick gültige Sprechfunkverfahren anzuwenden, so wie es hier in Anhang 2 zusammengefasst ist.

1 Notverkehr

1.1 Arten von Notfällen

Ein Notfall liegt immer dann vor, wenn **Mensch oder Schiff von unmittelbarer und lebensbedrohlicher Gefahr bedroht** sind und die **Gefahr mit bordeigenen Mitteln nicht mehr abwendbar** ist. Feuer im Schiff, Wassereinbruch, eine Kollision, das Verlassen des Schiffes sowie Man over Board (MoB) sind einige Beispiele für Notfälle.

Ein Notalarm darf nur auf Anordnung des Kapitäns ausgesendet werden. Dabei sollte immer die volle Sendeleistung, bei UKW 25 W, gewählt werden. Zunächst sollte immer eine **DSC-Alarmierung** erfolgen, um sowohl andere See- als auch Küstenfunkstellen automatisch zu alarmieren und mit der Alarmierung eine Position zu übermitteln. Voraussetzung hierfür ist, dass ein GPS an die VHF-DSC-Seefunkanlage angeschlossen ist. Ist dies nicht der Fall, muss die Position und zeit in regelmäßigen Abständen im VHF-DSC-Gerät eingegeben bzw. aktualisiert werden.

Generell gilt: Die Verbreitung einer Notmeldung durch eine Funkstelle in Not ist immer **an alle Funkstellen** gerichtet!

Ein Schiff darf durch keine Vorschrift daran gehindert werden, die Aufmerksamkeit im Falle eines Notfalls auf sich zu lenken. Das nachfolgende Verfahren sollte jedoch möglichst eingehalten werden, da alle Nautiker und auch Sportbootfahrer dieses System erlernt haben und es dann beim Sprechfunkverkehr die wenigsten Missverständnisse gibt.

1.2 Alarmierung im Seenotfall

Notfälle können in folgende **Phasen** aufgeteilt werden:

> **Notalarmierung (DSC)**
> **Bestätigung des Empfangs der Alarmierung**
> **Weiterer Notverkehr**
> **Beendigung des Notverkehrs**

In einem Beispiel wird von dieser Situation ausgegangen: Die Seefunkstelle 211326900 Tina/DILD gerät in Seenot. Art des Seenotfalles: Verlassen des Schiffes, die Position: 56 Grad 08 Minuten Nord, 011Grad

20 Minuten East. Die Küstenfunkstelle in der Nähe ist Lyngby Radio (Dänemark). Zwei Schiffe befinden sich in unmittelbarer Nähe des Havaristen: 211411830 Alex/DALE und 211232610 Conny/DCON. Beide Schiffe sind in der Lage, auf den Havaristen zuzufahren und ihm Hilfe zu leisten. Ein Störer muss zur Ruhe gebeten werden: 219222222 Indio/OXST.

Zunächst wird das Schiff in Seenot einen DSC-Notalarm aussenden, um die Schiffe in der Umgebung zu alarmieren. Einstellungen am DSC-Controller müssen vorgenommen werden, sofern die Zeit hierfür bleibt. Eingestellt wird die Art des Notfalles (abandoning). Alle anderen wichtigen Informationen wie Uhrzeit und Position bezieht der DSC-Controller über den angeschlossenen GPS-Reiceiver, bei nicht angeschlossenem GPS können sie aber zusätzlich eingegeben werden.

Um die Vorgehensweise im Notfall anschaulich darzustellen, wird nachstehend beschrieben, wie an einem VHF-DSC-Gerät der Firma Sailor die entsprechenden Daten eingegeben werden. Selbstverständlich differiert die Vorgehensweise von Gerät zu Gerät, ist aber bei fast allen Seefunkgeräten ähnlich einfach.

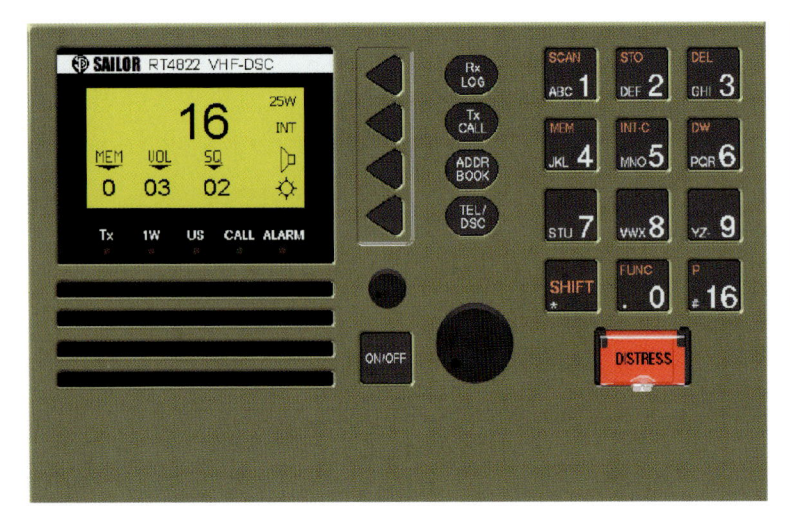

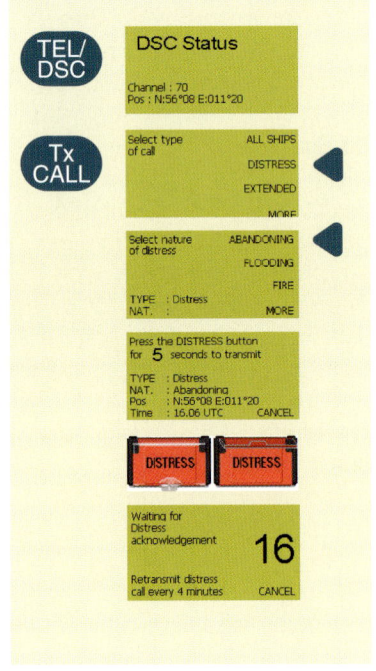

Nach Drücken der Taste „Tel/DSC" am Controller erscheint im Display der DSC-Status des Gerätes mit Wachkanal und der Position des Schiffes. Um einen Anruf, in diesem Fall den Notanruf, eingeben zu können, muss die „Call"-Taste betätigt werden. Die Anzeige ändert sich und zeigt verschiedene Anrufarten. Mit der dreieckigen Taste, die auf „Distress" zeigt, wird der Notanruf ausgewählt. Jetzt zeigt das Gerät einige Seenotfälle zur Auswahl an. Da das Schiff verlassen wird, muss „Abandoning" gewählt werden. Nach dieser Auswahl soll die „Distress"-Taste für 5 Sekunden gedrückt gehalten werden, um die Alarmierung zu starten. Hierfür wird die Schutzabdeckung abgeklappt und die rote Taste 5 Sekunden lang gedrückt.

Alternativ kann auch der „kurze" Weg gewählt werden. In diesem Fall wird nur die „SOS"-Taste für 5 Sekunden gedrückt. Die Alarmierung enthält die Notposition sowie die MMSI des Schiffes in Not, nicht aber die Art des Notfalls.

Nach Aussendung der Alarmierung erscheint bis zum Eintreffen einer DSC-Bestätigung die Anzeige „Waiting for acknowledgement". Die Notalarmierung wird so lange alle 4 Minuten wiederholt, bis eine DSC-Bestätigung eingetroffen ist, selbst wenn das Schiff schon verlassen wurde, die Funkanlage aber noch betriebsbereit ist. Diese Bestätigung wird von einer Küstenfunkstelle kommen, in diesem Fall von Blaavand Radio mit der MMSI 002192000. Diese DSC-Bestätigung geht an alle Schiffe, nicht nur an den Havaristen. Auf diese Weise wissen nun auch diejenigen, welche die ausgesandte Alarmierung nicht direkt empfangen konnten, wer in Seenot ist, einschließlich der Notposition.

1.3   Sprechfunkverfahren im Seenotfall

Schiffe in der Nähe, die Hilfe leisten können, bestätigen dem Havaristen den Erhalt der Notalarmierung immer per Sprechfunk. Vor jeder Sprechfunkaussendung ist das Notzeichen Mayday zu sprechen.

```
Mayday
211 326 900   211 326 900   211 326 900
this is
Alex   Alex   Alex/DALE
received Mayday
```

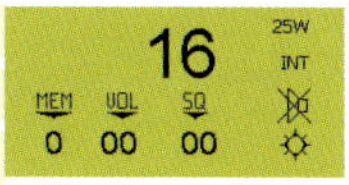

Bei Verständigungsschwierigkeiten kann die Formel „received Mayday" durch „Romeo Romeo Romeo Mayday" ersetzt werden. Der Havarist beginnt nun den Notverkehr auf VHF-Kanal 16 im Sprechfunkverfahren.

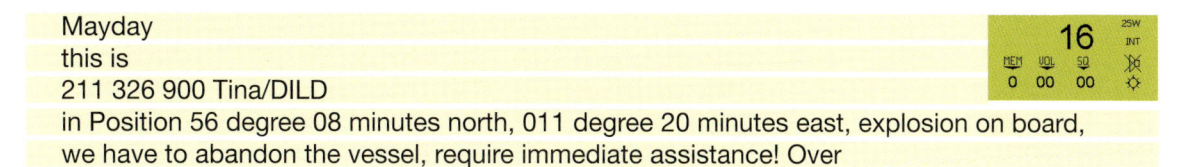

```
Mayday
this is
211 326 900 Tina/DILD
in Position 56 degree 08 minutes north, 011 degree 20 minutes east, explosion on board,
we have to abandon the vessel, require immediate assistance! Over
```

Jetzt könnte eine Weiterleitung des Notfalles an ein MRCC oder an eine Küstenfunkstelle erfolgen, wenn keine DSC-Bestätigung durch eine Küstenfunkstelle oder ein MRCC erfolgt ist. „Class B"-Geräte bieten diese Möglichkeit per DSC an, bei „Class D"-Geräten muss ein „Individual call" mit der Priorität „Distress" generiert und an die Küstenfunkstelle gesendet werden. Der Informationsaustausch über den Seenotfall erfolgt dann per Sprechfunk auf dem Arbeitskanal der Küstenfunkstelle oder auf Kanal 16.

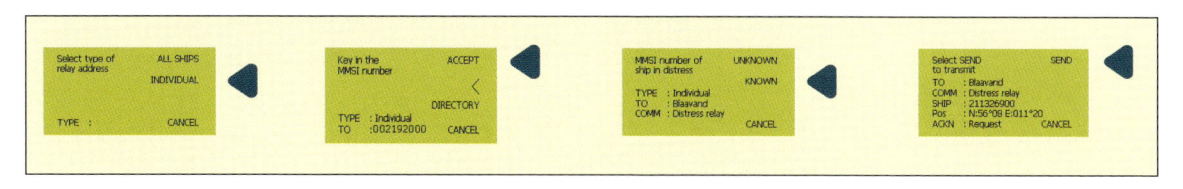

Das Aussenden eines Notalarms an alle Funkstellen durch eine Funkstelle, die sich nicht selber in Not befindet, ist normalerweise nicht notwendig. Sollte es doch als nötig erachtet werden, so wird im Controller („Class B") über das über das Menü „Distress Relay" die MMSI und die Position des Havaristen eingegeben und dann an alle Funkstellen oder an eine bestimmte Funkstelle ausgesendet. Bei „Class D"-Controllern wird ein „All ships call" mit der Priorität „Distress" generiert und gesendet. Auf Kanal 16 muss dann Folgendes gesagt werden:

X Betriebsverfahren im GMDSS

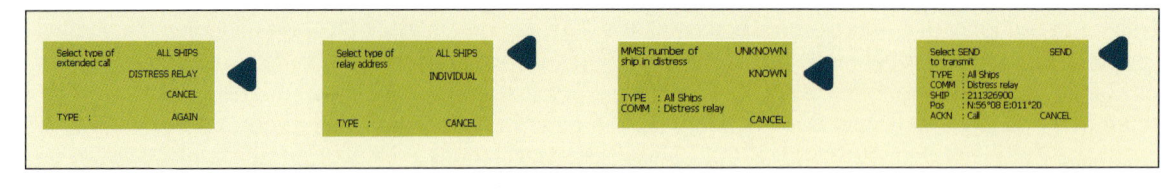

Select type of extended call: ALL SHIPS / DISTRESS RELAY / CANCEL / TYPE: AGAIN	Select type of relay address: ALL SHIPS / INDIVIDUAL / TYPE: CANCEL	MMSI number of ship in distress: UNKNOWN / KNOWN / TYPE: All Ships / COMM: Distress relay / CANCEL	Select SEND to transmit: SEND / TYPE: All Ships / COMM: Distress relay / SHIP: 211326900 / Pos: N 56°08 E 011°20 / ACKN: Call / CANCEL

> Mayday
> this is
> 211 411 830 Alex/DALE
>
> following received from 211 236 900 Tina/DILD at 1648 UTC on channel 70 and 16 begins
> in Position 56 degree 08 minutes north, 011 degree 20 minutes east, explosion on board,
> we have to abandon the vessel, require immediate assistance!
> Observed ship is sinking, no further information. Over

Das in der Nähe fahrende Schiff Conny bietet seine Hilfe an. Die MMSI des Havaristen braucht nicht mitgesprochen zu werden, da nun der Schiffsname und das Rufzeichen des Havaristen bekannt sind.

> Mayday
> Tina/DILD
> this is
> Conny/DCON
>
> our position is 7 miles southwest of your position, our speed is 8 knots,
> we will arrive your position in 45 minutes! Over

Um eine geordnete Kommunikation vor Ort (On-Scene Communication) zu gewährleisten, wird die Küstenfunkstelle oder die Funkstelle, die den Notfall koordiniert (On-Scene Co-ordinator), den Sprechfunkverkehr ordnend beaufsichtigen und die beteiligten Schiffe über den Fortgang der Rettungsarbeiten laufend informieren.

Funkverkehr, der nicht den laufenden Notverkehr betrifft, ist zu unterlasen. Trotzdem kommt es immer mal wieder vor, dass jemand noch keine Kenntnis vom Notfall hat und auf Kanal 16 dann ein anderes Schiff für eine Routinekommunikation anruft. Der Störer 219222220 Indio/OXST wird von Alex so kurz wie möglich zur Ruhe gerufen.

> Indio
> Silence Mayday

Wenn der Störer nicht bekannt ist, dann kann dieser Anruf auch an alle Funkstellen gerichtet werden.

> All Stations
> Silence Mayday

Jeder Seenotfall ist irgendwann einmal zu Ende. Dies muss der umliegenden Schifffahrt kenntlich gemacht werden, damit der normale Betrieb auf Kanal 16 wieder aufgenommen werden kann. Aufgehoben wird der Seenotfall per Sprechfunk von der koordinierenden Funkstelle oder vom Havaristen selbst. Dabei sind die Zeit, zu der der Notfall aufgehoben wird, und die Kennung des Havaristen zu nennen:

Mayday
all Stations   all Stations   all Stations
this is
Blaavand Radio
at 1950 UTC, Tina/DILD
Silence fini

1.4 Aufhebung von Fehlalarmen

Sollte versehentlich einmal ein Notalarm ausgesendet werden, so muss dieser sofort auf Kanal 16 zurückgezogen werden. Geschieht das nicht, kann es sehr teuer werden, da die anfallenden Kosten für die Such- und Rettungsarbeiten dem Aussender u. U. in Rechnung gestellt werden.

All stations   all stations   all stations
this is
211 326 900 Tina/DILD
in position 54 degrees 08 minutes north 010 degrees 20 minutes east
please cancel my distress alert of 23rd 1700 UTC
Master

2   Dringlichkeitsverkehr

2.1   Arten von Dringlichkeitsfällen

Ein Dringlichkeitsfall liegt vor, wenn das Schiff eine dringende Meldung zu verbreiten hat, die die **Sicherheit des Schiffes oder einer Person** betrifft. Beispiele hierfür sind z. B. eine verletzte Person an Bord, eine benötigte Schlepperhilfe, der Ausfall der Ruderanlage, funkärztliche Beratung.

Eine Dringlichkeitsalarmierung darf nur auf Anordnung des Kapitäns ausgesendet werden. Es sollte immer die volle Sendeleistung, bei UKW 25 W, gewählt werden. Wie auch im Notfall sollte zunächst immer eine **DSC-Alarmierung** erfolgen, um andere See- als auch Küstenfunkstellen automatisch zu alarmieren. Eine Position wird hier, im Gegensatz zum Notfall, nicht in der Alarmierung mitgesendet. Es muss also in jedem Fall noch eine **Dringlichkeitsmeldung**, vorzugsweise auf Kanal 16 unter Verwendung des dreimal zu sprechenden Dringlichkeitszeichens „**PanPan**", verbreitet werden.

Eine Dringlichkeitsmeldung kann an alle Funkstellen oder auch nur an eine Funkstelle gesendet werden. Aus diesem Grund muss im Sprechfunk auch immer hinzugefügt werden, **an wen sich der Anruf richtet**.

Medizinische Beratung (Medico-Gespräche) über eine deutsche Küstenfunkstelle wird kostenlos vermittelt. Hilfreich und zeitsparend ist in jedem Fall, wenn das abgebildete Formblatt vor Aufnahme der Funkverbindung ausgefüllt wird. Die „Funkärzte" werden genau die in diesem Bogen enthaltenen Fragen stellen, um die Situation an Bord und den Zustand der verletzten Person schnell beurteilen zu können.

Ist Kanal 16 mit Notverkehr belegt, so muss ein anderer Arbeitskanal gewählt werden. Dieser ist bei der Alarmierung per DSC mit anzugeben. Gewählt werden sollte ein Kanal, der normalerweise nicht mit Routinegesprächen belegt ist. Hier könnte man beispielsweise Kanal 06 einstellen.

2.2 Alarmierung im Dringlichkeitsfall

Dringlichkeitsfälle können in folgende **Phasen** aufgeteilt werden:

- **Dringlichkeitsalarmierung (DSC)**
- **Verbreitung der Dringlichkeitsmeldung (Sprechfunk)**
- **Weiterer Dringlichkeitsverkehr**
- **Beendigung des Dringlichkeitsverkehrs**

Im nachstehenden Beispiel hat die Seefunkstelle 211326900 Tina/DILD einen Ruderschaden und benötigt Schlepperhilfe. Die Position: 54 Grad 28 Minuten Nord, 010 Grad 43 Minuten East. Die Küstenfunkstelle in der Nähe ist Lyngby Radio (Dänemark). Der Schlepper 211041220 Meta/DMET empfängt die Dringlichkeitsmeldung von Tina und wird seine Dienste anbieten.

Zunächst wird das Schiff Tina eine DSC-Dringlichkeitsalarmierung aussenden, um die Schiffe in der Umgebung zu alarmieren. Hierzu müssen Einstellungen am Controller vorgenommen werden. Da nicht bekannt ist, ob ein Schlepper in der Nähe ist, wird die Alarmierung an alle Seefunkstellen ausgesendet. Ausgewählt wird dann noch die Priorität („Urgency") und der zu benutzende Arbeitskanal (normalerweise Kanal 16). Praktisch sieht das so aus, dass nach Drücken der Taste „Call" ein Menü erscheint, das u. a. auch die Option „All ships" anzeigt. Diese wird jedoch nicht ausgewählt, weil dort die Priorität auf

"Safety" voreingestellt ist und nicht verändert werden kann. Über „Extended" (erweitert) gelangt man hingegen zu einem anderen „All ships call", bei dem die Priorität frei gewählt werden kann. Anschließend ist dann nur noch der Arbeitskanal, auf dem die Dringlichkeitsmeldung verbreitet werden soll, einzugeben und die Meldung abzusenden.

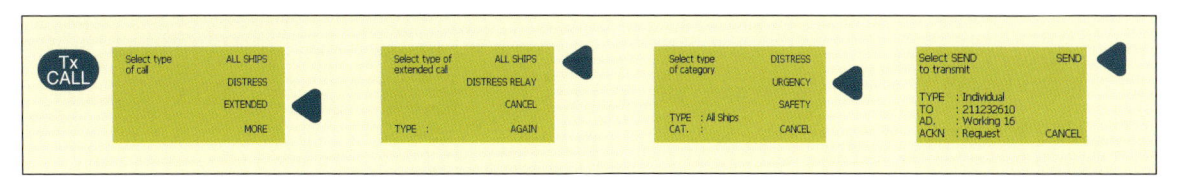

| Tx CALL | Select type of call | ALL SHIPS DISTRESS EXTENDED MORE | Select type of extended call | ALL SHIPS DISTRESS RELAY CANCEL | TYPE : | Select type of category | DISTRESS URGENCY SAFETY | TYPE : All Ships CAT. : | CANCEL | Select SEND to transmit | SEND | TYPE : Individual TO : 211232610 AD. : Working 16 ACKN : Request | CANCEL |

2.3 Sprechfunkverfahren im Dringlichkeitsfall

Nach dem Senden der DSC-Alarmierung schaltet das VHF-Gerät automatisch auf den bereits gewählten Kanal. Der Sprechfunk bzw. die Aussendung der Dringlichkeitsmeldung kann beginnen:

Pan Pan   Pan Pan   Pan Pan
all stations   all stations   all stations
this is
211 326 900 Tina/DILD

in Position 54 degrees 28 minutes north 010 degrees 43 minutes east,
vessel is not under command, require immediate tug assistance! Over

Auf diese Meldung wird jetzt der Schlepper Meta seine Hilfe anbieten. Zur Kontaktaufnahme gibt es zwei Möglichkeiten. Entweder direkt nach Verbreitung der Meldung per Sprechfunk auf dem Kanal, auf dem die Meldung gesendet wurde, oder über DSC mit einem „Individual call" mit der Priorität „Urgency". Hier die Sprechfunkvariante mit einem Wechsel des Arbeitskanals, um Kanal 16 für andere dringende Aussendungen freizuhalten:

211 326 900 Tina/DILD
this is
211 041 220 Meta/DMET

ich kann Ihnen helfen, bitte wechseln Sie auf Kanal 06! Over

Tina muss den Erhalt der Anweisung auf Kanal 16 kurz bestätigen, damit die rufende Funkstelle weiß, dass der vorgeschlagene Kanalwechsel verstanden wurde.

211 041 220 Meta/DMET
this is
211 326 900 Tina/DILD

habe verstanden, schalte um auf Kanal 06! Over

Auf Kanal 06 werden nach einem erneuten Anruf des Schleppers dann die näheren Umstände geklärt und eine Hilfeleistung vereinbart. Ist der Dringlichkeitsfall beendet, so muss der Schifffahrt mitgeteilt werden, dass eine Hilfeleistung nicht mehr erforderlich ist. Der Dringlichkeitsfall wird per Sprechfunk auf Kanal 16 beendet.

> Pan Pan   Pan Pan   Pan Pan
> all stations   all stations   all stations
> this is
> 211 326 900 Tina/DILD
>
> please cancel my urgency message of 231115 UTC
> Master

3 Sicherheitsverkehr

3.1 Arten von Sicherheitsfällen

Ein Sicherheitsfall liegt vor, wenn das Schiff eine Meldung zu verbreiten hat, die die **Sicherheit der Schifffahrt** betrifft. Dies können nautische Warnnachrichten wie z. B. vertriebene oder verlöschte Tonnen oder aber auch Wetterberichte und Windwarnungen sein.

Eine Sicherheitsalarmierung darf nur auf Anordnung des Kapitäns ausgesendet werden. Hierbei sollte immer die volle Sendeleistung, bei UKW 25 W, gewählt werden. Und ebenso wie im Dringlichkeitsfall sollte zunächst immer eine **DSC-Alarmierung** erfolgen, um andere See- als auch Küstenfunkstellen automatisch zu alarmieren. Eine Position wird in der DSC-Alarmierung nicht mitgesendet. Es muss also in jedem Fall noch eine **Sicherheitsmeldung**, vorzugsweise auf Kanal 16 unter Verwendung des dreimal zu sprechenden Sicherheitszeichens „**Securite**", verbreitet werden.

Gesendet werden kann eine Sicherheitsmeldung an alle Funkstellen oder auch nur an eine Funkstelle. Das ist der Grund, warum im Sprechfunk immer dazugesagt werden muss, **an wen der Anruf gerichtet ist**.

Ist Kanal 16 mit Notverkehr oder Dringlichkeitsverkehr belegt, so muss ein anderer Arbeitskanal gewählt werden. Dieser ist bei der Alarmierung per DSC mit anzugeben. Zu wählen ist ein Kanal, der normalerweise nicht mit Routinegesprächen belegt ist. Zum Beispiel könnte man Kanal 10 einstellen.

3.2 Alarmierung im Sicherheitsfall

Sicherheitsfälle können in folgende **Phasen** aufgeteilt werden:

> **Sicherheitsalarmierung (DSC)**
> **Verbreitung der Sicherheitsmeldung (Sprechfunk)**
> **Zurückziehung der Sicherheitsmeldung**

Im folgenden Beispiel hat die Seefunkstelle 211326900 Tina/DILD einen treibenden Container beobachtet und möchte die Schifffahrt hierüber informieren.

Als Erstes wird das Schiff Tina zur Alarmierung der Schiffe in der Umgebung eine DSC-Sicherheitsalarmierung aussenden. Hierzu sind Einstellungen am Controller vorzunehmen. Die Alarmierung mit der Priorität „Safety" wird, wie auch die per Sprechfunk auf Kanal 16 zu sendende Meldung, zunächst an alle

Funkstellen ausgesendet. Zusätzlich könnte danach noch eine Küstenfunkstelle über den treibenden Container informiert werden, damit dann über Navtex diese nautische Warnnachricht so lange verbreitet werden kann, bis der Container geborgen ist. Zurückgezogen wird eine nautische Warnnachricht normalerweise durch eine Küstenfunkstelle.

Nach Drücken der Taste „Call" erscheint ein Menü mit einem „All ships call". Dieser kann nun – im Gegensatz zum Dringlichkeitsfall – auch gewählt werden, weil die Priorität auf „Safety" voreingestellt ist. Nun braucht nur noch der Arbeitskanal (normalerweise Kanal 16) eingestellt werden, auf dem die Sicherheitsmeldung verbreitet werden soll.

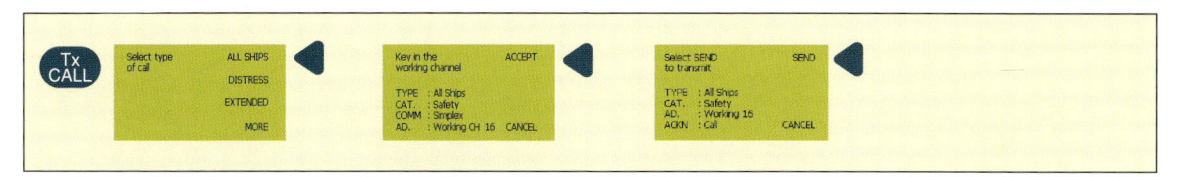

3.3 Sprechfunkverfahren im Sicherheitsfall
Nach dem Senden der DSC-Alarmierung schaltet das VHF-Gerät automatisch auf den schon ausgewählten Kanal. Der Sprechfunk bzw. die Aussendung der Sicherheitsmeldung kann beginnen:

Securite   Securite   Securite
all stations   all stations   all stations
this is
211 326 900 Tina/DILD

ten nautical miles south of Helgoland drifting container observed. Shipping is requested to keep sharp lookout! Over

Sollte die Aufhebung der Sicherheitsmeldung durch eine Seefunkstelle erfolgen, so kann dies in Anlehnung an die Dringlichkeitsaufhebung geschehen:

Securite   Securite   Securite
all stations   all stations   all stations
this is
211 326 900   Tina/DILD

please cancel my safety message of 23rd 1230 UTC

Eine Küstenfunkstelle wird informiert, indem ein DSC-Anruf „Individual call" mit der Priorität „Safety" an eine in der Nähe befindliche Küstenfunkstelle abgesendet wird. Nach Erhalt der DSC-Antwort der Küstenfunkstelle, die auch den zu benutzenden Arbeitskanal enthält, wird auf diesen umgeschaltet und die Sicherheitsmeldung abgegeben.

4 Routineverkehr

4.1 Anrufverfahren mit Seefunkstellen

Eine Seefunkstelle ruft eine andere Seefunkstelle, um **Nachrichten sozialer Art** auszutauschen. Das geschieht mittels **DSC** mit der Priorität „Routine" und dem **Arbeitskanal 69** (Sportboote).

Der DSC-Anruf wird generiert, indem über die „Call"-Taste am Controller ein Anruf an ein bestimmtes Schiff eingegeben wird. Die Priorität ist auf „Routine" voreingestellt. Die MMSI des zu rufenden Schiffes und der Arbeitskanal werden eingegeben und der DSC-Anruf gesendet. Der Controller zeigt dann, dass er auf eine DSC-Antwort des anderen Schiffes wartet.

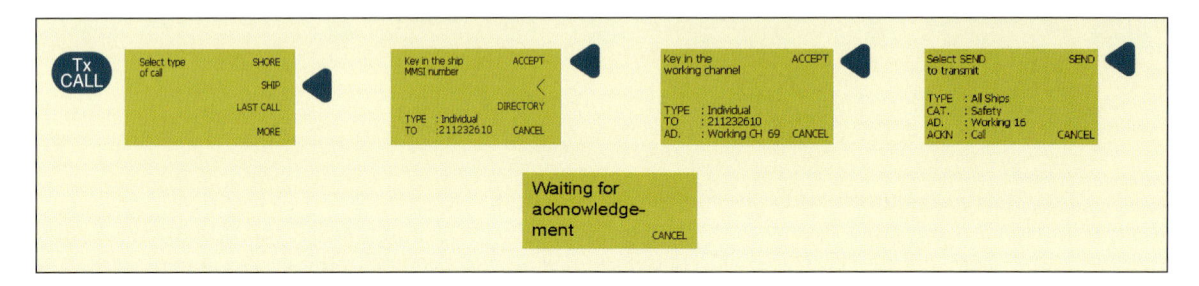

4.2 Abwicklung des Funkverkehrs mit Seefunkstellen

Nach Eintreffen der Antwort schalten beide Geräte auf den Kanal 69 um, und der Sprechfunkverkehr kann beginnen:

211 232 610 Conny/DCON
this is
211 326 900 Tina/DILD

how do you read me? Over

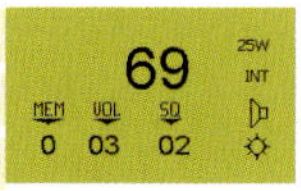

Die Antwort von Conny folgt sofort:

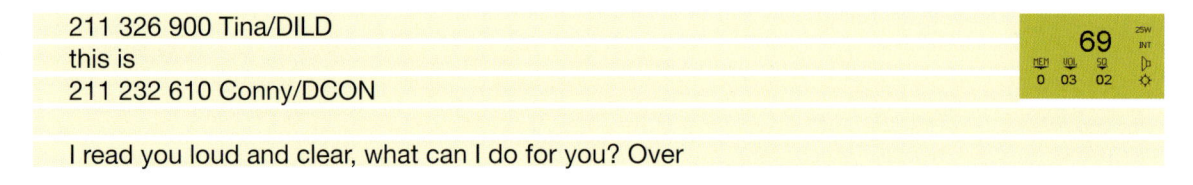

211 326 900 Tina/DILD
this is
211 232 610 Conny/DCON

I read you loud and clear, what can I do for you? Over

Beim weiteren Sprechfunkverkehr wird beim Wechsel der Verkehrsrichtung immer einmal ein Anruf mit der zu rufenden und rufenden Funkstelle gesendet. Die MMSI braucht nun nicht mehr mitgesprochen zu werden. Routinegespräche zwischen Seefunkstellen sollten die Dauer von 3 Minuten nicht überschreiten. Das Aussenden überflüssiger Zeichen ist untersagt!

4.3 Funkverkehr an Bord

Funkverkehr an Bord beschreibt den internen Funkverkehr an Bord eines Schiffes, den Funkverkehr zwischen dem Schiff und seinen Rettungsmitteln, den Funkverkehr innerhalb eines Schlepp- oder Schubverbandes sowie den Funkverkehr beim Festmachen des Schiffes. Hierfür dürfen die Kanäle 15 und 17 mit max. 1 Watt Sendeleistung benutzt werden; außerdem darf im Bereich der für den Seefunk zugelassenen UHF-Frequenzen Funkverkehr an Bord ausgeübt werden. Die Funkstelle auf der Brücke wird mit dem Schiffsnamen und dem Zusatz „Control" gekennzeichnet, die anderen Funkstellen mit dem Schiffsnamen und dem Zusatz „Alfa", „Bravo" usw. Beispiel eines Anrufes von der Brücke zur Back des Schiffes:

> Tina Alfa
> this is
> Tina Control
> leggo Anchor! Over

4.4 Anrufverfahren und Abwicklung des Funkverkehrs mit KüFuSt des öffentlichen Nachrichtenaustausches

Grundsätzlich existieren zwei Möglichkeiten eine Küstenfunkstelle anzurufen, um in das öffentliche Telefonnetz verbunden zu werden: mit DSC oder direkt auf dem Arbeitskanal der Küstenfunkstelle.

Hier zunächst die erste Möglichkeit, der **Anruf mit DSC**. Nachdem die „Call"-Taste betätigt wurde, wird die MMSI der Küstenfunkstelle eingegeben, die angerufen werden soll. In diesem Beispiel ist das Lyngby Radio mit der MMSI 002191000. Ein Vorschlag für einen Arbeitskanal wird nicht eingegeben, da die Küstenfunkstelle in ihrer Antwort diesen mitgibt. Nach Absendung des DSC-Anrufes zeigt das Display an, dass auf eine Antwort gewartet wird.

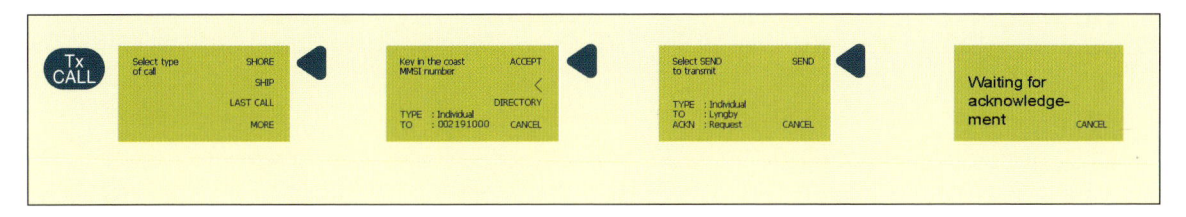

Nach Erhalt der Antwort der Küstenfunkstelle wird durch „Connect" automatisch auf den von der Küstenfunkstelle vorgeschlagenen Arbeitskanal geschaltet.

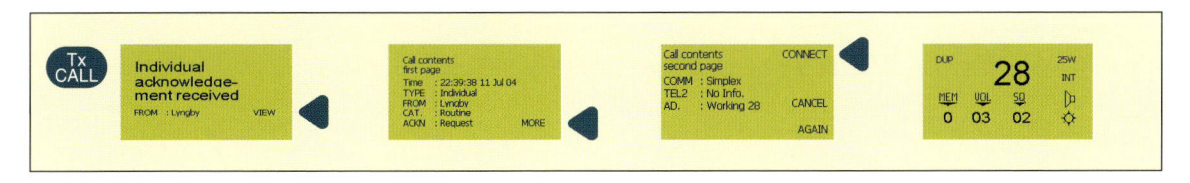

Nun beginnt der Sprechfunkverkehr, indem die Küstenfunkstelle das Schiff ruft. Weil bis jetzt weder Schiffsname noch Rufzeichen bekannt sind, wird mit der MMSI gerufen. Der Funkverkehr findet wie folgt statt:

> 211 326 900
> this is
> Lyngby Radio
> what can I do for you?

Die Antwort des Schiffes lautet:
> Lyngby Radio
> this is
> 211 326 900 Tina/DILD
>
> I have a phone call to Germany, Hamburg, Country Code 49, Area code 40, the number is 2006570, my accounting code is DP07! Over
>
> Tina/DILD
> this is
> Lyngby Radio
>
> standby for a second, I will connect you

Die Küstenfunkstelle versucht nun, den gewünschten Teilnehmer zu erreichen. Ist das erfolgreich, wird sie sagen:
> Tina/DILD
> this is
> Lyngby Radio
>
> Hamburg is on the line, go ahead

Nun wird das Gespräch mit dem Landteilnehmer geführt. Nach Beendigung meldet sich wieder Lyngby Radio und teilt die Gesprächsdauer mit:

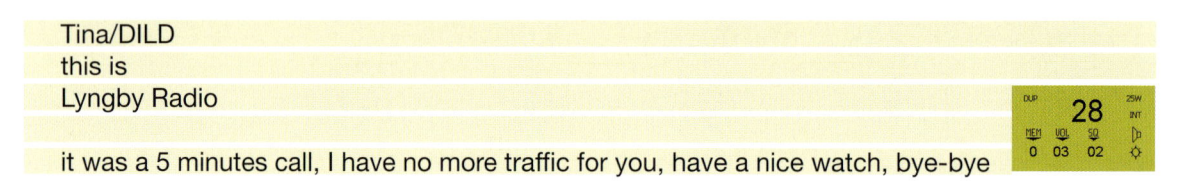

> Tina/DILD
> this is
> Lyngby Radio
>
> it was a 5 minutes call, I have no more traffic for you, have a nice watch, bye-bye

Die zweite Möglichkeit eine Küstenfunkstelle anzurufen, besteht darin, **direkt auf dem Arbeitskanal der Küstenfunkstelle** zu rufen, auf dem sie empfangsbereit ist. Hierzu ist es zwingend notwendig, die Rauschsperre des VHF-Gerätes zu betätigen, um festzustellen ob der Kanal frei ist. Küstenfunkstellen senden, wenn ein Gespräch abgewickelt wird, einen Dauerträger auf ihrer Sendefrequenz (= Empfangsfrequenz der Seefunkstelle). Da es sich hier immer um Duplexkanäle handelt, kann ohne Betätigung der Rauschsperre nicht festgestellt werden, ob der Arbeitskanal frei ist oder nicht, weil die eigene Sendefrequenz (= auch Sendefrequenz einer anderen Seefunkstelle, die eventuell gerade ein Gespräch mit derselben KüFuSt auf demselben Kanal abwickelt) nicht abgehört werden kann.

Dreht man die Rauschsperre heraus, erhöht man die Empfindlichkeit des Empfängers, bis er irgendwann so empfindlich ist, dass Rauschen empfangen wird. Wenn es rauscht, dann ist der Kanal frei. Rauscht es nicht, „steht" der Träger der Küstenfunkstelle auf der Frequenz und der Kanal ist belegt. Der Landteilnehmer könnte gehört werden; sagt dieser gerade aber nichts, dann hört man nichts, auch kein Rauschen. Ist dagegen das Rauschen zu hören, also der Arbeitskanal frei, kann die Küstenfunkstelle per Sprechfunk angerufen werden. Ein nicht beantworteter Anruf darf nach 3 Minuten wiederholt werden.

> Lyngby Radio
> this is
> 211 326 900 Tina/DILD
> I have a phone call, how do you read me?

Der weitere Funkverkehr wird wie vorher beschrieben durchgeführt.

4.5 Sammelanrufe
Sammelanrufe sind **Aussendungen von Küstenfunkstellen**, in denen bekannt gegeben wird, **für welche Seefunkstellen Funkverkehr** vorliegt. Die Seefunkstellen werden zu bestimmten Zeiten, zu denen die Küstenfunkstelle den Sammelanruf sendet, auf dem Arbeitskanal der Küstenfunkstelle gerufen. Zu welchen Zeiten und auf welchen Kanälen die Küstenfunkstellen diese Sammelanrufe aussenden, kann aus den einschlägigen Dienstbehelfen wie „Jachtfunkdienst" oder „Admiralty List" entnommen werden.

In Ausnahmefällen, wenn die Küstenfunkstelle es für notwendig erachtet, wird sie bei Vorliegen von Funkverkehr die Seefunkstelle direkt auf Kanal 70 mit einem DSC-Anruf darauf aufmerksam machen, dass Funkverkehr vorliegt.

Nachdem die Bestätigung (Antwort) per DSC gesendet wurde, wird direkt auf den Arbeitskanal der Küstenfunkstelle umgeschaltet.

4.6 Sammelrufzeichen
Sammelrufzeichen dienen dem Rufen einer Gruppe von Seefunkstellen zur Übermittlung einer Nachricht. Diese Nachrichten dürfen nur von den Seefunkstellen aufgenommen werden, für die diese bestimmt sind. Das im Sprechfunk verwendete Sammelrufzeichen DAAD ist für das Anrufen an alle deutschen Seefunkstellen bestimmt. Die dann folgende Nachricht darf demnach auch nur von deutschen Seefunkstellen aufgenommen werden.

4.7 TR-Meldungen
TR-Meldungen (Travel Report) können von Küstenfunkstellen abgefordert werden. Auch ist es manchmal sinnvoll, entsprechende Informationen von sich aus an eine Küstenfunkstelle abzugeben, um kenntlich zu machen, dass man aus dem Verkehrsbereich der Küstenfunkstelle herausfährt und nun nicht mehr über VHF erreichbar ist. Ein Beispiel für eine Übermittlung auf dem Arbeitskanal der Küstenfunkstelle:

> Lyngby Radio
> This is
> 211 326 900 Tina/DILD
> the TR begins
> Tina/DILD from Hamburg bound Rotterdam, eta (estimated time of arrival) 23071700lt! Over

Die Küstenfunkstelle wird den Erhalt bestätigen und das TR zu den Unterlagen nehmen.

4.8 Abwicklung des Funkverkehrs mit KüFuSt des nicht öffentlichen Nachrichtenaustausches

Schleusen, Brücken, Lotsen, der Schiffslenkungsfunkdienst usw. können per Sprechfunk auf ihrem Arbeitskanal angerufen werden. Wenn eine gute Verbindung zu erwarten ist, reicht es aus, die einzelnen Komponenten des Anrufes einmal zu sprechen. Der „Jachtfunkdienst" z. B. gibt hier Hinweise auf die entsprechenden Kanäle. Der Anruf wird wie folgt gestaltet:

> Wismar Pilot
> this is
> Tina/DILD
> I shall arrive your station in 10 minutes, I am bound for Rostock! Over

5 Funkverkehr mit Luftfunkstellen

Funkverkehr mit Luftfunkstellen ist auf den Kanälen des Seefunks zulässig für die Abwicklung von **Not-, Dringlichkeits- und Sicherheitsverkehr**. Es gilt das **Betriebsverfahren des Seefunks**! Um Missverständnisse bei der Kommunikation zu vermeiden, sollen international entwickelte Redewendungen Anwendung finden. Hinweise zur Abwicklung des Funkverkehrs und die zu benutzenden Redewendungen enthält u. a. das „Handbuch für Suche und Rettung", herausgegeben vom Bundesamt für Seeschifffahrt und Hydrographie. Ist im Notfall beim Havaristen keine Funkanlage vorhanden oder ist diese ausgefallen, so können SAR-Hubschrauber entsprechende Geräte wie Handsprechfunkgeräte oder Notfunkbaken über dem Havaristen vom Fluggerät herunterlassen, sodass eine Kommunikation über Funk möglich wird.

6 Teilnahme von Seefunkstellen am Binnenschifffahrtsfunk

Seefunkstellen dürfen **grundsätzlich nicht am Binnenschifffahrtsfunk** teilnehmen, da Seefunkanlagen kein ATIS aussenden können und diese Anlagen auf bestimmten Kanälen die Leistung nicht, wie im Binnenschifffahrtsfunk gefordert, automatisch auf 1 Watt reduzieren. Wenn man die Teilnahme dennoch als notwendig erachtet, muss eine zusätzliche Binnenfunkanlage oder eine Kombianlage, umschaltbar von See- auf Binnenfunk, gefahren werden. Die BNetzA, Außenstelle Hamburg, teilt dann der Seefunkstelle auf Antrag eine entsprechende ATIS-Nummer zu, die programmiert werden muss. Das bisherige Seefunkrufzeichen wird im Binnenschifffahrtsfunk weiter verwendet.

Der Funkverkehr im Binnenschifffahrtsfunk darf selbstverständlich aber auch nur von Inhabern entsprechender Binnenfunkzeugnisse ausgeübt werden.

7 Teilnahme von Schiffsfunkstellen am Seefunk

Binnenschifffahrtsfunkstellen dürfen am Seefunk in den **Zonen der Wasserstraßen 1–3** teilnehmen. Hierbei kann es jedoch zu Schwierigkeiten kommen, da die Binnenfunkanlagen auf bestimmten, für den Seefunk wichtigen Kanälen automatisch auf 1 Watt reduzieren. Bei der Teilnahme gelten dann die **Sprechfunkverfahren des Seefunks**. Anrufe an andere Schiffe dürfen zurzeit noch auf VHF-Kanal 16 vorgenommen werden. Fährt das Schiff über die Zone 3 hinaus, so ist es sinnvoll und teilweise auch vorgeschrieben, sich zusätzlich mit einer DSC-VHF-Seefunkanlage auszurüsten. Dies kann eine zugelassene Erweiterung der vorhandenen Anlage oder ein Neueinbau einer GMDSS-Funkanlage sein. Um diese Funkanlage dann bedienen zu können, bedarf es eines GMDSS-konformen Betriebszeugnisses für Funker, z. B. des „Beschränkt Gültigen Funkbetriebszeugnisses" (Short Range Certificate, SRC).

8 Mobiltelefone

Mobiltelefone (Handys) haben zweifellos viele Vorteile. Das Telefonieren ist billiger als über die VHF-Seefunkanlage, das Telefon ist klein, kann in der Tasche getragen und auch beim Landgang mitgenommen werden.

Für die **Sicherheit im Seebereich** sind Mobiltelefone aber denkbar **ungeeignet**. Sie haben eine erheblich geringere Reichweite als VHF-Seefunkanlagen, andere Schiffe in der Nähe, die eventuell für eine Rettung in Frage kommen, können nicht alarmiert werden, ein Schiff-Schiff-Verkehr ist unmöglich! Darüber hinaus lassen sich Mobiltelefone für eine Zielfahrt auf den Havaristen nicht einpeilen und eine Position kann nicht automatisch und ohne Sprachschwierigkeiten übermittelt werden.

Ist allerdings die Seefunkanlage ausgefallen und befindet sich das Schiff in Reichweite der deutschen Mobilfunknetze, so kann das **MRCC Bremen** über die für alle Mobilfunknetze einheitliche **Telefonnummer 124 124** angerufen werden.

(Fragen: 11, 22, 23, 55–58, 73, 95, 101, 108, 110, 128, 129, 132–134, 136–165, 167, 171, 175–177, 203)

XI Technik

1 Frequenzen, Schwingungen

Der Frequenzbereich von 30–300 MHz entspricht laut Radio Regulations dem VHF-Bereich. Im Seefunk nutzen wir daraus den Teilbereich von **156 MHz bis 174 MHz**. Eine Schwingung in einer Sekunde ist definiert als 1 Hertz (Hz). Somit sind dann höherfrequente Schwingungen pro Sekunde:

1 kHz =	1 000 Hz	(Kilohertz)
1 MHz =	1 000 000 Hz	(Megahertz)
1 GHz =	1 000 000 000 Hz	(Gigahertz)

Diese Frequenzen werden auch **Trägerfrequenzen** genannt. Sie werden von unserer Sprache beeinflusst (moduliert) und „tragen" diese dann mit Lichtgeschwindigkeit (300 000 km/s) an das Ziel (Empfänger). Die Modulationsart zur Übertragung der Sprache im UKW-Seefunk ist eine Abart der Frequenzmodulation, die Phasenmodulation (G3E), bei der die Trägerschwingung im Takt unserer Sprache beeinflusst (moduliert) wird.

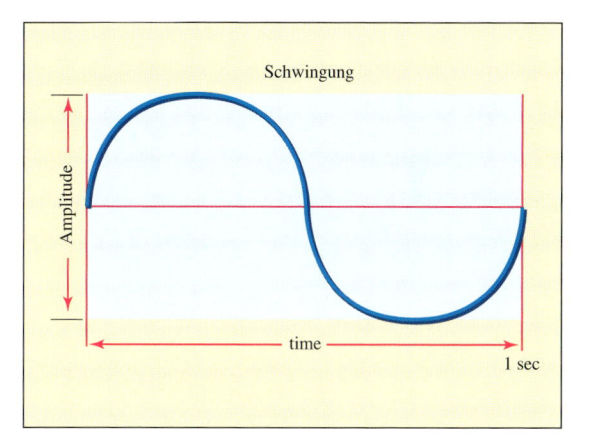

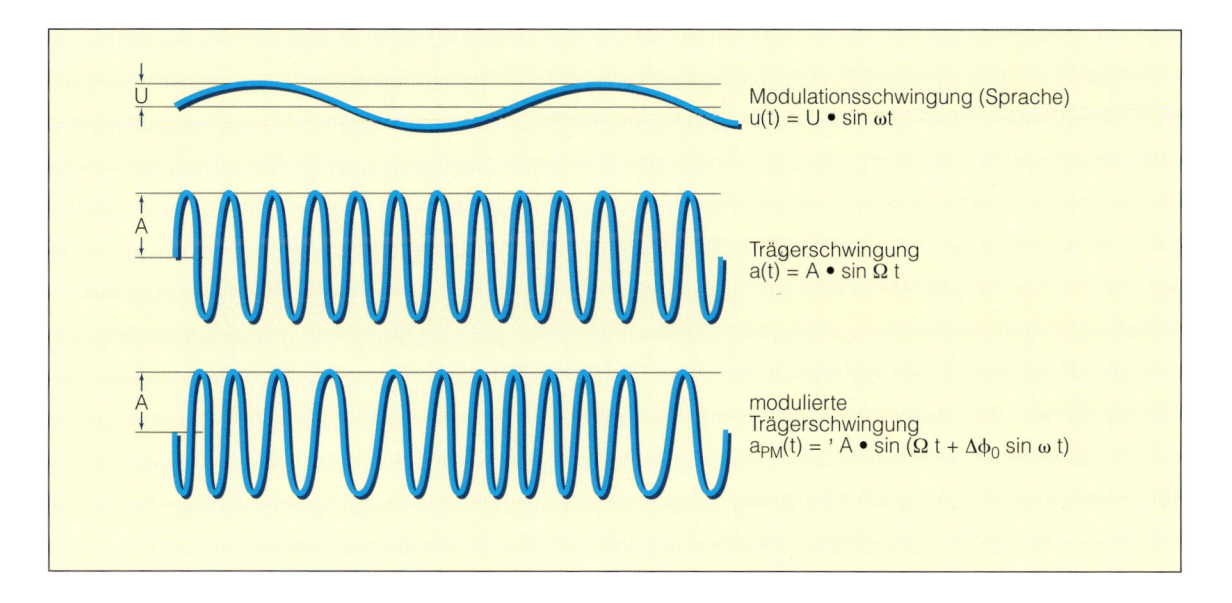

Modulationsschwingung (Sprache)
$u(t) = U \cdot \sin \omega t$

Trägerschwingung
$a(t) = A \cdot \sin \Omega t$

modulierte Trägerschwingung
$a_{PM}(t) = {'}A \cdot \sin(\Omega t + \Delta\phi_0 \sin \omega t)$

2 Antennen, Ausbreitung

Antennen sind notwendig, um die mit Sprache oder Daten modulierte (beeinflusste) Hochfrequenz auszusenden, um damit eine möglichst große Reichweite zu erzielen. Die Ultrakurzwellen breiten sich von der Antenne gradlinig in alle Richtungen aus. Man spricht dabei von **quasioptischer Ausbreitung**. Das bedeutet, dass die abgestrahlten Funkwellen nicht der Erdkrümmung folgen, sondern über den Horizont hinaus in den Weltraum abgestrahlt werden. Die Funkwellen können nur bis etwa zum Horizont, maximal 25 sm bei Sprechfunk, empfangen werden. Die **Reichweite im VHF-Bereich** hängt entscheidend von der **Antennenhöhe** ab. Je höher die Antenne, desto größer die Reichweite.

Digitale Aussendungen im VHF-Bereich (DSC) können, in Bezug auf den Sprechfunk, etwa in doppelter Entfernung zum Senderstandort noch empfangen werden (max. 50 sm). Der Grund hierfür ist, dass für die Decodierung digitaler Zeichen weniger Empfangsfeldstärke benötigt wird. Es kann also passieren, dass man von einem per DSC gerufenem Schiff die DSC-Antwort erhält, aber im Sprechfunkverfahren aufgrund der geringeren Reichweite keine Verbindung bekommt.

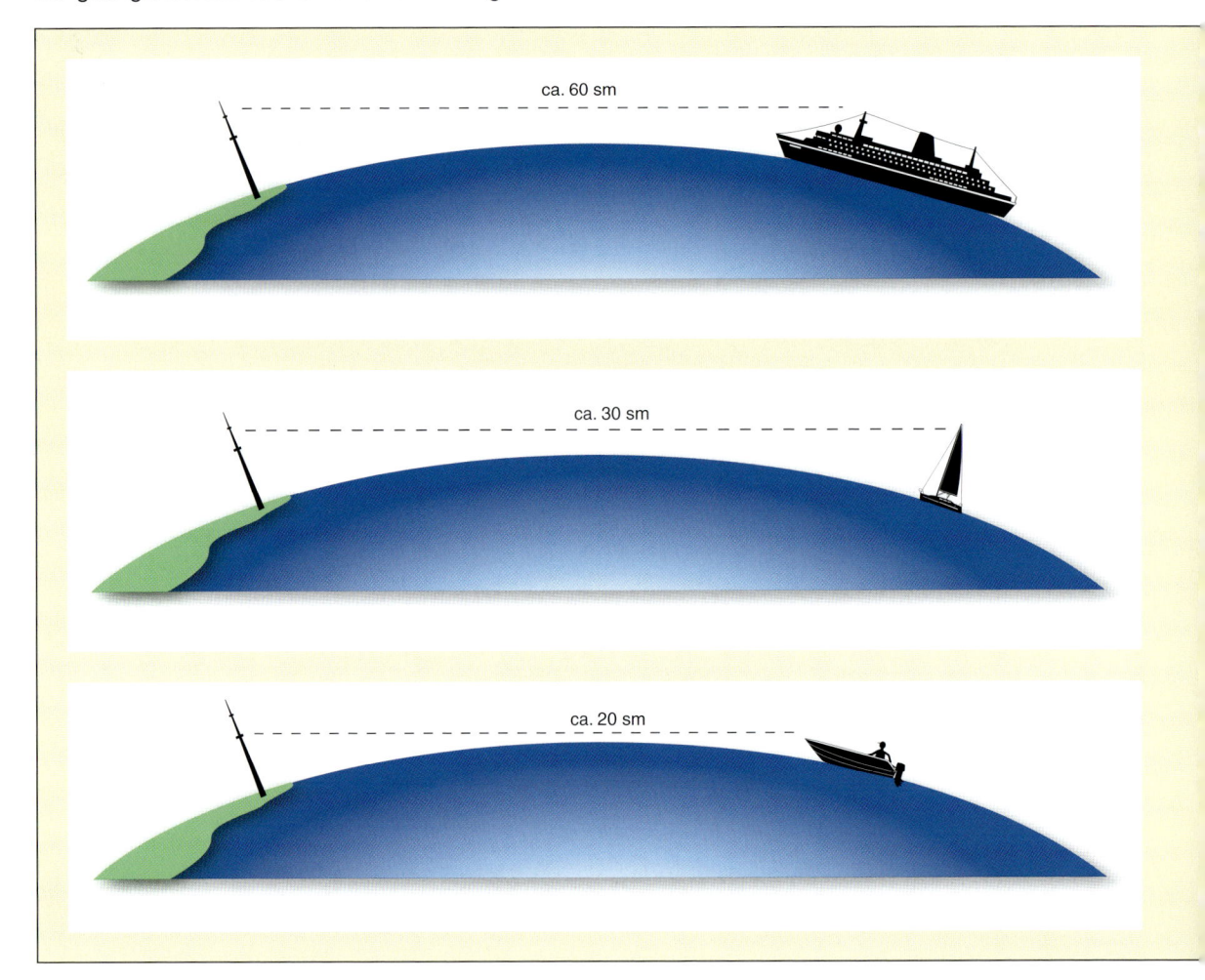

ca. 60 sm

ca. 30 sm

ca. 20 sm

Die Antenne soll so hoch wie möglich und frei von metallischen Gegenständen angebracht werden, um eine gute Abstrahlung zu gewährleisten. Je höher die Antenne installiert ist, desto weiter können ihre Funkwellen empfangen werden. Handfunkgeräte sind meist mir Stabantennen, Wendelantennen oder Teleskopantennen ausgerüstet. Die Berührung einer sendenden Antenne kann sehr unangenehme Folgen wie Verbrennungen mit sich führen. Deswegen muss diese möglichst berührungssicher angebracht sein. Eine Antenne wird mit einem **Koaxialkabel** an das Funkgerät angeschlossen. Das Antennenkabel sollte in einem Stück und knicksicher verlegt werden, damit kein Wasser eindringen und das Kabel selbst nicht durchscheuern kann. Ein **beschädigtes Antennenkabel** sollte **sofort durch ein neues ersetzt** werden, weil sonst die Gefahr besteht, dass das Funkgerät durch rücklaufende Wellen zerstört wird. Ein Indiz für eine defekte Antenne kann starkes Rauschen oder unregelmäßiges Knacken auf den Kanälen sein.

Eine Antenne muss grundsätzlich an die abzustrahlende **Wellenlänge** angepasst werden. Die Wellenlänge wird mit Lambda bezeichnet und stellt eine Periode der abzustrahlenden Frequenz dar. Optimal ist eine Antenne, die genauso groß ist wie die Wellenlänge. Bei UKW-Frequenzen ist das etwa eine Länge von

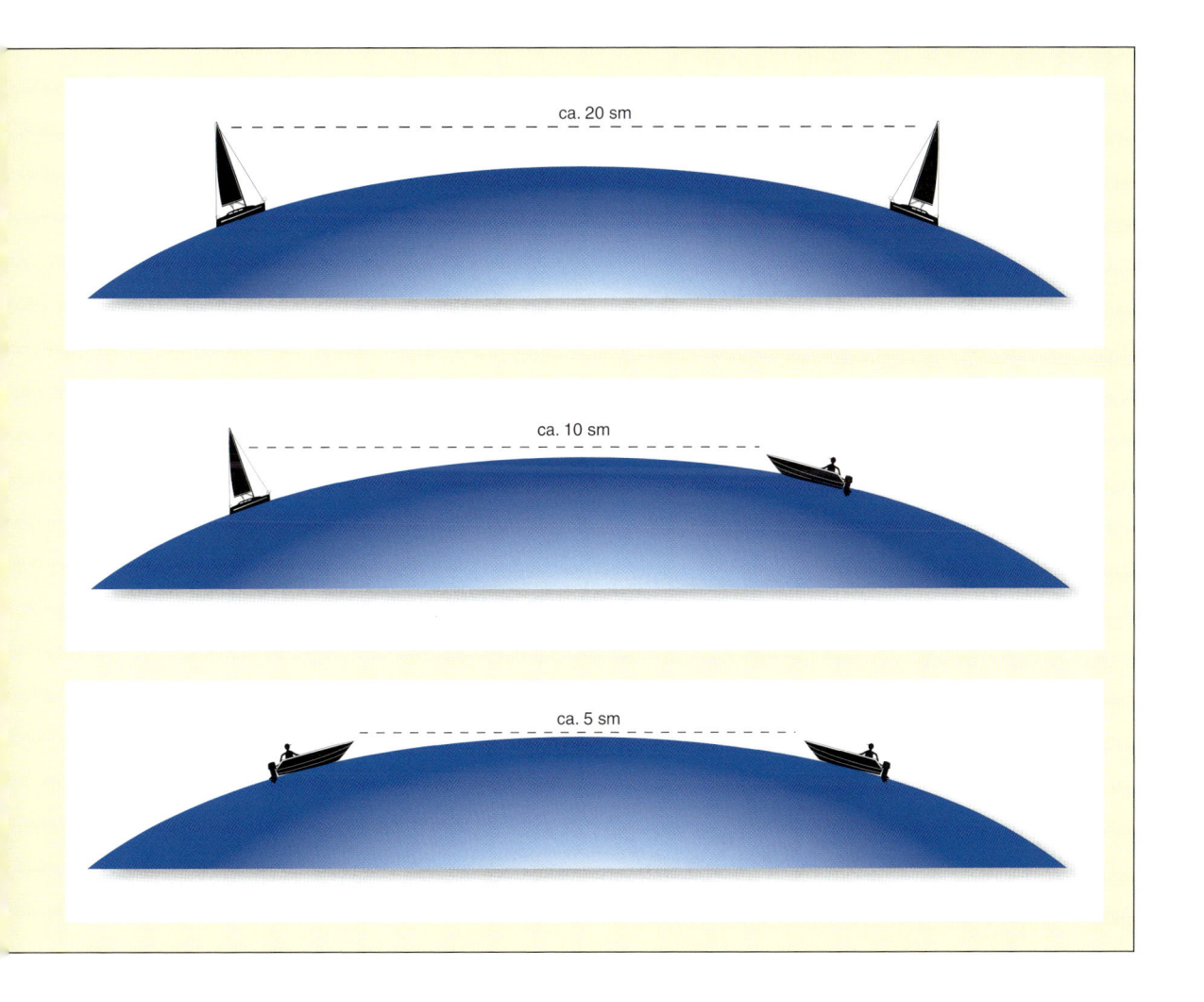

2 m (Lambda-Antenne) bzw. 1 m (Lambda/2-Antenne). Der Wellenlängenunterschied bei UKW-Seefunkfrequenzen ist von der kleinsten zur größten abzustrahlenden Frequenz nicht sehr groß. Daher kann bei UKW mit einer festen Antennenlänge gearbeitet werden, ohne diese anpassen zu müssen.

Die **Ausbreitung im MF-Bereich** (z. B. Navtex) unterscheidet sich erheblich von der Ausbreitung der VHF-Wellen. Am Tage breitet sich eine Bodenwelle etwa 150 sm weit aus. Die gleichzeitig abgestrahlte Raumwelle wird von der Ionosphäre absorbiert. Bei Nacht jedoch wird die MF-Welle von der Ionosphäre geleitet und zur Erde zurückgeworfen, sodass auch die Raumwelle genutzt werden kann und die Reichweite sich erheblich erhöht. Dies ist die Ursache dafür, warum Navtex-Sendestationen ihre Leistung bei Nacht erheblich reduzieren.

Im **HF-Bereich** wird nur die Raumwelle genutzt. Je nach Tages- oder Nachtzeit wird eine höhere bzw. niedrigere Frequenz gut über die Ionosphäre geleitet. Die Reichweite ist zu günstigen Zeiten weltweit.

Als Antenne für den Navtex-Empfänger eignet sich sehr gut auch das Achterstag oder Want, jedoch müssen diese Teile vom übrigen Schiffskörper isoliert werden.

3 Strom, Spannung, Widerstand, Leistung

Zum Betreiben einer Funkanlage wird elektrische Energie benötigt. Es bestehen zwei Möglichkeiten, eine Funkanlage mit **Spannung** zu versorgen:

1. Bordnetz (230 V)
2. Batterie (12 V)

Die Spannung wird in Volt (V) angegeben und kann mit einem Voltmeter gemessen werden. Die Einheit der **Stromstärke** ist Ampere (A). Der durch das Gerät hindurchfließende Strom wird mit einem Amperemeter gemessen. In der Bedienungsanleitung des Funkgerätes ist angegeben, wie viel Strom sowohl beim Empfang als auch beim Senden durch das Funkgerät fließt. Der höhere Wert gibt den Strombedarf bei Sendebetrieb, der niedrigere die Stromaufnahme beim Empfang an. Von Gerät zu Gerät sind diese Werte unterschiedlich und schwanken im Allgemeinen zwischen 0,3 bis 1 Ampere beim Empfangsbetrieb und 3 bis 8 Ampere bei Sendebetrieb.

Die Maßeinheit des **elektrischen Widerstands** ist Ohm (Ω). Die **Leistung** wird in Watt (W) angegeben. Für eine Sendeleistung von 1 Watt wird wesentlich weniger Strom benötigt als für die volle Leistung von 25 Watt. Um wertvolle Energie der Speisebatterie zu sparen, ist es manchmal sinnvoll, dies bei der Einstellung der Sendeleistung zu berücksichtigen. Mit 1 Watt über freiem Gelände kommt man weiter, als man zunächst vermuten würde.

Wenn für das Funkgerät eine Versorgungsspannung von 10,8 V bis 14,6 V Gleichspannung vorgeschrieben ist, so darf man es keinesfalls an das 230-Volt-Bordnetz direkt anschließen. Es gibt aber Geräte im Fachhandel, die eine 230-Volt-Wechselspannung in eine 12-Volt-Gleichspannung umwandeln.

4 Batterien

Auf Sportbooten sind Batterien für die Spannungsversorgung von Verbrauchern wie z. B. einer Funkanlage enorm wichtig. Im Allgemeinen wird ein **Bordnetz mit 12 Volt oder 24 Volt** verwendet. Batterien gibt es in verschiedene Bauarten: z. B. Bleiakkus, Nickel-Cadmium-Batterien oder Nickel-Eisen-Batterien. Die Grundfunktion der Spannungserzeugung ist aber prinzipiell bei allen Bauarten gleich. Es stehen sich in einer Zelle zwei Platten gegenüber, zwischen denen ein Potentialgefälle existiert, eben eine Spannung. Eine 12-Volt-Batterie besteht zumeist aus miteinander verbundenen abgeschlossenen Einzelzellen mit einer jeweiligen Spannung von 2 Volt.

Der Stromverbrauch einer Funkanlage hat erheblichen Einfluss auf die benötigte **Kapazität einer Batterie**. Ermitteln lässt sich das wie im nachstehenden Beispiel. Generell können Seefunkanlagen die zu übertragenen Nachrichten sowohl mit 25 Watt als auch mit 1 Watt aussenden. Soll auf dem Schiff eine 12-Volt-Batterie zum Betreiben der Funkanlage eingebaut werden, so muss die benötigte Kapazität der Batterie zunächst einmal ungefähr berechnet werden. Nach physikalischen Gegebenheiten errechnet sich die **Leistung (P)** aus dem Produkt der Versorgungsspannung (U) und des Stromes (I). Somit ist **P = U x I**. Eine Funkanlage mit der angegebenen Leistung von 25 Watt hat aufgrund von Verlusten des ganzen Systems eine mindestens doppelt so hohe Leistungsaufnahme aus der benötigten Batterie, also mindestens 50 Watt, eventuell sogar zwischen 80 und 100 Watt. Hinzu wird für den Notfall noch eine ununterbrochene Sendezeit von ca. 6 Stunden kalkuliert. Damit ist die Grundlage zur Berechnung der Batteriekapazität gegeben.

50 Watt Leistungsaufnahme bedeutet, dass mindestens I = P / U = 50 Watt / 12 Volt = 4,166 Ampere aus der Batterie fließen. Diese muss, laut obigen Beispiel, mindestens 6 Stunden lang funktionieren. Also wird der errechnete Strom 4,166 Ampere mit der Stundenzahl 6 multipliziert. Das Ergebnis ist 25 Ah. Das ist allerdings nur die Energie für die Funkanlage. Für die Kapazität der Batterie noch nicht mitgerechnet sind das Notlicht sowie das Licht für das Schiff und vielleicht noch ein paar andere Verbraucher. Praktisch betrachtet müsste die Kapazität der Batterie also mindestens doppelt so groß sein, also 50 Ah, besser aber noch größer.

Eine Batterie kann nur Energie abgeben, wenn ihr zuvor auch welche zugeführt wurde, sie also geladen wurde. Das geschieht mittels eines **Ladegeräts**, das an die Bordspannung angeschlossen wird. Der Ladestrom sollte im Mittel ca. 1/10 der Kapazität der Batterie betragen. Vorsicht: Beim Laden von Bleibatterien entsteht gefährliches **Knallgas**. Aus diesem Grund sollten Bleibatterien an einem gut belüfteten Ort untergebracht sein.

Regelmäßig sollte die Batterie möglichst zwei Prüfungen unterzogen werden. Um den **Ladezustand** der Batterie zu kontrollieren, muss mit einem Säureheber der Ladezustand jeder einzelnen Batteriezelle überprüft werden. Hierzu werden die Schraubenverschlüsse der Zellen aufgedreht und die Säure in den Säureheber hineingesaugt. Zeigt der Schwimmer 1,28 g/cm^3 an, so ist die Zelle voll geladen. Bei 1,18 g/cm^3 ist die Zelle entladen.

Ob die Batterie auch unter Belastung tatsächlich die benötigten 12 Volt zur Verfügung stellt, kann nur mit einer **Belastungsprüfung** festgestellt werden. Hierzu wird die Funkanlage auf einen wenig frequentierten Kanal eingestellt und ein korrekt formulierter Testanruf getätigt. Währenddessen wird das vorher an die Batterieklemmen angeschlossene Voltmeter in Augenschein genommen. Die Spannung darf den Wert von 12 Volt nicht unterschreiten. Tut sie dies jedoch, z. B. auf 10 Volt oder darunter, so ist davon auszugehen, dass eine der Zellen der Batterie defekt oder teilweise entladen ist. Im schlimmsten Fall kann die Funkanlage mit der zur Verfügung stehenden Restspannung nicht mehr betrieben werden. Aus Sicherheitsgründen muss die Batterie sofort geladen oder durch eine neue ersetzt werden.

(Fragen: 107, 228–237, 239–242, 244, 245, 247, 248)

Anhänge

Anhang 1: Buchstabiertafel

Buchstaben

A =	Alfa	(**AL** FAH)	**N** =	November	(NO **WEMM** BER)
B =	Bravo	(**BRA** WO)	**O** =	Oskar	(**OSS** KAR)
C =	Charly	(**TSCHA** LI)	**P** =	Papa	(PA **PAH**)
D =	Delta	(**DEL** TA)	**Q** =	Quebec	(**KI** BECK)
E =	Echo	(**ECK** O)	**R** =	Romeo	(**RO** MIO)
F =	Foxtrott	(**FOX** TROTT)	**S** =	Sierra	(SSI **ER** RAH)
G =	Golf	(GOLF)	**T** =	Tango	(**TANG** GO)
H =	Hotel	(HO **TELL**)	**U** =	Uniform	(**JU** NI FORM)
I =	India	(**IN** DI AH)	**V** =	Victor	(**WICK** TAH)
J =	Juliett	(**JUH** LI **ETT**)	**W** =	Whiskey	(**WISS** KI)
K =	Kilo	(**KI** LO)	**X** =	X-Ray	(**EX** REH)
L =	Lima	(**LI** MAH)	**Y** =	Yankee	(**JENG** KI)
M =	Mike	(MEIK)	**Z** =	Zulu	(**SUH** LUH)

Zahlen

1 =	UNAONE	(UN NAH WANN)
2 =	BISSOTWO	(BIS SO TUH)
3 =	TERRATHREE	(TER RAH TRIH)
4 =	KARTEFOUR	(KA TE FAU ER)
5 =	PANTAFIVE	(PANN TO FAIF)
6 =	SOXISIX	(SSOCK SSI SSIX)
7 =	SETTESEVEN	(SSET THE SÄWEN)
8 =	OKTOEIGHT	(OCK TO AIT)
9 =	NOVENINER	(NO WEH NAINER)
0 =	NADAZERO	(NA DAH SEH RO)

Zeichen

Komma =	Decimal	(DEH SSI MAL)
Punkt =	Stop	(SSTOP)

Die fett gedruckten Silben werden betont. Bei Wörtern ohne Fettdruck wird gleichmäßig betont gesprochen.

Dieses Alphabet wird beim Buchstabieren von schwierigen Wörtern und Eigennamen in Meldungen oder bei Verständigungsschwierigkeiten angewendet.

Anhang 2: Sprechfunktafel GMDSS
Not-, Dringlichkeits- und Sicherheitsverkehr im Seefunk
(vorherige Alarmierung mit DSC auf VHF-Kanal 70 notwendig)

	Verfahren
Beginn Notverkehr	MAYDAY this is MMSI Name RZ
Notmeldung	message
Weiterleitung Notverkehr	MAYDAY this is MMSI Name RZ following received on ch 16 at 1630 UTC
Notmeldung	message
Bestätigung	MAYDAY MMSI MMSI MMSI oder Name Name Name RZ this is Name Name Name RZ received (RRR) MAYDAY
Ruhe gebieten	Name or CQ Silence MAYDAY
Beendigung Funkstille	MAYDAY CQ CQ CQ this is MMSI Name RZ time utc MMSI Name RZ Silence fini
Aufhebung Fehlalarm	CQ CQ CQ this is Name Name Name RZ please cancel my false distress alert of time = Master

Beispiel

MAYDAY
this is
211181200 Unkas DGKU

position, distress case, required assistance

MAYDAY
this is
211041100 Alexandra DALE
following received
on ch 16 at 1630 UTC

position, distress case, required assistance

MAYDAY
211181200 211181200 211181200
this is
Alexandra Alexandra Alexandra DALE
received MAYDAY

Bremen or all stations
Silence MAYDAY

MAYDAY
all stations all stations all stations
this is
211131100 Dakota DAKO
1830 utc 211181200 Unkas DGKU
Silence fini

all stations all stations all stations
this is
Ina Ina Ina DGDC
please cancel my false distress alert of today 1715 UTC = Master

Anhang 2: Sprechfunktafel GMDSS

	Verfahren
Dringlichkeitsanruf	PAN PAN PAN PAN PAN PAN
	CQ CQ CQ
	this is
	MMSI Name RZ
Dringlichkeitsmeldung	message
Aufhebung Dringlichkeit	PAN PAN PAN PAN PAN PAN
	CQ CQ CQ
	this is
	MMSI Name RZ
	cancel my urgency message
Sicherheitsanruf	SECURITE SECURITE SECURITE
	CQ CQ CQ
	this is
	MMSI Name RZ
Sicherheitsmeldung	message
Aufhebung Sicherheit	SECURITE SECURITE SECURITE
	CQ CQ CQ
	this is
	MMSI Name RZ
	cancel my safety message
Schiff-Schiff-Anruf	MMSI Name RZ
	this is
	MMSI Name RZ
	calling case
Schiff-KüFuSt-Anruf	Name Coast Station
	this is
	MMSI Name RZ
	calling case

(Fragen: 139, 140, 146, 147, 152, 155, 156, 159, 161, 207, 209, 211, 215, 217)

Beispiel

PAN PAN PAN PAN PAN PAN
all stations all stations all stations
this is
211181200 Unkas DGKU

positon, urgency case, required assistance

PAN PAN PAN PAN PAN PAN
all stations all stations all stations
this is
211181200 Unkas DGKU
cancel my urgency message of day time

SECURITE SECURITE SECURITE
all stations all stations all stations
this is
211181200 Unkas DGKU

position, safety case

SECURITE SECURITE SECURITE
all stations all stations all stations
this is
211181200 Unkas DGKU
cancel my safety message of day/time

211181200 Unkas DGKU
this is
211041100 Alexandra DALE
I have an information, please change to ch 69

Portpatrick Radio
this is
211041100 Alexandra DALE
I have a phone call, come in please

Anhang 3: Sprechfunktafel GMDSS 2008
Not-, Dringlichkeits- und Sicherheitsverkehr
(vorherige Alarmierung mit DSC notwendig)

	Verfahren
Notanruf	MAYDAY MAYDAY MAYDAY
	this is
	Name Name Name RZ MMSI
Notmeldung	MAYDAY Name RZ MMSI message
Weiterleitung Anruf	MAYDAY RELAY MAYDAY RELAY MAYDAY RELAY
	CQ CQ CQ or Coast Station Name (3x)
	this is
	Name Name Name RZ MMSI
	following received
	on ch 16 at 1630 UTC
Notmeldung	MAYDAY Name RZ MMSI position
Bestätigung	MAYDAY
	Name RZ or MMSI
	this is
	Name RZ
	received (RRR) MAYDAY
Ruhe gebieten	Name or CQ
	Silence MAYDAY
Aufhebung Not	MAYDAY
	CQ CQ CQ
	this is
	Name Name Name RZ MMSI
	time UTC Name RZ
	Silence fini
Aufhebung Fehlalarm	CQ CQ CQ
	this is
	Name Name Name RZ MMSI
	please cancel my false distress alert of today time UTC = Master

Beispiel

MAYDAY   MAYDAY   MAYDAY
this is
Unkas   Unkas   Unkas   DGKU   211 123 450

DAY   Unkas   DGKU   211 123 450   position, distress case, required assistance

MAYDAY RELAY   MAYDAY RELAY   MAYDAY RELAY
all stations   all stations   all stations
this is
Sioux   Sioux   Sioux   DGKS   211 456 780
following received
on ch 16 at 1630 UTC

DAY   Unkas   DGKU   211 123 450   position, distress case, required assistance

MAYDAY
Unkas   DGKU
this is
Alexandra   DALE
received MAYDAY

Bremen or all stations
Silence MAYDAY

MAYDAY
all stations   all stations   all stations
this is
Dakota   Dakota   Dakota   DAKO   211 545 450
1830 UTC Unkas DGKU
Silence fini

all stations   all stations   all stations
this is
Dakota   Dakota   Dakota   DAKO   211 545 450
please cancel my false distress alert of today 1715 UTC = Master

	Verfahren
Dringlichkeitsanruf	PAN PAN PAN PAN PAN PAN CQ CQ CQ or Coast Station Name (3x) this is Name Name Name RZ MMSI
Dringlichkeitsmeldung	message
Aufhebung Dringlichkeit	PAN PAN PAN PAN PAN PAN CQ CQ CQ this is Name Name Name RZ MMSI cancel my urgency message of day/time
Sicherheitsanruf	SECURITE SECURITE SECURITE CQ CQ CQ or Coast Station Name (3x) this is Name Name Name RZ MMSI
Sicherheitsmeldung	message
Aufhebung Sicherheit	SECURITE SECURITE SECURITE CQ CQ CQ this is Name Name Name RZ MMSI cancel my safety message of day/time
Schiff-Schiff-Anruf	Name RZ MMSI this is Name RZ MMSI calling case working ch
Schiff-KüFuSt-Anruf	Coast Station Name this is Name RZ MMSI calling case, come in please

Beispiel

PAN PAN   PAN PAN   PAN PAN
all stations   all stations   all stations
this is
Unkas   Unkas   Unkas   DGKU   211 123 450

position, urgency case, required assistance

PAN PAN   PAN PAN   PAN PAN
all stations   all stations   all stations
this is
Unkas   Unkas   Unkas   DGKU   211 123 450
cancel my urgency message of today/1600 UTC = Master

SECURITE   SECURITE   SECURITE
all stations   all stations   all stations
this is
Unkas   Unkas   Unkas   DGKU   211 123 450

position, safety case

SECURITE   SECURITE   SECURITE
all stations   all stations   all stations
this is
Unkas   Unkas   Unkas   DGKU   211 123 450
cancel my safety message of today/1715 UTC = Master

Alex   DALE   211 411 830
this is
Unkas   DGKU   od. MMSI
I have an info pls ch 72

Lyngby Radio
this is
Alex   DALE   211 411 830
I have an info, come in please

Anhang 4: Abkürzungen und Begriffsbestimmungen

AAIC	Accounting Authority Identification Code (Persönliche Abrechnungskennung)
AC	Alternating Current (Wechselstrom)
ACKN	Acknowledgement (Bestätigung einer Information)
AIS	Automatic Identification System (Automatisches Erkennungssystem im Seefunk)
AM	Amplitudenmodulation
AMVER	Automatet Mutual Assistance Vessel Rescue (Positionsmeldesystem für Such- und Rettungszwecke)
ARQ	Automatic Request (Fehlerkorrektur durch automatische Rückfrage)
ATIS	Automatic Transmitter Identification System (Automatisch übertragenes Identifizierungssystem im Binnenschifffahrtsfunk)
Azimut Angle	Antennenwinkel zwischen Meridian und Satellit, vom Schiff aus gesehen
BNetzA	Bundesnetzagentur für Elektrizität, Gas, Telekommunikation, Post und Eisenbahnen (früher: Regulierungsbehörde für Telekommunikation und Post – RegTP)
BSH	Bundesamt für Seeschifffahrt und Hydrographie
CES	Coast Earth Station (Küsten-Erdfunkstelle)
Ch 16	Channel 16 (Kanal 16 im VHF-Bereich, 156,8 MHz)
CQ	An alle Funkstellen
DC	Direct Current (Gleichstrom)

DGzRS	Deutsche Gesellschaft zur Rettung Schiffbrüchiger
DSC	Digital Selectiv Calling (Digitaler Selektivruf)
Duplex-Betrieb	Gegensprechen auf 2 Kanälen
EGC	Enhanced Group Call (Erweiterter Gruppenruf)
Elevation Angle	Winkel zwischen Horizont und Satellit, vom Schiff aus gesehen
EMV	Elektromagnetische Verträglichkeit
EPIRB	Emergency Position Indicating Radio Beacon (Seenotfunkbake)
ETA	Estimated Time of Arrival (Voraussichtliche Ankunftszeit)
ETD	Estimated Time of Departure (Voraussichtliche Abfahrtszeit)
FEC	Forward Error Correction (Vorwärts-Fehlerkorrektur)
FreqZutV	Frequenzzuteilungsverordnung
Funkverkehr an Bord	1. Interner Funkverkehr an Bord ein und desselben Schiffes 2. Funkverkehr vom Schiff zum Überlebensfahrzeug oder zu geschleppten Fahrzeugen 3. Funkverkehr beim Festmachen
GMDSS	Global Maritime Distress and Safety System (Weltweites Seenot- und Sicherheitsfunksystem)
GOC	General Operator's Certificate (Allgemeines Betriebszeugnis für Funker)
GPS	Global Positioning System (Weltweites satellitengestütztes Navigationssystem)
IMO	International Maritime Organization (Internationale Schifffahrtsorganisation)

Anhang 4: Abkürzungen und Begriffsbestimmungen

INTERCO	International Code of Signals (Internationales Signalbuch)
ITU	International Telecommunication Union (Internationales Telekommunikationsabkommen)
kHz	Kilohertz
KüFuSt	Küstenfunkstelle (Ortsfeste Funkstelle im mobilen Seefunkdienst)
KW	Kurzwelle
LES	Land Earth Station (Land-Erdfunkstelle)
LRC	Long Range Certificate (Allgemeines Funkbetriebszeugnis)
LT	Local Time (Ortszeit)
LUT	Lokal User Terminal (Erdfunkstelle im COSPAS-SARSAT-System)
MCC	Mission Control Center (Auftrags-Kontrollzentrum)
MES	Mobile Earth Station (siehe auch SES) (Mobile Erdfunkstelle)
MfS	Mitteilungen für Seefahrer
MHz	Megahertz
MID	Maritime Identification Digit (Landeskenner im Seefunkdienst)
MMSI	Maritime Mobil Service Identity (Rufnummer im mobilen Seefunkdienst)
Mobiler Seefunkdienst	Seefunkdienst zwischen Schiffsfunkstellen und Küstenfunkstellen oder zwischen Schiffsfunkstellen
MRCC	Maritime Rescue Co-ordination Centre (Seenotleitstelle)

Anhang 4: Abkürzungen und Begriffsbestimmungen

MSI	Maritime Safety Information (Mitteilungen für die Sicherheit der Schiffe)
Navarea	Festgelegte Vorhersage- und Warngebiete der Weltmeere
Navtex	Navigational Text Messages (Navigationswarnungen im Telexverfahren, früher: Navigational Warnings by Telex)
NBDP	Narrow Band Direct Printing (Schmalbandtelegrafie für Fernschreibübertragung =Funkfernschreiben
Öffentlicher Funkverkehr	Funkverkehr, der der Allgemeinheit zum Austausch von Nachrichten zur Verfügung steht
OSC	On-Scene Co-ordinator (Leiter der Such- und Rettungsarbeiten vor Ort)
POLLING	Datenabfrage über DSC (z. B. Positionsangaben)
RCC	Rescue Co-ordination Centre (Rettungsleitstelle)
ROC	Restricted Operator's Certificate (Beschränkt Gültiges Betriebszeugnis für Funker)
RR	Radio Regulations (VO Funk)
RX	Receiver (Empfänger)
SAR	Search and Rescue (Suche und Rettung)
SART	Search and Rescue Transponder (Radartransponder für die Suche und Rettung)
SchiffsFuSt	Schiffsfunkstelle (Mobile Funkstelle des Binnenschifffahrtsfunks an Bord eines Schiffes, das nicht ständig festgemacht ist)
Seefunkdienst	Mobiler Funkdienst zwischen Küstenfunkstellen und Seefunkstellen oder zwischen Seefunkstellen
SeeFuSt	Seefunkstelle (Mobile Funkstelle des Seefunkdienstes an Bord eines Schiffes das nicht ständig festgemacht ist

119

Anhang 4: Abkürzungen und Begriffsbestimmungen

Semi-Duplex-Betrieb	Wechselsprechen auf zwei verschiedenen Kanälen
SES	Ship Earth Station (Schiffs-Erdfunkstelle)
Simplex-Betrieb	Wechselsprechen auf einem Kanal
SITOR	Simplex Telex over Radio (Verfahren für Funkfernschreiben)
SOLAS	International Convention for the Safety of Life at Sea (Internationales Übereinkommen zum Schutz des menschlichen Lebens auf See)
SRC	Short Range Certificate (Beschränkt Gültiges Betriebszeugnis für Funker)
SSB	Single Side Band
TKG	Telekommunikationsgesetz
TR	Travel Report
TX	Transmitter (Sender)
UHF	Ultra High Frequency
UKW	Ultrakurzwelle (Very High Frequency – VHF)
UTC	Universal Time Coordinated (Vereinbarte Weltzeit)
VHF	Very High Frequency (Ultrakurzwelle – UKW)
WX	Weather Report (Wetterbericht)

(Fragen: 1–10, 12, 14–17, 19–21, 24–41, 44–50, 52, 61, 62)

Anhang 5: Deutsche Küstenfunkstellen

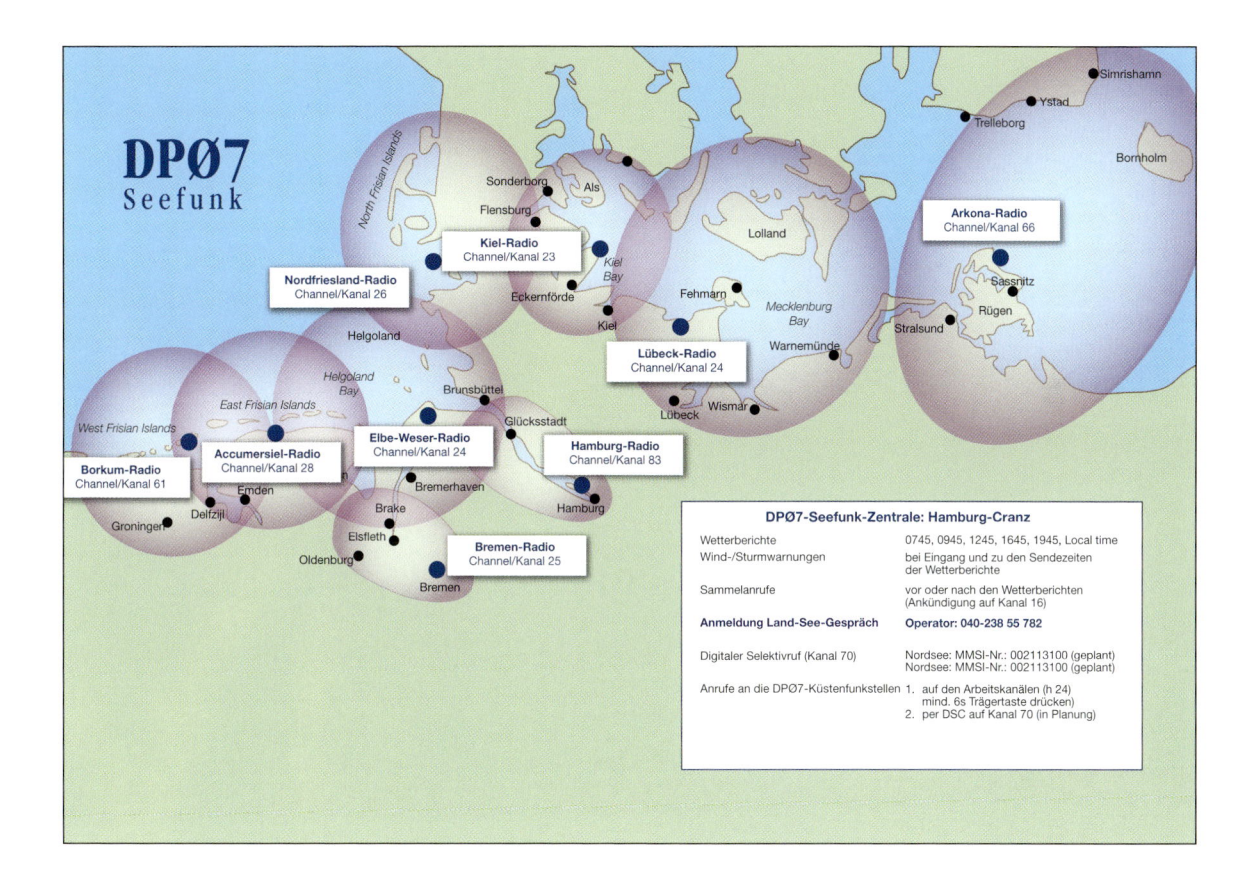

DPØ7 Seefunk

Stationen (Channel/Kanal):
- Borkum-Radio — Channel/Kanal 61
- Accumersiel-Radio — Channel/Kanal 28
- Nordfriesland-Radio — Channel/Kanal 26
- Elbe-Weser-Radio — Channel/Kanal 24
- Bremen-Radio — Channel/Kanal 25
- Hamburg-Radio — Channel/Kanal 83
- Kiel-Radio — Channel/Kanal 23
- Lübeck-Radio — Channel/Kanal 24
- Arkona-Radio — Channel/Kanal 66

DPØ7-Seefunk-Zentrale: Hamburg-Cranz

Wetterberichte	0745, 0945, 1245, 1645, 1945, Local time
Wind-/Sturmwarnungen	bei Eingang und zu den Sendezeiten der Wetterberichte
Sammelanrufe	vor oder nach den Wetterberichten (Ankündigung auf Kanal 16)
Anmeldung Land-See-Gespräch	**Operator: 040-238 55 782**
Digitaler Selektivruf (Kanal 70)	Nordsee: MMSI-Nr.: 002113100 (geplant) Nordsee: MMSI-Nr.: 002113100 (geplant)
Anrufe an die DPØ7-Küstenfunkstellen	1. auf den Arbeitskanälen (h 24) mind. 6s Trägertaste drücken) 2. per DSC auf Kanal 70 (in Planung)

Anhang 6: Auszug MfS

RegTP
Regulierungsbehörde für
Telekommunikation und Post

Mitteilungen für Seefunkstellen und Schiffsfunkstellen

(Erscheinen bei Bedarf)
Bearbeitet bei der Regulierungsbehörde für Telekommunikation und Post (Reg TP)
Außenstelle Hamburg. Die Herausgabe der MfS erfolgt im Auftrag des Bundesministeriums
für Wirtschaft und Technologie, Bonn.
Nachdruck - auch auszugsweise - mit Quellenangabe gestattet

| Jahrgang 2001 | Hamburg, November 2001 | Heft 1 |

Inhalt:

1. **Allgemeine Informationen**
   1.1 Mitteilungen für Seefunkstellen und Schiffsfunkstellen (MfS)
   1.2 Frequenzzuteilungsurkunden
   1.3 Gebühren und Beiträge für Frequenzzuteilungen im Seefunkdienst und Binnenschifffahrtsfunk
   1.4 Art des Funkverkehrs
   1.5 Mitführen von Informationen für die Durchführung des Seefunkdienstes bzw. Binnenschifffahrtsfunks an Bord von Schiffen
   1.6 Funkzeugnisse für den Seefunkdienst und den Binnenschifffahrtsfunk

2. **Informationen zum UKW-Seefunkdienst**
   2.1 Weltweites Seenot- und Sicherheitsfunksystem (GMDSS)
   2.2 Sprechfunkverfahren im GMDSS
   2.3 Wie sollen sich Seefunkstellen verhalten, wenn sie den DSC-Notalarm eines Schiffes empfangen haben?
   2.4 Küstenwache und SAR

3. **Binnenschifffahrtsfunk**
   3.1 Regionale Vereinbarung über den Binnenschifffahrtsfunk
   3.2 Handbuch Binnenschifffahrtsfunk

4. **Anlagen**
   4.1 Anlage 1 – Flussdiagramm: Maßnahmen des Schiffes beim Empfang eines DSC-Notalarms auf UKW / Grenzwelle
   4.2 Anlage 2 – Flussdiagramm: Maßnahmen des Schiffes beim Empfang eines DSC-Notalarms auf Kurzwelle

1. Allgemeine Informationen

1.1 Mitteilungen für Seefunkstellen und Schiffsfunkstellen (MfS)

Die Bezeichnung für die Mitteilungen für Seefunkstellen (MfS) ist seit der Ausgabe 01/1999 in „Mitteilungen für Seefunkstellen und Schiffsfunkstellen" (MfS) geändert worden.
Die MfS werden bei der Regulierungsbehörde für Telekommunikation und Post (Reg TP), Außenstelle Hamburg, bearbeitet und im Auftrag des Bundesministeriums für Wirtschaft und Technologie herausgegeben. Die Mitteilungen erscheinen bei Bedarf.

Inhabern von Frequenzzuteilungen für Seefunkstellen oder Schiffsfunkstellen werden die Mitteilungen bei Erscheinen übersandt.

1.2 Frequenzzuteilungsurkunden

Voraussetzung für die Teilnahme am Seefunkdienst bzw. Binnenschifffahrtsfunk ist der Besitz einer Frequenzzuteilungsurkunde zum Betreiben der an Bord eines Schiffes installierten See- oder Schiffsfunkstelle.
Die Frequenzzuteilungsurkunde entspricht sowohl für den Seefunk als auch für den Binnenschifffahrtsfunk inhaltlich der international geforderten Genehmigungsurkunde zum Errichten und Betreiben einer See- bzw. Schiffsfunkstelle (Ship Station Licence).

Für Seefunkstellen wird die Frequenzzuteilungsurkunde auf Antrag von der Regulierungsbehörde für Telekommunikation und Post (Reg TP), Außenstelle Hamburg, ausgestellt. Das gilt auch dann, wenn Seefunkstellen zusätzlich mit einer Binnenschifffahrtsfunkanlage ausgerüstet werden und hierfür eine ATIS-Nummer benötigen oder für die Fälle, wo kombinierte Funkanlagen installiert werden, die je nach Bedarf manuell auf Seefunk oder Binnenschifffahrtsfunk umschaltbar sind.
Wasserfahrzeuge, die ausschließlich mit Binnenschifffahrtsfunkanlagen ausgerüstet werden, erhalten ihre Frequenzzuteilungsurkunde und die ATIS-Nummer auf Antrag von der Reg TP, Außenstelle Mülheim.

Eine Frequenzzuteilung ist auch dann erforderlich, wenn die See- oder Schiffsfunkstellen nur im Notfall betrieben werden sollen. Die gesetzliche Grundlage hierfür ist in §47 Abs. 1 TKG (Telekommunikationsgesetz vom 25. Juli 1996, BGBl I S. 1120) gegeben.

Was beinhaltet die Frequenzzuteilung?

Die Frequenzzuteilung beinhaltet

a) die Erlaubnis zur Teilnahme am nationalen und internationalen Seefunkdienst bzw. regional vereinbarten Binnenschifffahrtsfunk auf den Frequenzen bzw. Frequenzbereichen, die im unmittelbaren Zusammenhang mit den beantragten Funkgeräten stehen. D.h., wenn mit der Antragstellung z.B. der Betrieb einer UKW-See- oder Schiffsfunkstelle beabsichtigt ist, dann beinhaltet die Frequenzzuteilung die Genehmigung der Nutzung des gesamten UKW-Frequenzspektrums für den See- bzw. Binnenschifffahrtsfunk unter den national, regional und international vorgeschriebenen Bedingungen und Auflagen.

b) den Namen des Schiffes, das Rufzeichen und eventuell weitere Kennungen (MMSI-Nummer, Satelliten-ID, Selektivrufnummer und ATIS-Kennung) für die Seefunkstelle bzw. Schiffsfunkstelle.
Die Registrierung des Schiffsnamens und der vergebenen Rufzeichen und Ken-

nungen erfolgt in der Datenbank der Reg TP und im Falle der Seefunkstellen im Interesse der Schiffssicherheit bei der Deutschen Gesellschaft zur Rettung Schiffbrüchiger (DGzRS) im Seenotleitzentrum (MRCC Bremen) sowie international bei der ITU (Internationale Fernmeldeunion) in Genf.

c) den Namen des Inhabers der Frequenzzuteilung

d) bei Seefunkstellen Angaben über Dienststunden (z.B. die Bezeichnung „HX" bei nicht vorgegebenen Zeiten) und die Art des Funkverkehrs sowie bei Schiffsfunkstellen allgemeine Merkmale der technischen Einrichtung an Bord des Schiffes. Bei Seefunkstellen für den öffentlichen Funkverkehr enthält die Frequenzzuteilung auch die Kennung der Abrechnungsgesellschaft für den entgeltpflichtigen Nachrichtenaustausch (z.B. DP01, DP04, DP07, NL01 usw.). Grundlage der Angabe einer Abrechnungskennung ist der zwischen dem Frequenzzuteilungsinhaber und der jeweiligen Abrechnungsgesellschaft geschlossene Vertrag.

1.3 Gebühren und Beiträge für Frequenzzuteilungen im Seefunkdienst und Binnenschifffahrtsfunk (Änderungen mit Stand: 01.01.2003)

Für folgende Leistungen der Reg TP werden aufgrund der Frequenzgebührenverordnung (FGebV) vom 21.05.1997 (zuletzt geändert am 18.12.2002) **einmalige** Gebühren erhoben.

Frequenzzuteilung für die Teilnahme am Seefunk und/oder Binnenschifffahrtsfunk	130.00 €
Erstellen einer Zweitschrift einer Urkunde	60.00 €
Änderung einer Frequenzzuteilungsurkunde	60.00 €

Gemäß der Frequenznutzungsbeitragsverordnung (FBeitrV) vom 13.12.2000 mit Änderungen vom 13.12.2001 und 24.06.2002 werden **Jahresbeiträge** erhoben.

Beitrag für eine Seefunkstelle und/oder Schiffsfunkstelle im Jahr 2000	19.20 DM	(9.82 €)
Beitrag für eine Seefunkstelle und/oder Schiffsfunkstelle im Jahr 2001	15.20 DM	(7.77 €)
Beitrag für eine Seefunkstelle und/oder Schiffsfunkstelle im Jahr 2002	13.60 €	

Die Jahresbeiträge für 2000, 2001 und 2002 werden für bestehende See- und Schiffsfunkstellen zu einem späteren Zeitpunkt erhoben.

Bei Rückfragen zu den Beitrags- und Gebührenbescheiden wenden Sie sich bitte an:

Seefunk:
Reg TP, ASt Hamburg   Telefon: (0 40) 2 36 55-3 21 bis -3 29 oder -3 33
Sachsenstraße 12+14
20097 Hamburg   Telefax: (0 40) 2 36 55-1 82

Binnenschifffahrtsfunk:
Reg TP, ASt Mülheim   Telefon: (02 08) 45 07-2 52 oder -2 82
Aktienstraße 1-7
45473 Mülheim/Ruhr   Telefax: (02 08) 45 07-1 81

1.4 Art des Funkverkehrs bei Seefunkstellen

In Verbindung mit einer Frequenzzuteilung wird durch die Angabe der Art des Funkverkehrs bei einer Seefunkstelle international deutlich gemacht, ob die Funkstelle der Allgemeinheit für einen uneingeschränkten öffentlichen Nachrichtenaustausch zur Verfügung steht, d.h., ob Funkverkehr in Richtung Schiff-Land und Land-Schiff über die öffentlichen Fernmeldenetze gestattet ist.

Funkstellen für den **öffentlichen Nachrichtenaustausch** werden mit **CP** bezeichnet. Diese Funkstellen besitzen eine Abrechnungskennung für den entgeltpflichtigen Nachrichtenaustausch. Daneben sind die Funkstellen berechtigt, Funkverkehr mit Küstenfunkstellen des Revier- und Hafenfunkdienstes, Schiff-Schiff-Verkehr, Funkverkehr an Bord sowie Not- und Sicherheitsfunkverkehr durchzuführen.

Funkstellen für den **beschränkt öffentlichen Nachrichtenaustausch** werden mit **CR** bezeichnet.
Diese Funkstellen sind berechtigt, Funkverkehr mit Küstenfunkstellen des Revier- und Hafenfunkdienstes abzuwickeln sowie Schiff-Schiff-Verkehr, Funkverkehr an Bord und Not- und Sicherheitsverkehr durchzuführen.

Der Funkverkehr mit Küstenfunkstellen des Hafen- und Revierfunkdienstes ist **nichtöffentlicher Funkverkehr**. Es ist untersagt, den nichtöffentlichen Funkverkehr über Verbindungen des öffentlichen Netzes zu leiten. Funkstellen, die nur für den Austausch von Nachrichten zugelassen sind, die den Schiffsbetrieb betreffen, werden mit **FP**, **CV** oder **OT** bezeichnet.

1.5 Mitführen von Informationen für die Durchführung des Seefunkdienstes bzw. Binnenschifffahrtsfunks an Bord von Schiffen

Für Schiffe unter deutscher Flagge, die der funksicherheitstechnischen Ausrüstungspflicht unterliegen und in der Seefahrt eingesetzt sind, hat das Bundesamt für Seeschiffahrt und Hydrographie (BSH) das Mitführen von Dienstwerken und Dienstbehelfen in den Mitteilungen der Nachrichten für Seefahrer (NfS) Heft 16/2000 wie folgt geregelt:
"Schiffe unter der Bundesflagge, die in der Seefahrt eingesetzt sind, müssen alle für die Durchführung des Seefunkdienstes während der bevorstehenden Reise erforderlichen Informationen mitführen. Bei der Auswahl der verfügbaren Veröffentlichungen ist zu berücksichtigen, dass neben der Seenotalarmierung über Funk, die sich in der Regel an alle See- und Küstenfunkstellen richtet, auch die Verbindungsaufnahme mit einzelnen ausgewählten Küstenfunkstellen erforderlich sein kann, z.B. zur Meldung von besonderen Ereignissen oder zur Abwicklung von Allgemeinem Funkverkehr.
An Bord der Seeschiffe sind die in Anhang S16 der Vollzugsordnung für den Funkdienst (Radio Regulations) der International Telecommunication Union (ITU) aufgeführten Dienstbehelfe mitzuführen.
Für die europäischen und angrenzenden Seegebiete (s. Verzeichnis der Nautischen Karten und Bücher) werden der Nautische Funkdienst, die Seehandbücher, Vessel Traffic Services (VTS) Guide Germany und die Jachtfunkdienste Nord- und Ostsee sowie das Mittelmeer empfohlen. Außerhalb der europäischen und angrenzenden Seegebiete werden die Nautischen Funkdienste anderer Hydrographischer Dienste empfohlen.
Aktuelle Informationen für die Durchführung des Funkdienstes werden in den NfS bekannt gegeben."
(Quelle: Nachrichten für Seefahrer (NfS), Heft 16/2000)

Gemäß Anhang S16 der Radio Regulations sollen Seefunkstellen, die mit Sprech- oder GMDSS-Funkanlagen ausgerüstet sind, folgende Urkunden und Dienstbehelfe mitführen:
1. Genehmigungsurkunde (Frequenzzuteilungsurkunde)
2. Entsprechendes Seefunkzeugnis desjenigen, der die Funkanlage bedient oder beaufsichtigt
3. Ein Tagebuch (Logbuch), in dem folgende Gegebenheiten mit Zeitangabe eingetragen werden:
   a) Eine Zusammenfassung der Funkverbindungen bezüglich Not-, Dringlichkeit- und Sicherheitsverkehr
   b) Wichtige Vorkommnisse, die den Seefunkdienst betreffen
   c) Nach Möglichkeit die Schiffsposition mindestens einmal pro Tag
4. Die alphabetische Rufzeichenliste der Funkstellen des beweglichen Seefunkdienstes und beweglichen Seefunkdienstes über Satelliten sowie MMSI-, ID- und Selektivrufnummern-Verzeichnisse
5. Verzeichnis der Küstenfunkstellen und Küsten-Erdfunkstellen mit Angabe der Wachpläne, Frequenzen, Gebühren, Navigations- und Wetterwarnungen sowie anderer wichtiger Informationen
6. Verzeichnis der Seefunkstellen
7. Handbuch für den beweglichen Seefunkdienst und beweglichen Seefunkdienst über Satelliten

Bei Schiffen, die nicht der Funkausrüstungspflicht unterliegen, ist seitens der Verwaltung das Mitführen der Dienstbehelfe gemäß o. a. lfd. Nummern 3 bis 7 nicht vorgeschrieben.

Wie bereits im MfS-Heft 01/1999 mitgeteilt wurde, ist die Herausgabe des Handbuchs Seefunk, der UKW-Information Seefunk und des Merkblattes für den Sprechfunkverkehr auf Ultrakurzwellen (UKW) von der Deutschen Telekom AG zum 31. Dezember 1998 eingestellt worden.
Eine Neuauflage dieser Dienstbehelfe durch die Regulierungsbehörde für Telekommunikation und Post (Reg TP) oder durch eine andere Institution wird nicht in Aussicht gestellt.

Den nichtfunkausrüstungspflichtigen Seefunkstellen wird entsprechend ihres Fahrtgebietes das Mitführen des Jachtfunkdienstes Nord- und Ostsee bzw. Mittelmeer oder der Handbücher Nautischer Funkdienst / Revierfunkdienst empfohlen. Diese Dienstwerke sind durch die Vertriebsstellen des BSH sowie über den Buchhandel und Sportboot-Ausrüster zu beziehen.

Schiffsfunkstellen und Seefunkstellen, die am Binnenschifffahrtsfunk teilnehmen, müssen gemäß § 1.10 der Rheinschifffahrtspolizeiverordnung das Handbuch Binnenschifffahrtsfunk an Bord des Schiffes mitführen. Dieses Handbuch kann über die BINNENSCHIFFFAHRTS-VERLAG GMBH, Dammstraße 15-17 in 47119 Duisburg (Ruhrort), bezogen werden.

1.6 Funkzeugnisse für den Seefunkdienst und den Binnenschifffahrtsfunk

Das Bundesministerium für Verkehr, Bau- und Wohnungswesen (BMVBW) informierte in seinen Merkblättern für Wassersportler darüber, dass Neuregelungen bei Funkzeugnissen für den Seefunkdienst und den Binnenschifffahrtsfunk geplant sind. Inzwischen wurde entschieden, dass die Regelungen der Verordnung über Seefunkzeugnisse vom 17. Juni 1992 (BGBl. Jahrgang 1992, Teil I) bis auf die Möglichkeit von Zusatzprüfungen zum Erwerb von GMDSS-Zeugnissen grundsätzlich bis zum 31. Dezember 2002 weiter gelten, und dass die Regulierungsbehörde für Telekommunikation und Post bis zu diesem Termin zuständige Prüfungsbehörde bleibt.

Die vom BMVBW herausgegebene Dritte Schiffssicherheitsanpassungsverordnung (BGBl. I Nr. 46 vom 6. September 2001) enthält u.a. die neuen Festlegungen für den Erwerb, die Ausstellung und Verwaltung von Seefunkzeugnissen und regelt neue Verantwortlichkeiten in der Zuständigkeit.
Ab dem 1. Januar 2003 ist das Bundesamt für Seeschifffahrt und Hydrographie (BSH) grundsätzlich neue Erteilungsbehörde von Befähigungsnachweisen für den mobilen Seefunkdienst und den mobilen Seefunkdienst über Satelliten.
Gültigkeitsvermerke zu Seefunkzeugnissen für die Berufsschifffahrt gemäß dem STCW-Übereinkommen, der Internationalen Konvention über Normen für die Ausbildung, die Erteilung von Befähigungszeugnissen und den Wachdienst von Seeleuten (STCW = **S**tandards of **T**raining, **C**ertification and **W**atchkeeping for Seafarers), werden bereits ab sofort auf Antrag vom BSH ausgestellt.

Zeugnisse für die Bedienung von Seefunkstellen auf Sportfahrzeugen und Schiffen, die nicht der SOLAS-Konvention unterliegen, werden ab dem 1. Januar 2003 von Prüfungsausschüssen des Deutschen Motoryachtverband e.V und des Deutschen Segler-Verband e.V ausgestellt und verwaltet.

Für den Binnenschifffahrtsfunk wird es künftig ein eigenständiges Zeugnis geben, das so genannte Sprechfunkzeugnis für den Binnenschifffahrtsfunk (UBI). Anhang 5 der Regionalen Vereinbarung über den Binnenschifffahrtsfunk, Basel 6. April 2000, enthält die Bestimmungen über den Erwerb, die Ausstellung und die gegenseitige Anerkennung von Funkzeugnissen für die Bedienung von Schiffsfunkstellen.
(Quelle: Bundesministerium für Verkehr, Bau- und Wohnungswesen / Referat LS 20)

2. Informationen zum UKW-Seefunkdienst

2.1 Weltweites Seenot- und Sicherheitsfunksystem (GMDSS)

GMDSS steht für **G**lobal **M**aritime **D**istress und **S**afety **S**ystem und wird ins Deutsche übersetzt als Weltweites Seenot- und Sicherheitsfunksystem bezeichnet.
Die Einführung des neuen Weltweiten Seenot- und Sicherheitsfunksystems bildete die Grundlage für die Automatisierung der Betriebsverfahren im Seefunkdienst und damit verbunden die Möglichkeit der Erhöhung der Schiffssicherheit und des Schutzes des menschlichen Lebens auf See. Die Hörwachen auf 500 kHz (Morsetelegrafie) und 2182 kHz (Sprechfunk) sind passé. Die vorgeschriebenen Betriebsabläufe im GMDSS ermöglichen es, dass innerhalb kürzester Zeit Seenotfälle bekannt gemacht und die erforderlichen optimalen Hilfsmaßnahmen ohne Zeitverzögerung eingeleitet werden können. Mittels Digitalem Selektivruf (DSC) können Notalarme mit Nachrichteninhalten, Ankündigungen von Dringlichkeits- oder Sicherheitsmeldungen und Anrufe im öffentlichen Funkverkehr kodiert ausgesendet und automatisch dekodiert empfangen werden. Auf dem Display eines Controllers wird angezeigt, wer wann aus welchem Grund gerufen hat und auf welcher Sprechfunk- oder Telexfrequenz der angekündigte Funkverkehr abgewickelt werden soll. Nach Kenntnis und interner Bestätigung der Alarmierung bzw. des Anrufs werden die Sende- Empfangsanlagen dann automatisch auf die angegebenen Frequenzen und Betriebsarten umgeschaltet.

Funkausrüstungspflichtige Schiffe müssen seit dem 1. Februar 1999 in Abhängigkeit von ihrem Fahrtgebiet (Seegebiet A1, A2, A3, A4) mit GMDSS-entsprechender Gerätetechnik ausgestattet sein.

Eignern von nicht funkausrüstungspflichtigen Schiffen, wie z.B. Besitzern von Sportfahrzeugen, wird empfohlen, den Zeitraum bis zum 1. Februar 2005 zu nutzen, um mindestens ihre herkömmliche UKW-Funkausrüstung in eine GMDSS-taugliche umzurüsten bzw. bei Funk-Erstausrüstung gleich eine UKW-DSC-Seefunkanlage zu installieren. Das sagt auch die IMO-Resolution MSC.77(69). Gemäß dieser Resolution ist für die nach SOLAS funkausrüstungspflichtigen Schiffe die Hörwache auf UKW-Kanal 16 nur noch bis zum 1. Februar 2005 vorgeschrieben.

Sollte dieser Termin durch den internationalen Schiffssicherheitsausschuss (MSC) nicht verlängert werden, dann erfolgt nach diesem Datum die ununterbrochene Hörwache im UKW-Bereich nur noch mit Hilfe des an Bord installierten automatischen Wachempfängers auf dem DSC-Kanal 70.

Wenn sich ein Schiff freiwillig mit UKW-DSC-Funkanlagen ausrüstet, dann müssen diese Funkanlagen den technischen Anforderungen der ITU-Empfehlung M.493-10 für die Geräteklassen A, B oder D entsprechen; d.h., die Anlagen müssen so beschaffen sein, dass sie unter Notfallbedingungen <u>alle</u> betrieblichen Anforderungen des GMDSS erfüllen.

Die grundlegenden Anforderungen an Funkgeräte im Zusammenhang mit der Antragstellung auf Frequenzzuteilung zum Betreiben einer See- und/oder Schiffsfunkstelle sowie Festlegungen über das Inverkehrbringen und die Inbetriebnahme von Funkanlagen auf Schiffen, die die deutsche Bundesflagge führen, sind im Gesetz über Funkanlagen und Telekommunikationsendeinrichtungen (FTEG) vom 31. Januar 2001 geregelt.

2.2. UKW-Sprechfunkverfahren im GMDSS

In Kapitel S VII der ITU-Radio Regulations (Vollzugsordnung für den Funkdienst) werden die allgemeinen Bestimmungen, Frequenzen, Betriebsverfahren für den Not-, Dringlichkeits- und Sicherheitsverkehr sowie Alarmierungszeichen im neuen Weltweiten Seenot- und Sicherheitsfunksystem beschrieben.

Für alle Funkstellen des mobilen Seefunkdienstes und mobilen Seefunkdienstes über Satelliten, die die Techniken und Frequenzen des GMDSS benutzen, sind die Bestimmungen des o.a. Kapitels S VII verbindlich. (Siehe Artikel S30.4. ITU-RR)

Mit anderen Worten heißt das: „Wer eine UKW-DSC-Seefunkstelle betreibt, muss die neuen Betriebsverfahren des GMDSS kennen und anwenden."

Die wesentlichen Änderungen im GMDSS gegenüber den herkömmlichen Betriebsverfahren im UKW-Seefunkdienst sind folgende:

1. Die Seenotalarmierung sowie die Ankündigung von Dringlichkeits- und Sicherheitsmeldungen erfolgt mittels Digitalem Selektivruf (DSC) auf Kanal 70.

2. Die grundsätzliche Sprechfunkfrequenz für den Seenot- und Sicherheitsverkehr ist 156.800 MHz (Kanal 16).

3. Die Aussendung eines Notalarms zeigt an, dass eine mobile Einheit (Schiff, Luftfahrzeug oder sonstiges Fahrzeug) <u>oder eine Person</u> von ernster und unmittelbarer Gefahr bedroht ist und sofortige Hilfe benötigt.

Letzterer Punkt ist der Grund dafür, dass im Distress-Menü des DSC-Controllers unter der Art des Notfalls auch << person over board >> ausgewählt werden kann. Und da der Seenotalarm mittels DSC an alle Funkstellen gerichtet ist, und diese nach Erhalt der Alarmierung verpflichtet sind, den Kanal 16 abzuhören, wird im Sprechfunkverfahren zu Beginn des Notverkehrs eine Verknüpfung zur bereits erfolgten DSC-Alarmierung hergestellt, indem zunächst die MMSI-Nummer des in Seenot geratenen Schiffes und danach Schiffsname und Rufzeichen einmal genannt werden. Der so genannte Notanruf im Sprechfunkverkehr (3x Mayday und 3x Schiffsname/Rufzeichen), wie er im herkömmlichen Not- und Sicherheitsfunksystem vorgesehen war, entfällt im GMDSS.

Der Sprechfunk-Notverkehr wird nach vorheriger DSC-Alarmierung wie folgt eingeleitet:

MAYDAY (1 x gesprochen)
Hier ist
- MMSI-Nummer plus Name/Rufzeichen oder andere Kennzeichnungen des Schiffes (1 x gesprochen)
- Position des Schiffes
- Art des Notfalls
- Art der gewünschten Hilfe
- Andere weitere Informationen, die die Hilfeleistung erleichtern können.

z.B.:

MAYDAY
Hier ist
- 21123450 Motorschiff Anke DAMK
- Position 61 Grad 11 Minuten Nord 007 Grad 40 Minuten Ost
- Nach Explosion Feuer in den Laderäumen
- Benötigen Unterstützung bei Brandbekämpfung
- Rauch ist giftig
OVER

Hinweis:
Ein Notalarm ist falsch, wenn er ohne Angaben darüber, dass ein Schiff oder eine Person in Not ist und sofortige Hilfe benötigt, ausgesendet wird.

Fehlalarme müssen entsprechend der ITU-Entschließung 349(WRC-97) und der IMO-Entschließung 814(19) wie folgt zurückgenommen werden:

An alle Funkstellen (3 x gesprochen)
Hier ist
- MMSI-Nummer plus Schiffsname/Rufzeichen (1 x gesprochen)
- Position
- Ich ziehe meinen Seenotalarm vom ... (Datum/Uhrzeit in UTC) zurück
- Kapitän
- Datum/Uhrzeit in UTC

Die anders lautende Verfahrensweise gemäß Mitteilungen für Seefunkstellen 1997, Heft 1, Punkt 1.5, wonach die Meldungen zur Zurücknahme eines Fehlalarms mit dem Dringlichkeitszeichen PANPAN (3 x gesprochen) eingeleitet werden, wird hiermit zurückgenommen.

Die Ankündigung von Dringlichkeits- und Sicherheitsmeldungen erfolgt auf Kanal 70.

Die Übermittlung von Dringlichkeits- und Sicherheitsmeldungen im UKW-Sprechfunkdienst erfolgt grundsätzlich auf Kanal 16 wie folgt:

Dringlichkeitsmeldung
PANPAN PANPAN PANPAN
An alle Funkstellen (3 x gesprochen)
Hier ist
- MMSI-Nummer plus Schiffsname/Rufzeichen oder andere Kennzeichnungen des Schiffes (1 x gesprochen)
- ... (Text der Meldung)
OVER

Sicherheitsmeldung
SECURITE SECURITE SECURITE
An alle Funkstellen (3 x gesprochen)
Hier ist
- MMSI-Nummer plus Schiffsname/Rufzeichen oder andere Kennzeichnungen des Schiffes (1 x gesprochen)
- ... (Text der Meldung)
- OVER

2.3 Wie sollen sich Seefunkstellen verhalten, wenn sie den DSC-Notalarm eines Schiffes empfangen haben?

Die Beantwortung dieser Frage ist eindeutig, wenn der Verfahrensablauf eingehalten wird, wie er im COMSAR-Circ. 25 vom 15. März 2001 beschrieben und in Flussdiagrammen (siehe Anlage 1 und Anlage 2 des MfS 01/2001) dargestellt wurde.
(Quelle in englischer Sprache: BSH, Beilage zum NfS-Heft 22/2001)

Die Bestätigung eines auf UKW bzw. Grenzwelle empfangenen DSC-Notalarms mittels DSC, d.h., ein <DISTRESS ACKNOWLEDGE> darf nur durch Küstenfunkstellen und/oder Seenotleitstellen erfolgen. Von Seefunkstellen darf die Antwort auf den Empfang eines DSC-Notalarms an das Schiff in Not nur unter bestimmten Bedingungen und dann auch nur im Sprechfunkverfahren auf Kanal 16 bzw. auf 2182 kHz erfolgen.

Im UKW- und Grenzwellenfrequenzbereich gibt es auch keinen Fall, der es einem Schiff nach dem Empfang eines DSC-Notalarms erlaubt, ein <Distress Relay > mittels DSC zu senden.
Nur beim Empfang eines Seenotalarms auf Kurzwelle, der nicht innerhalb von 5 Minuten von einer Küstenfunkstelle bzw. Seenotleitstelle bestätigt oder weitergeleitet wurde, und unter der Bedingung, dass die Beobachtung der entsprechenden Kurzwellen-Sicherheitsfrequenzen für Sprechfunk und Funkfernschreiben keinen Notverkehr anzeigt, darf von einer Seefunkstelle ein Distress-Relay-Ruf ausgesendet werden. Dieser Distress-Relay-Ruf soll nicht an alle Schiffe, sondern selektiv an eine bestimmte Küstenfunkstelle gesendet werden.

In diesem Zusammenhang sei daran erinnert, dass der Seenotalarm, die Bestätigung eines Seenotalarms und Notanrufe eines Schiffes im GMDSS nur mit Genehmigung des Schiffsführers gesendet werden dürfen.

2.4 Küstenwache und SAR

Zur Überwachung der deutschen Küstengewässer im Gebiet der Nord- und Ostsee werden See- und Luftfahrzeuge eingesetzt, um schifffahrtspolizeiliche- und Umweltaufgaben wahrzunehmen. Gleichzeitig übernehmen diese Fahrzeuge Aufgaben, die sich aus dem polizeilichen Grenzschutz, dem Zoll und der Fischereiaufsicht ergeben und der Unterstützung der Luftüberwachung zum Aufspüren von Ölsündern dienen.

Zur Aufgabenkoordinierung sind das Küstenwachzentrum Nordsee in Cuxhaven (Telefon: 0 47 21   5 67-3 90/1) und das Küstenwachzentrum Ostsee in Neustadt/Holstein (Telefon: 0 45 61 5 02 02/3) eingerichtet worden.

Die Fahrzeuge der Küstenwache führen die Bundesfarben sowie die Aufschrift „Küstenwache" an der Bordwand und werden durch ein einheitliches Symbol am Schornstein bzw. an den Aufbauten gekennzeichnet.
Die Fahrzeuge sind ununterbrochen auf UKW-Kanal 16 empfangsbereit.
(Quelle: Handbuch Nautischer Funkdienst Nr. 5000, Erste Auflage Juni 2000)

Ab dem 1. Oktober 2001 ist die Lage- und Einsatzzentrale vom Bundesgrenzschutzamt See über UKW Seefunk unter dem Rufnamen **GERMAN BORDER GUARD** für die Schifffahrt in der Nord- und Ostsee erreichbar. Ein Gespräch von See wird über eine der von DP07-Seefunk eingerichteten Küstenfunkstellen direkt vermittelt. Das Gespräch ist für den Anrufer kostenfrei.
(Quelle: Nachrichten für Seefahrer (NfS), Heft 41/2001)

Für SAR-Einsätze in den deutschen Küstengewässern ist die Deutsche Gesellschaft zur Rettung Schiffbrüchiger (DGzRS) zuständig. SAR steht für **S**earch **a**nd **R**escue (Suche und Rettung).
Die DGzRS unterhält eine Seenotleitstelle (Maritime Rescue Coordination Centre - MRCC) und Bremen Rescue Radio mit 14 abgesetzten Stationen an der Nord- und Ostseeküste sowie 22 SAR-Einheiten an der Nordseeküste und 34 SAR-Einheiten an der Ostseeküste.
Für die Zusammenarbeit mit der DGzRS und der Schifffahrt stehen außerdem Seenotluftfahrzeuge der Bundeswehr zur Verfügung, wenn sie nicht für den Such- und Rettungsdienst für Luftfahrzeuge eingesetzt sind.
(Quelle: Handbuch Nautischer Funkdienst Nr. 5000, Erste Auflage Juni 2000)

Die MMSI-Nummer von Bremen Rescue Radio
für den DSC-Ruf auf UKW-Kanal 70 lautet: 002111240

Der Rufname der Seenotleitung Bremen
für den Not- und Sicherheitsfunkverkehr
auf UKW-Kanal 16 lautet: Bremen Rescue

3. Binnenschifffahrtsfunk

3.1 Regionale Vereinbarung über den Binnenschifffahrtsfunk

Eine neue Regionale Vereinbarung über den Binnenschifffahrtsfunk wurde am 6. April 2000 in Basel vom Bundesminister für Verkehr, Bau- und Wohnungswesen für die Bundesrepublik Deutschland unterzeichnet und ist am 1. August 2000 in Kraft getreten. Gleichzeitig trat die Regionale Vereinbarung über den Binnenschifffahrtsfunk (Brüssel, 25. Januar 1996) außer Kraft.

Die neue Vereinbarung (Veröffentlicht im BGBl. II Nr. 30, S. 1214 vom 12. Oktober 2000) wurde zwischen folgenden Ländern getroffen:

- Belgien
- Österreich
- Deutschland
- Bulgarien
- Kroatien
- Ungarn
- Frankreich
- Luxemburg
- Niederlande
- Polen
- Rumänien
- Russische Föderation
- Slowakische Republik
- Tschechische Republik
- Ukraine
- Bundesrepublik Jugoslawien
- Moldau
- Schweiz

Die Vereinbarung definiert in ihrem Artikel 1 den Binnenschifffahrtsfunk als einen „Internationalen mobilen VHF- und UHF-Sprechfunkdienst auf Binnenschifffahrtsstraßen."

Gemäß Anhang 1 der Vereinbarung ist für das Errichten und Betreiben einer Schiffsfunkstelle eine Genehmigung für Schiffsfunkstellen (Frequenzzuteilungsurkunde) erforderlich. Diese Genehmigungsurkunde muss sich ständig an Bord des Schiffes befinden und jedem Vertreter der zuständigen Behörde vorgelegt werden können.

Im gleichen Anhang wird auch erstmals von einem eigenständigen Zeugnis für das Bedienungspersonal der Schiffsfunkstellen gesprochen.
Demnach muss die Bedienung einer Schiffsfunkstelle von einer Person ausgeführt oder beaufsichtigt werden, die Inhaber eines <u>Sprechfunkzeugnisses für den Binnenschifffahrtsfunk</u> ist.
Gleichzeitig ist unter Punkt 1.2 der Verwaltungsbestimmungen gemäß Anhang 1 vereinbart, dass die Zeugnisse, die nach den Bestimmungen des früheren Artikels 55 oder des Artikels S47 der Radio Regulations (VO Funk) erteilt wurden, den Inhaber ebenfalls zum Bedienen der Schiffsfunkstelle berechtigen.
Damit ist sichergestellt, dass alle bisher in der Bundesrepublik Deutschland ausgestellten gültigen Seefunkzeugnisse über den Zeitpunkt einer neuen Funkzeugnisverordnung hinaus im Binnenschifffahrtsfunk verwendet werden dürfen.
Punkt 1.3 des Anhangs 1 legt fest, dass die Schiffsfunkstelle vor und nach der Erstinbetriebnahme durch die zuständige Behörde, welche die Genehmigung erteilt hat, überprüft werden kann.

3.2 Handbuch Binnenschifffahrtsfunk

Das Handbuch Binnenschifffahrtsfunk wird von der Zentralkommission für die Rheinschifffahrt (ZKR) herausgegeben. Es wird jährlich aktualisiert. Dieses Handbuch muß nach § 1.10 der Rheinschifffahrtspolizeiverordnung an Bord eines jeden Schiffes, das mit einer Sprechfunkanlage für den Binnenschifffahrtsfunk ausgerüstet ist, mitgeführt werden. Die Rheinschifffahrtspolizeiverordnung und weitere Dokumente und Veröffentlichungen der ZKR können im Internet unter www.ccr-zkr.org eingesehen bzw. heruntergeladen werden.

4. Anlagen

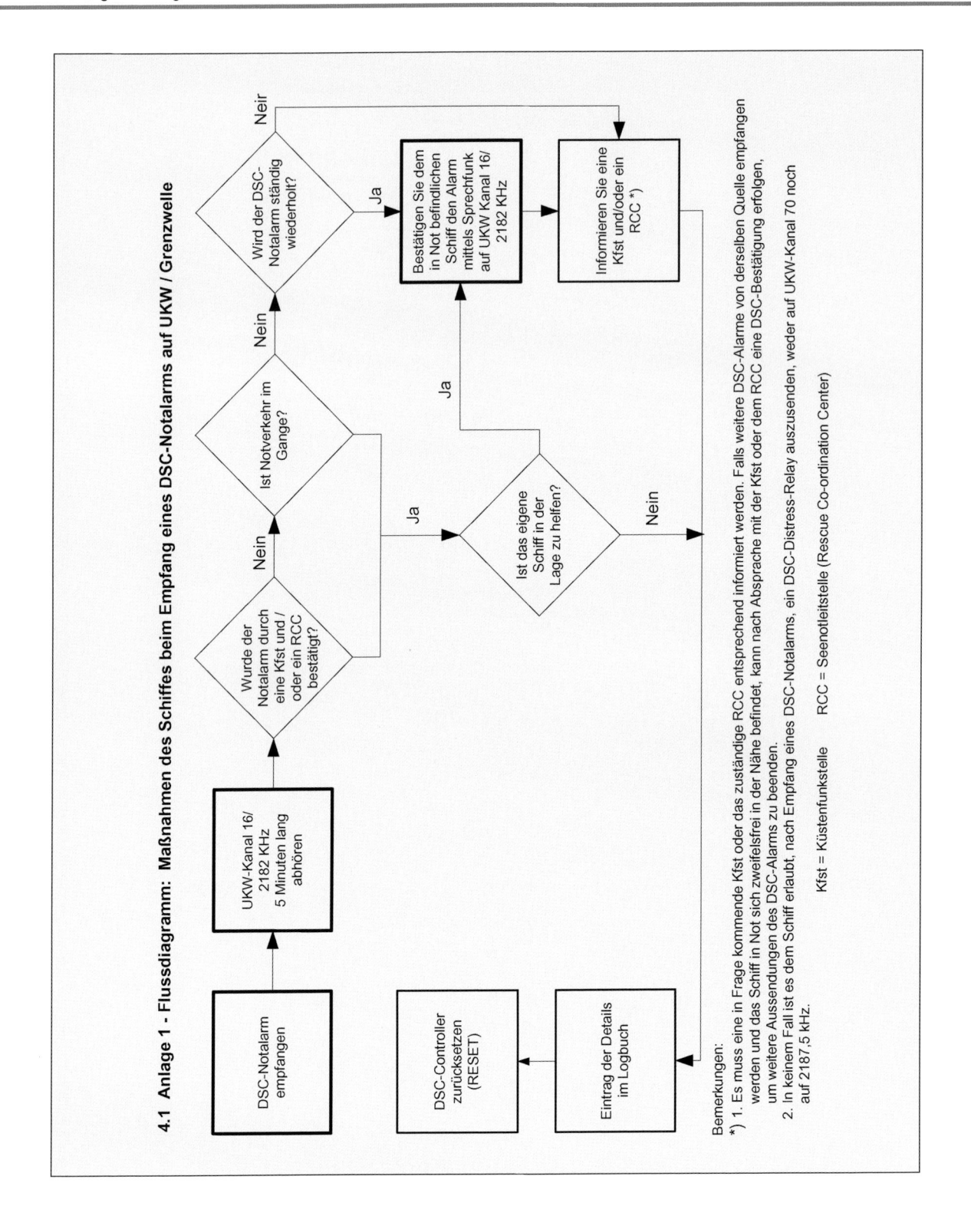

4.1 Anlage 1 - Flussdiagramm: Maßnahmen des Schiffes beim Empfang eines DSC-Notalarms auf UKW / Grenzwelle

```
DSC-Notalarm empfangen
          │
          ▼
UKW-Kanal 16/ 2182 KHz 5 Minuten lang abhören
          │
          ▼
Wurde der Notalarm durch eine Kfst und /oder ein RCC bestätigt?
   │Nein           │Ja
   ▼               ▼
Ist Notverkehr im Gange?          Ist das eigene Schiff in der Lage zu helfen?
   │Nein    │Ja                     │Ja                    │Nein
   ▼        ▼                       ▼                      │
Wird der DSC-Notalarm ständig wiederholt?                  │
   │Nein        │Ja                                        │
   │            ▼                                          │
   │      Bestätigen Sie dem in Not befindlichen Schiff den Alarm mittels Sprechfunk auf UKW Kanal 16/ 2182 KHz
   │            │                                          │
   │            ▼                                          │
   │      Informieren Sie eine Kfst und/oder ein RCC *) ◄──┘
   │            │
   ▼            ▼
DSC-Controller zurücksetzen (RESET)
          │
          ▼
Eintrag der Details im Logbuch
```

Bemerkungen:

*) 1. Es muss eine in Frage kommende Kfst oder das zuständige RCC entsprechend informiert werden. Falls weitere DSC-Alarme von derselben Quelle empfangen werden und das Schiff in Not sich zweifelsfrei in der Nähe befindet, kann nach Absprache mit der Kfst oder dem RCC eine DSC-Bestätigung erfolgen, um weitere Aussendungen des DSC-Alarms zu beenden.

2. In keinem Fall ist es dem Schiff erlaubt, nach Empfang eines DSC-Notalarms, ein DSC-Distress-Relay auszusenden, weder auf UKW-Kanal 70 noch auf 2187,5 kHz.

Kfst = Küstenfunkstelle   RCC = Seenotleitstelle (Rescue Co-ordination Center)

Anhang 6: Auszug MfS

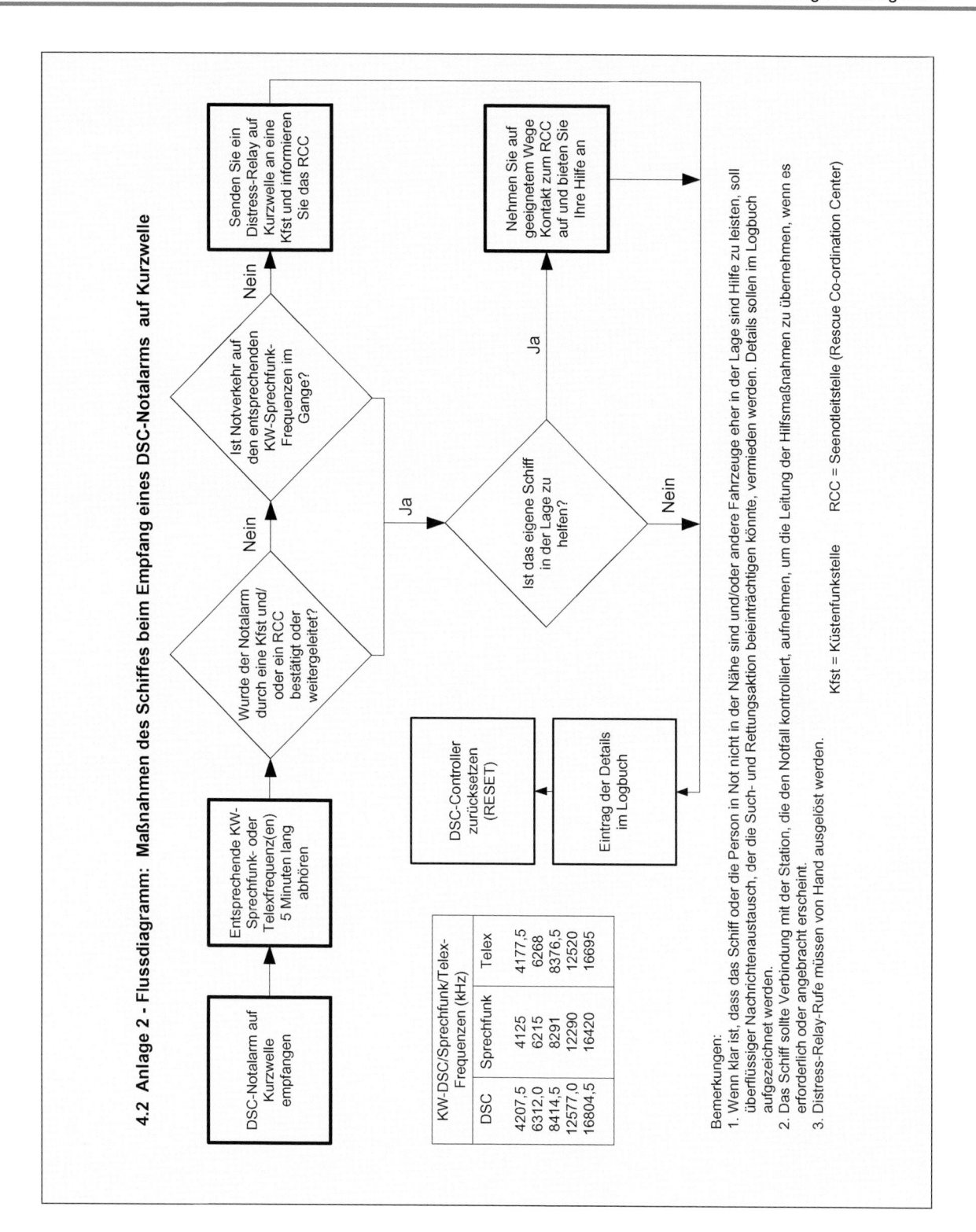

4.2 Anlage 2 - Flussdiagramm: Maßnahmen des Schiffes beim Empfang eines DSC-Notalarms auf Kurzwelle

```
┌──────────────┐
│ DSC-Notalarm │
│ auf Kurzwelle│
│  empfangen   │
└──────┬───────┘
       ↓
┌──────────────────┐
│ Entsprechende KW-│
│ Sprechfunk- oder │
│ Telexfrequenz(en)│
│ 5 Minuten lang   │
│ abhören          │
└──────┬───────────┘
       ↓
   ╱╲
  ╱  ╲  Wurde der Notalarm
 ╱    ╲ durch eine Kfst und/  ── Nein →  ╱╲
 ╲    ╱ oder ein RCC                    ╱  ╲  Ist Notverkehr auf
  ╲  ╱  bestätigt oder                 ╱    ╲ den entsprechenden   ── Nein →  ┌─────────────────┐
   ╲╱   weitergeleitet?                ╲    ╱ KW-Sprechfunk-                  │ Senden Sie ein  │
   │                                    ╲  ╱  Frequenzen im                   │ Distress-Relay  │
   │ Ja                                   ╲╱   Gange?                          │ auf Kurzwelle   │
   ↓                                      │                                    │ an eine         │
   ╱╲                                     │ Ja                                 │ Kfst und        │
  ╱  ╲                                    │                                    │ informieren     │
 ╱    ╲ Ist das eigene Schiff             │                                    │ Sie das RCC     │
 ╲    ╱ in der Lage zu    ── Ja →  ┌──────┴──────────┐                         └─────────────────┘
  ╲  ╱  helfen?                    │ Nehmen Sie auf  │
   ╲╱                              │ geeignetem Wege │
   │                               │ Kontakt zum RCC │
   │ Nein                          │ auf und bieten  │
   ↓                               │ Sie Ihre Hilfe  │
┌──────────────┐                   │ an              │
│ Eintrag der  │ ←─────────────    └─────────────────┘
│ Details im   │
│ Logbuch      │
└──────┬───────┘
       ↓
┌──────────────┐
│ DSC-         │
│ Controller   │
│ zurücksetzen │
│ (RESET)      │
└──────────────┘
```

KW-DSC/Sprechfunk/Telex-Frequenzen (kHz)

DSC	Sprechfunk	Telex
4207,5	4125	4177,5
6312,0	6215	6268
8414,5	8291	8376,5
12577,0	12290	12520
16804,5	16420	16695

Bemerkungen:
1. Wenn klar ist, dass das Schiff oder die Person in Not nicht in der Nähe sind und/oder andere Fahrzeuge eher in der Lage sind Hilfe zu leisten, soll überflüssiger Nachrichtenaustausch, der die Such- und Rettungsaktion beeinträchtigen könnte, vermieden werden. Details sollen im Logbuch aufgezeichnet werden.
2. Das Schiff sollte Verbindung mit der Station, die den Notfall kontrolliert, aufnehmen, um die Leitung der Hilfsmaßnahmen zu übernehmen, wenn es erforderlich oder angebracht erscheint.
3. Distress-Relay-Rufe müssen von Hand ausgelöst werden.

Kfst = Küstenfunkstelle   RCC = Seenotleitstelle (Rescue Co-ordination Center)

Anhang 7: Frequenzzuteilungsurkunde (Muster)

Neuausfertigung

Bundesrepublik Deutschland

**Bundesnetzagentur
für Elektrizität, Gas, Telekommunikation, Post und Eisenbahnen**

ZUTEILUNGSURKUNDE
SHIP STATION LICENCE
LICENCE DE STATION DE NAVIRE
LICENCIA DE ESTACIÓN DE BARCO

valid from 16.07.2007 *to* 31.12.2012

Zuteilungsnummer: **31 80 01 22 20**
assignment number

Frequenzzuteilung zur Nutzung zum Betreiben der nachfolgend gekennzeichneten Seefunkstelle aufgrund des § 55 des Telekommunikationsgesetzes (TKG) vom 22. Juni 2004 (BGBl. I S. 1190). Die Frequenzzuteilung entspricht einer Genehmigung zum Errichten und Betreiben der Seefunkstelle in Übereinstimmung mit Artikel 18 der Radio Regulations.
Frequency assignment for the operation of the below mentioned ship's radio station pursuant to § 55 of the Telecommunications Act (TKG) published on 22th of June 2004 (Federal Law Gazette I p. 1190). The frequency assignment is equivalent to the licence according to Article 18 of the Radio Regulations.

Name des Schiffes *name of ship*	**Tina**	Rufzeichen *call sign*	**DILD**
MMSI *Maritime Mobile Service Id.*	211302690	Inmarsat B	321130269 321130274
Selektivruf (SSFC) *selective call* (DSC)	64182 211302690		
ATIS-Kennung *ATIS code*	9211091204	Inmarsat C	421130269
Funktelex *radiotelex*	64182	Inmarsat F77	762113069 762113074
EPIRB-Kennung(en) *EPIRB identification(s)*	211302690		

Inhaber
holder of licence

Dienststunden: *hours of service*	**HX**	Art des Verkehrs: *nature of service (terrestrial)*	CP	Abrechnungskennung: **DP07** AAIC (terrestrial) **DP01** AAIC (Inmarsat)

Amtliche Eintragungen:
Official remarks

Seite 1 von 2

Anhang 7: Frequenzzuteilungsurkunde

Zuteilungsnummer:
assignment number

Name des Schiffes   Rufzeichen
name of ship   *call sign*

Funkausrüstung der Seefunkstelle
ship's radio equipment

Anzahl *quantity*	Art der Seefunkanlage(n) *kind of radio device(s)*	Typenbezeichnung *type*	Frequenzbereich/ Frequenzen *frequency range/ frequencies*
2	VHF-DSC	RT6322	V
2	MF/HF-DSC	Debeg 3120	T, U
1	Inmarsat C	Debeg 3220C	S
1	Inmasat B	Debeg3250E	S
1	EPIRB	Tron 30S MKII	BE
1	AIS	XYZ	V
2	SART	Sart2	G
3	VHF Portable	SP3110	V
1	VHF DSC/ATIS	RT6322	V

Die dem Seefunkdienst und dem Seefunkdienst über Satelliten zugewiesenen Frequenzbereiche / Frequenzen werden zur Nutzung für das Betreiben der Seefunkstelle unter Beachtung der beigefügten Auflagen zugeteilt.
The frequency ranges / frequencies for the maritime mobile and maritime mobile-satellite services are assigned for the use of the ship's radio station. The conditions attached are observed.

Rechtsbehelfsbelehrung:
Gegen diesen Bescheid kann innerhalb eines Monats nach Bekanntgabe Widerspruch erhoben werden. Der Widerspruch ist bei der Bundesnetzagentur für Elektrizität, Gas, Telekommunikation, Post und Eisenbahnen, Tulpenfeld 4, 53113 Bonn oder bei einer sonstigen Dienststelle der Bundesnetzagentur für Elektrizität, Gas, Telekommunikation, Post und Eisenbahnen schriftlich oder zur Niederschrift einzulegen. Es dient einer zügigen Bearbeitung Ihres Widerspruches, wenn er bei der **Bundesnetzagentur für Elektrizität, Gas, Telekommunikation, Post und Eisenbahnen, Außenstelle Hamburg, Sachsenstr. 12 + 14, 20097 Hamburg** eingelegt wird. Die Schriftform kann durch die elektronische Form ersetzt werden. In diesem Fall ist das elektronische Dokument mit einer qualifizierten elektronischen Signatur nach dem Signaturgesetz zu versehen. Der Widerspruch hat keine aufschiebende Wirkung. Die Einlegung eines Widerspruchs ändert nichts an der Wirksamkeit und Vollziehbarkeit des Bescheides.

Hinweise zur Rechtsbehelfsbelehrung:
Für ein ganz oder teilweise erfolgloses Widerspruchsverfahren werden grundsätzlich Kosten (Gebühren und Auslagen) erhoben. Für die vollständige oder teilweise Zurückweisung eines Widerspruchs wird grundsätzlich eine Gebühr bis zur Höhe der für die angefochtene Amtshandlung festgesetzten Gebühr erhoben. Bei Verwendung der elektronischen Form sind besondere technische Rahmenbedingungen zu beachten. Die besonderen technischen Voraussetzungen hierfür sind unter www.bundesnetzagentur.de/enid/elektronische-kommunikation aufgeführt.

Hamburg,   Anlage *(enclosure)*
place and date of issue   Auflagen und Hinweise
                                                      (appended conditions and explanatory notes)

Im Auftrag   (Dienststempel)
by order   *official stamp*

Seite 2 von 2

Auflagen und Hinweise zur Frequenzzuteilung zur Nutzung für das Betreiben einer Seefunkstelle

Auflagen zur Frequenzzuteilung

1. Den Beauftragten der Bundesnetzagentur oder Polizeibeamten sowie sonstigen Personen, die aufgrund nationaler oder internationaler Bestimmungen berechtigt sind, die Seefunkstelle zu überprüfen, sind alle Auskünfte über die Seefunkstelle und den Funkbetrieb zu erteilen. Die Urkunde ist an Bord mitzuführen und sonstige notwendige Unterlagen bereitzuhalten.

2. Die Seefunkstelle darf nur von Personen bedient werden, die ein von der zuständigen Behörde ausgestelltes oder ein von ihr anerkanntes, für die Seefunkstelle vorgeschriebenes, gültiges Seefunkzeugnis besitzen. Am Binnenschifffahrtsfunk darf nur teilnehmen, wer ein von der zuständigen Behörde ausgestelltes oder von ihr anerkanntes, für den Binnenschifffahrtsfunk vorgeschriebenes, gültiges Sprechfunkzeugnis besitzt.

3. Für die Seefunkstelle gelten die Bestimmungen der Konstitution und Konvention der Internationalen Fernmeldeunion (UIT) nebst Vollzugsordnung für den Funkdienst (VO Funk), des Internationalen Übereinkommens zum Schutze des menschlichen Lebens auf See (SOLAS) nebst den hierzu erlassenen deutschen Verordnungen und einschlägigen Bestimmungen.

4. Erklärung der Frequenzsymbole

   Frequenzsymbole für funk-technische Rettungsmittel:
   Frequenzsymbole für den
   Nachrichtenaustausch:

   A = 2182 kHz
   S = Frequenzen des mobilen Seefunkdienstes über Satelliten
   B = 121,5 MHz
   C = 243 MHz
   D = 156,525 MHz
   T = 1,6 – 4 MHz
   E = 406 – 406,1 MHz
   U = 4,0 – 27,5 MHz
   F = 1645,5 – 1646,5 MHz
   V = 156 – 174 MHz
   G = 9,2 – 9,5 GHz

   Frequenzsymbole für das
   Automatische Schiffsidentifizierungssystem (AIS):
   AIS1 = 161,975 MHz
   AIS2 = 162,025 MHz

5. Bei einem Aufenthalt in fremden Hoheitsgewässern sind die dort geltenden Vorschriften für den Seefunkdienst zu beachten. Der Inhaber der Frequenzzuteilung ist verpflichtet, sich von solchen Vorschriften Kenntnis zu verschaffen und sie den Personen mitzuteilen, die die Seefunkstelle bedienen oder beaufsichtigen.

6. Der Nutzer einer Seefunkstelle ist verpflichtet, im Rahmen seiner Zuteilung laut Kennzeichnung unter „Art des Verkehrs" mit jeder Küstenfunkstelle und mit jeder Seefunkstelle ohne Unterschied der von ihnen benutzten Funkeinrichtung Gesprächsverbindungen herzustellen oder Telegramme auszutauschen oder zu vermitteln. Andere Nachrichten, die für die Seefunkstelle nicht bestimmt sind, dürfen nicht abgehört und nicht aufgezeichnet werden. Der Inhalt solcher Nachrichten sowie die Tatsache ihres Empfangs dürfen, auch wenn der Empfang unbeabsichtigt geschieht, anderen nicht mitgeteilt werden. Der Inhaber der Frequenzzuteilung hat das Fernmeldegeheimnis zu wahren. Er ist verantwortlich, dass alle Personen, die mit der Bedienung oder Beaufsichtigung der Seefunkstelle befasst sind, auf die Pflicht zur Wahrung des Fernmeldegeheimnisses hingewiesen werden.

7. Der Zuteilungsinhaber ist verpflichtet, die Seefunkstelle mit den erforderlich Dienstbehelfen nach den Bestimmungen der VO Funk zu versorgen. Das (Funk)-Tagebuch ist nach den Bestimmungen des Anhangs 16 der VO Funk und nach den Bestimmungen über die Schiffssicherheit zu führen.

8. Nimmt die Seefunkstelle am Binnenschifffahrtsfunk teil, gelten die Regelungen der regionalen Vereinbarung über den Binnenschifffahrtsfunk und die Vorschriften des Handbuches Binnenschifffahrtsfunk.

9. Änderungen in der Frequenznutzung durch Änderungen und Erweiterungen der Seefunkstelle dürfen nur mit vorheriger schriftlicher Zustimmung der Bundesnetzagentur, Außenstelle Hamburg, vorgenommen werden.

Hinweise zur Frequenzzuteilung

1. Die Bundesnetzagentur übernimmt keine Gewähr für eine Mindestqualität oder Störungsfreiheit des Funkverkehrs.

2. Diese Frequenzzuteilung hat weder die Strahlungssicherheit noch die elektrische und mechanische Sicherheit der Funkanlagen einschließlich der Antennenanlagen zum Gegenstand. Hierfür gelten die einschlägigen Bestimmungen und Vorschriften.

3. Der Frequenznutzer unterliegt hinsichtlich des Schutzes von Personen in den durch den Betrieb von Funkanlagen entstehenden elektromagnetischen Feldern den jeweils gültigen Vorschriften.

4. Diese Frequenzzuteilung berührt nicht rechtliche Verpflichtungen, die sich für den Frequenznutzer aus anderen Vorschriften ergeben. Dies gilt insbesondere für Vorschriften, die der Sicherheit auf See einschließlich des damit unmittelbar im Zusammenhang stehenden Arbeitsschutzes von Beschäftigten auf Seeschiffen und des Umweltschutzes auf See dienen.

5. Die Funkanlagen, die im Rahmen dieser Frequenznutzung betrieben werden, müssen für den vorgesehenen Anwendungszweck gemäß den hierfür geltenden Bestimmungen zugelassen bzw. in Verkehr gebracht und entsprechend gekennzeichnet sein.

6. Sofern die Seefunkstelle am öffentlichen Nachrichtenaustausch in der Verkehrsrichtung See - Land teilnimmt, ist für die Abrechnung der Verkehrsentgelte ein Vertrag mit einer in Deutschland zugelassenen Abrechnungsgesellschaft erforderlich.

7. Die Bundesnetzagentur kann die Frequenzzuteilung nachträglich im Rahmen der gesetzlichen Bestimmungen ändern oder ganz oder teilweise widerrufen.

8. Den Beauftragten der Bundesnetzagentur sowie den zur Überprüfung der Seefunkstelle berechtigten Personen ist das Betreten des Schiffes und der Zugang zu den Räumen, in denen sich Funkanlagen und Zusatzeinrichtungen befinden, zu gestatten bzw. zu ermöglichen.

9. Frequenzen, die nicht mehr genutzt werden, sind unverzüglich durch schriftliche Erklärung und unter Rückgabe der Zuteilungsurkunde zurückzugeben. Wird eine juristische Person, der die Frequenzen zugeteilt waren, aufgelöst, ohne dass es einen Rechtsnachfolger gibt, muss derjenige, der die Auflösung durchführt, die Frequenzen zurückgeben. Verstirbt eine natürliche Person, ohne dass ein Erbe die Frequenzen weiter nutzen will, müssen diese vom Erben oder vom Nachlassverwalter zurückgegeben werden.

10. Der Zuteilungsinhaber ist für die Einhaltung der Zuteilungsbestimmungen, für die Folgen von Verstößen und für die Entrichtung fälliger Gebühren und Beiträge im Zusammenhang mit der Zuteilung verantwortlich.

11. Änderungen der Frequenzzuteilung sind bei der Bundesnetzagentur, Außenstelle Hamburg, unter Vorlage entsprechender Nachweise und Beifügung der Zuteilungsurkunde in Schriftform zu beantragen. Dies gilt z.B. bei einem Wechsel der Eigentumsverhältnisse des Zuteilungsinhabers, wenn Frequenzzuteilungsrechte durch Einzel- oder Gesamtrechtsnachfolge übergehen sollen oder ein Erbe Frequenzen weiter nutzen will.

12. Namensänderungen, Anschriftenänderungen und identitätswahrende Umwandlungen sind unter Beifügung der Zuteilungsurkunde bei der Bundesnetzagentur, Außenstelle Hamburg, anzuzeigen.

13. Nach Erlöschen der Frequenzzuteilung ist die Zuteilungsurkunde nebst allen Anlagen an die Bundesnetzagentur, Außenstelle Hamburg, zurückzugeben.

14. Erklärung der Symbole für die Inmarsat-Dienste
    V = Voice
    F = Fax
    D = Data
    T = Telex

Anhang 8: VHF-Frequenzen/Kanäle

APPENDIX 18 (WRC-2000)

Table of transmitting frequencies in the VHF maritime mobile band

(See Article **52**)

NOTE – For assistance in understanding the Table, see Notes *a)* to *o)* below. (WRC-2000)

Channel designator	Notes	Transmitting frequencies (MHz)		Inter-ship	Port operations and ship movement		Public corres-pondence
		Ship stations	Coast stations		Single frequency	Two frequency	
60		156.025	160.625			x	x
01		156.050	160.650			x	x
61	*m), o)*	156.075	160.675		x	x	x
02	*m), o)*	156.100	160.700		x	x	x
62	*m), o)*	156.125	160.725		x	x	x
03	*m), o)*	156.150	160.750		x	x	x
63	*m), o)*	156.175	160.775		x	x	x
04	*m), o)*	156.200	160.800		x	x	x
64	*m), o)*	156.225	160.825		x	x	x
05	*m), o)*	156.250	160.850		x	x	x
65	*m), o)*	156.275	160.875		x	x	x
06	*f)*	156.300		x			
66		156.325	160.925			x	x
07		156.350	160.950			x	x
67	*h)*	156.375	156.375	x	x		
08		156.400		x			
68		156.425	156.425		x		
09	*i)*	156.450	156.450	x	x		
69		156.475	156.475	x	x		
10	*h)*	156.500	156.500	x	x		
70	*j)*	156.525	156.525	Digital selective calling for distress, safety and calling			
11		156.550	156.550		x		
71		156.575	156.575		x		
12		156.600	156.600		x		
72	*i)*	156.625		x			
13	*k)*	156.650	156.650	x	x		
73	*h), i)*	156.675	156.675	x	x		
14		156.700	156.700		x		
74		156.725	156.725		x		
15	*g)*	156.750	156.750	x	x		
75	*n)*	156.775			x		

- 281 -

Anhang 8: VHF-Frequenzen/Kanäle

Channel designator	Notes	Transmitting frequencies (MHz)		Inter-ship	Port operations and ship movement		Public correspondence
		Ship stations	Coast stations		Single frequency	Two frequency	
16		156.800	156.800	DISTRESS, SAFETY AND CALLING			
76	n)	156.825			x		
17	g)	156.850	156.850	x	x		
77		156.875		x			
18	m)	156.900	161.500		x	x	x
78		156.925	161.525			x	x
19		156.950	161.550			x	x
79		156.975	161.575			x	x
20		157.000	161.600			x	x
80		157.025	161.625			x	x
21		157.050	161.650			x	x
81		157.075	161.675			x	x
22	m)	157.100	161.700		x	x	x
82	m), o)	157.125	161.725		x	x	x
23	m), o)	157.150	161.750		x	x	x
83	m), o)	157.175	161.775		x	x	x
24	m), o)	157.200	161.800		x	x	x
84	m), o)	157.225	161.825		x	x	x
25	m), o)	157.250	161.850		x	x	x
85	m), o)	157.275	161.875		x	x	x
26	m), o)	157.300	161.900		x	x	x
86	m), o)	157.325	161.925		x	x	x
27		157.350	161.950			x	x
87		157.375			x		
28		157.400	162.000			x	x
88		157.425			x		
AIS 1	l)	161.975	161.975				
AIS 2	l)	162.025	162.025				

Notes referring to the Table

General notes

a) Administrations may designate frequencies in the inter-ship, port operations and ship movement services for use by light aircraft and helicopters to communicate with ships or participating coast stations in predominantly maritime support operations under the conditions specified in Nos. **51.69**, **51.73**, **51.74**, **51.75**, **51.76**, **51.77** and **51.78**. However, the use of the channels which are shared with public correspondence shall be subject to prior agreement between interested and affected administrations.

b) The channels of the present Appendix, with the exception of channels 06, 13, 15, 16, 17, 70, 75 and 76, may also be used for high-speed data and facsimile transmissions, subject to special arrangement between interested and affected administrations.

c) The channels of the present Appendix, but preferably channel 28 and with the exception of channels 06, 13, 15, 16, 17, 70, 75 and 76, may be used for direct-printing telegraphy and data transmission, subject to special arrangement between interested and affected administrations.

d) The frequencies in this table may also be used for radiocommunications on inland waterways in accordance with the conditions specified in No. **5.226**.

e) Administrations having an urgent need to reduce local congestion may apply 12.5 kHz channel interleaving on a non-interference basis to 25 kHz channels, provided:

- Recommendation ITU-R M.1084-2 shall be taken into account when changing to 12.5 kHz channels;

- it shall not affect the 25 kHz channels of the present Appendix maritime mobile distress and safety frequencies, especially the channels 06, 13, 15, 16, 17, and 70, nor the technical characteristics mentioned in Recommendation ITU-R M.489-2 for those channels;

- implementation of 12.5 kHz channel interleaving and consequential national requirements shall be subject to prior agreement between the implementing administrations and administrations whose ship stations or services may be affected.

Specific notes

f) The frequency 156.300 MHz (channel 06) (see No. **51.79** and Appendices **13** and **15**) may also be used for communication between ship stations and aircraft stations engaged in coordinated search and rescue operations. Ship stations shall avoid harmful interference to such communications on channel 06 as well as to communications between aircraft stations, ice-breakers and assisted ships during ice seasons.

g) Channels 15 and 17 may also be used for on-board communications provided the effective radiated power does not exceed 1 W, and subject to the national regulations of the administration concerned when these channels are used in its territorial waters.

h) Within the European Maritime Area and in Canada, these frequencies (channels 10, 67, 73) may also be used, if so required, by the individual administrations concerned, for communication between ship stations, aircraft stations and participating land stations engaged in coordinated search and rescue and anti-pollution operations in local areas, under the conditions specified in Nos. **51.69**, **51.73**, **51.74**, **51.75**, **51.76**, **51.77** and **51.78**.

i) The preferred first three frequencies for the purpose indicated in Note *a)* are 156.450 MHz (channel 09), 156.625 MHz (channel 72) and 156.675 MHz (channel 73).

j) Channel 70 is to be used exclusively for digital selective calling for distress, safety and calling.

k) Channel 13 is designated for use on a worldwide basis as a navigation safety communication channel, primarily for intership navigation safety communications. It may also be used for the ship movement and port operations service subject to the national regulations of the administrations concerned.

l) These channels (AIS 1 and AIS 2) will be used for an automatic ship identification and surveillance system capable of providing worldwide operation on high seas, unless other frequencies are designated on a regional basis for this purpose.

m) These channels may be operated as single frequency channels, subject to special arrangement between interested or affected administrations.   (WRC-2000)

n) The use of these channels (75 and 76) should be restricted to navigation-related communications only and all precautions should be taken to avoid harmful interference to channel 16, e.g. by limiting the output power to 1 W or by means of geographical separation.

o) These channels may be used to provide bands for initial testing and the possible future introduction of new technologies, subject to special arrangement between interested or affected administrations. Stations using these channels or bands for the testing and the possible future introduction of new technologies shall not cause harmful interference to, and shall not claim protection from, other stations operating in accordance with Article **5**.   (WRC-2000)

Anhang 9: Englische Vokabeln und Redewendungen

abandon (the ship)	verlassen (das Schiff)
about	geschätzt
a crew member	ein Besatzungsmitglied
advise	anweisen
aircraft	Flugzeug
anchor	Anker
any sighting	jede Beobachtung
approach	ansteuern
area	Gebiet
are requested	werden gebeten
around	rundum
assistance	Hilfe (Assistenz)
assistance with towing and pumping	Schlepp- und Pumphilfe
at times	zeitweise
attack	Attacke (Infarkt)
bell bouy	Glockentonne
below water line	unter der Wasserlinie
between	zwischen
breeze	Brise
broken rudder	gebrochenes Ruder
cable operations	Kabelarbeiten
call sign	Rufzeichen
capsize	gekentert
carefully	vorsichtig
chain	Kette
change	Änderung
close to very close	dicht bis sehr dicht
coast guard	Küstenwache
collision	Kollision
containers	Container
course	Kurs
critical condition	kritischer Zustand
dangerous	gefährlich
deep water line	Tiefenwasserlinie
degree	Grad
destroy	zerstören
ditched	berührt (notgewassert)
drifting	treibend
drilling platform	Bohrplattform

drizzle	Sprühregen
engine is broken down	Maschinenausfall
engine room	Maschinenraum
explosion	Explosion
extremely	extrem
fair	heiter (klar)
fairway	Fahrwasser
fallen	fallen
fire	Feuer
fire fighting	Brandabwehr (Feuerbekämpfung)
fishing gear	Fischereigeschirr
fishing vessel	Fischereifahrzeug
flooding	Wassereinbruch
follow	folgen
following	Folgendes
force	Windstärke
forecast	Vorhersage
gale	Sturm
gale force	Sturmstärke
gentle	leicht
good	gut
goods	Güter
growler	kleiner Eisberg
heavy loss of blood	schwerer Blutverlust
heavy list	schwere Schlagseite
helicopter	Hubschrauber
hold	Laderaum
hull	Rumpf
I repeat	ich wiederhole
I spell	ich buchstabiere
icebergs	Eisberge
icebreaker	Eisbrecher
immediate	sofortig
in position	auf Position
increasing	zunehmend
injured	verletzt
keep sharp lookout	scharf Ausschau halten

knots	Knoten
large	groß
last seen	zuletzt gesehen
later	später
leak	Leck
length	Länge
letters	Buchstaben
lifeboat	Rettungsboot
liferaft	Rettungsfloß
light and whistle buoy	Leucht-Heultonne
line joining	Verbindungslinie
local time	Ortszeit
main engine	Hauptmaschine
mainly	überwiegend
marked	markiert (beschriftet)
medical advice	medizinischer Rat
medical assistance	medizinische Hilfe
mentioned	erwähnt
message	Meldung
moderate	mäßig
moderating	abnehmend
navigation	Schifffahrt
nearly	fast
not yet arrived	bisher nicht erreicht
numbers	Zahlen
numerous logs	zahlreiche Baumstämme
observed	gesichtet
out of control	außer Kontrolle
overdue report	Überfälligkeitsmeldung
package	Paket (Bündel)
person over board	Person (Mensch) über Bord
poisoning	Vergiftung
poor visibility	schlechte Sicht
port side	Backbord
possible	möglich
proceeding	fortfahren
racon bouy	Radarboje
rain	Regen
receive	empfangen
report	Meldung

request	erbitten
require	benötigen
rescue	Rettung
rockets (red)	Raketen (rote)
rough sea	raue See
safety	Sicherheit
sailing yacht	Segelyacht
sails	Segel
sea area	Seegebiet
search	Suche
seas over	Seegang höher (als)
seriously injured	schwer verletzt
showers	Schauer
signs	Zeichen
sinking	sinkend
slow speed	langsame Fahrt
smoke	Rauch (Rauchentwicklung)
speed	Geschwindigkeit
steering gear problems	Ruderprobleme
still afloat	noch treibend
still working	arbeitet noch
strong	stark
struck	rammen
submerged	untergetaucht
suffered damage	beschädigt worden
superstructures	Aufbauten (Schiffsaufbauten)
survivors	Überlebende
suspect of	Verdacht auf
swell	Dünung
temporarily	zeitweise
this is (DE)	hier ist
timber	Schnittholz
traffic separation scheme	Verkehrstrennungsgebiet
true bearing	rechtweisende Peilung
true course	rechtweisender Kurs
try to contact	versuchen Verbindung aufzunehmen
tug	Schlepper
uncharted	in der Karte nicht verzeichnet
unconscious	bewusstlos
under command	unter Kontrolle
unknown	unbekannt
unlit	verlöscht
unreported	ohne Nachricht (Meldung)

urgent	dringend
urgent broadcast	dringende Meldung
veering	rechtdrehend
very	wirklich (sehr)
vessel	Fahrzeug
vicinity	Nähe/in Sichtweite
warning	Warnung
weather	Wetter
wide berth	großer Abstand
winter navigation	Winterfahrt
wreck	Wrack

Anhang 10: Prüfungstexte Seefunk

* Richtung Land–See
** Richtung See–Land/Schiff–Schiff

1. In der Nähe der Leucht-Heultonne Humber 5 wurde ein gekentertes Rettungsfloß beobachtet. Überlebende wurden nicht gesichtet. Schiffe in dem Gebiet werden gebeten, scharf Ausschau zu halten.*
   In vicinity of light and whistle buoy Humber 5 capsized liferaft observed. Survivors were not sighted. Ships in area are requested to keep sharp lookout.*

2. Seydisfjord/DFBY auf Position 61-10N 003-45E, nach einer Explosion Feuer im Motorraum, zwei Personen schwer verletzt, wir müssen das Schiff verlassen, benötigen sofortige Hilfe.**
   Seydisfjord/DFBY in position 61-10N 003-45E, after explosion fire in engine room, two persons are seriously injured; we have to abandon the vessel, require immediate help.**

3. M/S Freyburg/DCAW berichtet Mensch über Bord, um 0730 UTC zuletzt gesichtet auf Position 53-53N 008-56E. Alle Schiffe in der Nähe werden gebeten, scharf Ausschau zu halten und die Seenotleitung Bremen zu informieren.**
   M/V Freyburg/DCAW reports person over board, last seen in position 53-53N 008-56E at 0730 UTC. All ships in vicinity are requested to keep sharp lookout and report to Maritime Rescue Co-ordination Centre Bremen.**

4. Vikingbank/DESI auf Position 54-07N 008-46E, Ruder gebrochen, treiben in rauer See auf die Sände zu, benötigen sofortige Hilfe.**
   Vikingbank/DESI in position 54-07N 008-46E, rudder broken, drifting in rough sea towards the banks, require immediate assistance.**

5. Mensch über Bord auf Position 54-12N 012-03E um 2110 UTC. Schiffe in der Nähe werden gebeten, scharf Ausschau zu halten und der Seenotleitung Bremen zu berichten.*
   Person over board in position 54-12N 012-03E at 2110 UTC. Ships in vicinity are requested to keep sharp lookout and to report to Maritime Rescue Co-ordination Centre Bremen.*

6. M/S Kybfels/DEJM auf Position 48-28N 005-14W, habe starke Schlagseite nach Backbord. Schiffe in der Nähe bitte Position, Kurs und Geschwindigkeit für mögliche Hilfeleistung angeben.**
   M/V Kybfels/DEJM in position 48-28N 005-14W, heavy list to port side. Ships in vicinity please indicate position, course and speed for possible assistance.**

7. Rote Raketen beobachtet auf Position 55-16N 016-23E, rechtweisende Peilung 45 Grad, alle Schiffe in diesem Gebiet bitte scharf Ausschau halten und an MRCC Göteborg berichten.*
   Red rockets observed in position 55-16N 016-23E, true bearing of 45 degrees, all ships in this area please keep sharp lookout and report to MRCC Gothenburg.*

8. Sturmwarnung für Skagerrak und Kattegat, West 8 bis 9, abnehmend 7, raue See, Schauer, mäßige bis schlechte Sicht.*
Gale warning for Skagerrak and Kattegat, west force 8 to 9, decreasing to force 7, rough sea, showers, moderate to poor visibility.*

9. M/S Gutenfels/DEEV auf Position 16-28S 174-51E, Wassereinbruch, Schiff befindet sich in kritischem Zustand, Schiffe in dem Gebiet werden gebeten, diese Position anzusteuern, um Hilfe zu leisten.**
M/V Gutenfels/DEEV in position 16-28S 174-51E, flooding, ship is in critical condition, ships in area are requested to approach to this position for assistance.**

10. Um 0732 UTC Folgendes auf UKW-Kanal 16 empfangen: „MAYDAY Fjaellfjord/LGBX auf Position 54-14N 007-52E, Explosionen im Maschinenraum, 6 Personen verletzt, benötigen Hubschrauber und medizinische Hilfe".*
Following received at 0732 UTC on VHF channel 16: „MAYDAY Fjaellfjord/LGBX in position 54-14N 007-52E, explosions in engine room, 6 persons are injured, require helicopter and medical assistance".*

11. M/S Undine/DCBY auf Position 54-32N 012-56E, Feuer in den Aufbauten, Schiffe in dem Gebiet werden gebeten, Hilfe bei der Brandabwehr zu leisten.**
M/V Undine/DCBY in position 54-32N 012-56E, fire in superstructures, vessels in area are requested to assist in fire fighting.**

12. M/S Hanseatic/DABR auf Position 51-10N 003-45E, Schiff ist wegen defekter Ruderanlage manövrierunfähig, benötige Schlepperhilfe.**
M/V Hanseatic/DABR in position 51-10N 003-45E, due to defective steering gear vessel is not under command, require tug assistance.**

13. Yacht Spiekeroog/DB8434 auf Position 12 sm südlich Kap Spartivento ist ein Besatzungsmitglied vom Mast gefallen und schwer verletzt, benötigen dringend ärztliche Hilfe, rechtweisender Kurs 275 Grad, Geschwindigkeit 13 Knoten.**
Yacht Spiekeroog/DB8434 in position 12 nm south of Cape Spartivento a crew member has fallen off the mast and is seriously injured, require urgent medical assistance, true course 275 degrees, speed 13 knots.**

14. Segelyacht Hadriane/DD2663 auf Position 54-38N 011-13E, Kollision mit Fischereifahrzeug Meyenburg/DCYJ, Yacht sinkt nach Wassereinbruch, benötigen sofortige Hilfe.**
S/Y Hadriane/DD2663 in position 54-38N 011-13E, in collision with fishing vessel Meyenburg/DCYJ, yacht is sinking after flooding, require immediate assistance.**

15. Segelboot Rubin/OZMO, 12 m Länge, roter Rumpf und weiße Segel, zwei Personen an Bord, verließ Klintholm am 16. Juli um 0600 Ortszeit mit Bestimmungshafen Visby, ist bisher dort nicht eingetroffen, die Schifffahrt wird gebeten, scharf Ausschau zu halten und an Lyngby Radio zu berichten.*
Sailing boat Rubin/OZMO, length 12 m, red hull and white sails, two persons on board, left Klintholm on July 16th at 0600 local time, bound for Visby and has not yet arrived there, shipping is requested to keep sharp lookout and to report to Lyngby Radio.*

16. Tazacorte/DCAX auf Position 53-54N 008-47E, Schiff brennt, Feuer nicht unter Kontrolle, benötige sofortige Hilfe.**
    Tazacorte/DCAX in position 53-54N 008-47E, vessel on fire, fire not under control, require immediate assistance.**

17. M/S Tete Oldendorff/DKOV auf Position 55-12N 005-08E, ein Besatzungsmitglied, 56 Jahre alt, ist bewusstlos, Verdacht auf Herzinfarkt, benötige dringend medizinische Hilfe per Hubschrauber.**
    M/V Tete Oldendorff/DKOV in position 55-12N 005-08E, a crew member, 56 years old, is unconscious, suspect of heart attack, require urgently medical assistance by helicopter.**

18. M/S Atlantica/DEAQ auf Position 55-23N 006-18E, Schiff treibt wegen Maschinenausfall manövrierunfähig in sehr schwerer See und hoher Dünung, benötigen dringend Schlepperhilfe.**
    M/V Atlantica/DEAQ in position 55-23N 006-18E, due to engine trouble ship is not under command and drifting in very rough sea and high swell, require immediate tug assistance.**

19. Segelyacht Relaxe/SWLU, Beschreibung: Länge 40 Fuß, weißer Rumpf und weiße Aufbauten, braune Segel, unterwegs von Martinique zu den Azoren, seit dem 16. Januar überfällig, Schiffe, die sich auf dieser Route befinden, werden gebeten, scharf Ausschau zu halten und der US-Küstenwache zu berichten.*
    Sailing yacht Relaxe/SWLU, description: length 40 feet, white hull and white superstructure, brown sails underway from Martinique to the Azores overdue since January 16th, ships on this route are requested to keep sharp lookout and to report to US Coast Guard.*

20. Segelyacht Acatenanco/DB2932, auf Position 61-17N 004-28E, gebrochener Mast, Ruderschaden, Schiff treibt manövrierunfähig in schwerer See, benötigen Schlepperhilfe.**
    Sailing yacht Acatenanco/DB2932 in position 61-17N 004-28E, broken mast, damaged rudder, vessel is not under command, drifting in rough sea, require tug assistance.**

21. Im Vorhersagegebiet Dogger Bank starke westliche Winde zunehmend auf Sturmstärke 8 bis 9, später rechtdrehend, zeitweise Sprühregen, mäßige bis schlechte Sicht.*
    Forecast area Dogger Bank strong westerly winds increasing to gale force 8 to 9, veering later, drizzle at times, moderate to poor visibility.*

22. Auf der Position 43-00N 009-19W sind mehrere rot gestrichene 40-Fuß-Container gesichtet worden, ein Container mit der Aufschrift TEXASCON, Schiffe in diesem Gebiet werden gebeten, vorsichtig zu navigieren.*
    In position 43-00N 009-19W observed several drifting 40-feet containers, red painted, one container marked with TEXASCON, ships in this area are requested to navigate carefully.*

23. M/S Xanthippe hat auf Position 51-28N 002-40E Anker verloren. Schiffe in dem Gebiet werden gebeten, dort weder zu ankern noch Fischereigeschirr zu nutzen.**
    M/V Xanthippe in position 51-28N 002-40E has lost anchor. Shipping in this area is requested neither to anchor nor to use fishing gear.**

24. Fahrwasser zwischen Den Helder und Den Oever, die Leucht-Heultonne MG 18 ist als verlöscht gemeldet. Die Schifffahrt in diesem Gebiet wird gebeten, vorsichtig zu navigieren.*
Fairway between Den Helder and Den Oever light and whistle buoy MG 18 is reported unlit. Shipping in this area is requested to navigate with caution.*

25. Wettervorhersage für das Gebiet nördlich von Portugal: Regen oder Schauer, zeitweise Südwest 6, rasch zunehmend auf West 8, später rechtdrehend auf Nordwest Stärke 5.*
Weather forecast for the area north of Portugal: rain or showers, at times southwest force 6 rapidly increasing to west force 8, veering to northwest force 5 later.*

26. Unterwasser-Kabelarbeiten werden bis zum 16. Februar durch M/S Leon Thevesin fortgeführt. Die Schifffahrt wird gebeten, mehr als 2 sm Abstand von der Position 33-55N 008-04W zu halten.*
Underwater cable operations in progress until February 16th by M/V Leon Thevesin. Shipping is requested to keep a berth of more than 2 nm of position 33-55N 008-04W.*

27. Nautische Warnung. Westliche Ostsee. Verkehrstrennungsgebiet südlich Gedser. Austausch der Betonnung des Tieffahrwasserweges und des Verkehrstrennungsgebietes wird laut Nachrichten für Seefahrer 41/01 vom 28. Mai bis 03. Juni durchgeführt werden.*
Navigational warning. Western Baltic (Sea): Traffic separation scheme south of Gedser. Replacement of buoyage of deep water lane and traffic separation scheme will be carried out from 28 May to 03 June according to German notices to mariners 41/01.*

Anhang 11: Prüfungsfragen

Fragenkatalog I

Mobiler Seefunkdienst für das Beschränkt Gültige Funkbetriebszeugnis (SRC)

		Fragen-Nr.	Seite
I.	Begriffsbestimmungen	1–50	152
II.	Grundkenntnisse	51–133	157
III	Not, Dringlichkeit und Sicherheit	134–227	167
IV.	Technik	228–249	179
V.	Öffentlicher Seefunkdienst	250–257	182

Die Punkte (•) in der Fragezeile bedeuten die erreichbare Punktzahl.

I. Begriffsbestimmungen

1. Was ist unter dem Begriff „mobiler Seefunkdienst" zu verstehen?
Mobiler Funkdienst
1. zwischen Küstenfunkstellen und Seefunkstellen,
2. zwischen Seefunkstellen.
(Anhang 4)

2. Was ist eine „Küstenfunkstelle"?
Eine ortsfeste Funkstelle des mobilen Seefunkdienstes.
(Anhang 4)

3. Was ist eine „Seefunkstelle"?
Eine Seefunkstelle ist eine mobile Funkstelle des mobilen Seefunkdienstes an Bord eines nicht dauernd verankerten Seefahrzeuges (Schiffes).
(Anhang 4)

4. Welche internationale Organisation wird mit „IMO" bezeichnet?
Internationale Seeschifffahrts-Organisation (International Maritime Organization).
(Anhang 4, IV Rechtliche Grundlagen)

5. Welches internationale Übereinkommen wird mit „SOLAS" bezeichnet?
Internationales Übereinkommen zum Schutz des menschlichen Lebens auf See (International Convention for the Safety of Life at Sea).
(Anhang 4, IV Rechtliche Grundlagen)

6. Welche internationale Organisation hat die Kurzbezeichnung „ITU" bzw. „UIT"?
Internationale Fernmeldeunion (International Telecommunication Union/Union Internationale des Télécommunications).
(Anhang 4, IV Rechtliche Grundlagen)

7. Was bedeutet die englische Abkürzung „RR"?
Vollzugsordnung für den Funkdienst (Radio Regulations).
(Anhang 4, IV Rechtliche Grundlagen)

8. Welche deutsche Behörde hat die Kurzbezeichnung „BNetzA"?
Bundesnetzagentur für Elektrizität, Gas, Telekommunikation, Post und Eisenbahnen.
(Anhang 4, IV Rechtliche Grundlagen)

9. Welche deutsche Behörde hat die Kurzbezeichnung „BSH"?
Bundesamt für Seeschifffahrt und Hydrographie.
(Anhang 4, IV Rechtliche Grundlagen)

10.	**Was bedeutet „öffentlicher Funkverkehr"?**	••

Funkverkehr für die Allgemeinheit zum Austausch von Nachrichten.
(Anhang 4, IX Funkbetrieb, V Urkunden)

11.	**Was ist im mobilen Seefunkdienst unter „Funkverkehr an Bord" zu verstehen?**	•••

1. Interner Funkverkehr an Bord eines Seefahrzeugs,
2. Funkverkehr zwischen Schiff und Überlebensfahrzeugen,
3. Funkverkehr beim Festmachen des Schiffes.
(X Betriebsverfahren im GMDSS)

12.	**Was bedeutet die Abkürzung „DSC" im mobilen Seefunkdienst?**	•

Digitaler Selektivruf (Digital Selective Calling).
(Anhang 4, VIII Systeme des GMDSS)

13.	**Was ist ein „Digitaler Selektivruf"?**	••

Die Aussendung einer Funkstelle, die bei der gerufenen Funkstelle ein optisches und/oder akustisches Signal auslöst.
(VIII Systeme des GMDSS)

14.	**Was bedeutet der Begriff „NAVTEX"?**	•

Nautische Warnnachrichten im Telexverfahren (NAVigational TEXt Messages).
(Anhang 4, VIII Systeme des GMDSS)

15.	**Was bezeichnet der Begriff „NAVAREA"?**	•

International festgelegtes Seewarngebiet.
(Anhang 4, VIII Systeme des GMDSS)

16.	**Welche Nachrichten werden mit dem Begriff „MSI" bezeichnet?**	•

Nachrichten für die Sicherheit der Seeschifffahrt (Maritime Safety Information).
(Anhang 4, VIII Systeme des GMDSS)

17.	**Welche Aussendung wird als „WX" bezeichnet?**	•

Wetterbericht (Weather Report).
(Anhang 4)

18.	**Was bedeutet die Ankündigung „MEDICAL TRANSPORT"?**	•

Meldung über einen Sanitätstransport.
(IX Funkbetrieb)

19.	**Welches Identifizierungssystem wird mit „ATIS" bezeichnet?**	•

Automatisches Senderidentifizierungssystem (Automatic Transmitter Identification System) im Binnenschifffahrtsfunk.
(Anhang 4, V Urkunden, VII.2 Kennzeichnung ortsfester Funkstellen)

20. Was wird als „MMSI" bezeichnet?
Rufnummer im Seefunkdienst (Maritime Mobile Service Identity).
(Anhang 4, V Urkunden, VII.2 Kennzeichnung ortsfester Funkstellen)

21. Was ist eine „MID"?
Seefunkkennzahl (Maritime Identification Digit).
(Anhang 4, VII Kennzeichnung von Funkstellen)

22. Was bezeichnet im Sprechfunkdienst die Kennung „CARINA CONTROL"?
Die Hauptfunkstelle für den bordinternen Funkverkehr des Schiffes CARINA.
(X Betriebsverfahren im GMDSS)

23. Was sagt die Kennung „ELAN ALFA" aus?
Erste Nebenfunkstelle für den bordinternen Funkverkehr des Schiffes ELAN.
(X Betriebsverfahren im GMDSS)

24. Was bedeutet die Abkürzung „AIS"?
Automatisches Schiffsidentifizierungssystem (Automatic Identification System).
(Anhang 4, IX Funkbetrieb)

25. Was ist ein „GOC"?
Allgemeines Betriebszeugnis für Funker (General Operator's Certificate).
(Anhang 4, V Urkunden)

26. Was ist ein „ROC"?
Beschränkt Gültiges Betriebszeugnis für Funker (Restricted Operator's Certificate).
(Anhang 4, V Urkunden)

27. Was ist ein „LRC"?
Allgemeines Funkbetriebszeugnis (Long Range Certificate).
(Anhang 4, V Urkunden)

28. Was ist ein „SRC"?
Beschränkt Gültiges Funkbetriebszeugnis (Short Range Certificate).
(Anhang 4, V Urkunden)

29. Was kennzeichnet die Betriebsart „Duplex"?
Gegensprechen auf zwei Frequenzen.
(Anhang 4, IX Funkbetrieb)

30. Was kennzeichnet die Betriebsart „Simplex"?
Wechselsprechen auf einer Frequenz.
(Anhang 4, IX Funkbetrieb)

Anhang 11: Prüfungsfragen (I. Begriffsbestimmungen)

31. Welche Betriebsart im Seefunkdienst wird mit „Semi-Duplex" bezeichnet?
Wechselsprechen auf zwei Frequenzen.
(Anhang 4, IX Funkbetrieb)

32. Was bedeuten die UKW-Kanal-Bezeichnungen „AIS 1" und „AIS 2"?
Funkkanäle für das Automatische Schiffsidentifizierungssystem (AIS).
(Anhang 4, IX Funkbetrieb)

33. Was bedeutet der Begriff „INTERCO"?
Internationales Signalbuch (International Code of Signals).
(Anhang 4, IX Funkbetrieb)

34. Was drückt im Seefunkdienst die Abkürzung „ACKN" aus?
Bestätigung einer Information (Acknowledgement).
(Anhang 4, IX Funkbetrieb)

35. Was bedeutet die Angabe „ETA"?
Voraussichtliche Ankunftszeit (Estimated Time of Arrival).
(Anhang 4)

36. Was bedeutet die Angabe „ETD"?
Voraussichtliche Abfahrtszeit (Estimated Time of Departure).
(Anhang 4)

37. Was ist eine „LUT"?
Erdfunkstelle im COSPAS-SARSAT-System (Local User Terminal).
(Anhang 4, VIII Systeme des GMDSS)

38. Was bezeichnet der Begriff „SAR"?
Suche und Rettung (Search and Rescue).
(Anhang 4, VIII Systeme des GMDSS)

39. Was ist eine „RCC"?
Rettungsleitstelle (Rescue Co-ordination Centre).
(Anhang 4)

40. Was ist eine „MRCC"?
Seenotleitstelle (Maritime Rescue Co-ordination Centre).
(Anhang 4, VIII Systeme des GMDSS)

41. Was wird im Seefunkdienst mit dem Begriff „GMDSS" bezeichnet?
Weltweites Seenot- und Sicherheitsfunksystem (Global Maritime Distress and Safety System).
(Anhang 4, VIII Systeme des GMDSS)

42. Was ist eine „Sea Area" im GMDSS?
Seegebiet.
(IV Rechtliche Grundlagen)

43. Was beschreibt der Begriff „On-Scene communication"?
Funkverkehr vor Ort im Seenotfall.
(X Betriebsverfahren im GMDSS)

44. Was ist ein „SART"?
Transponder für Suche und Rettung
(Search and Rescue Transponder [SAR-Transponder]).
(Anhang 4, VIII Systeme des GMDSS)

45. Was ist eine „EPIRB"?
Seenotfunkbake (Emergency Position Indicating Radio Beacon).
(Anhang 4, VIII Systeme des GMDSS)

46. Welches Navigationssystem wird mit „GPS" bezeichnet?
Weltweites satellitengestütztes Navigationssystem (Global Positioning System).
(Anhang 4)

47. Welche Stromart wird mit „AC" bezeichnet?
Wechselstrom (Alternating Current).
(Anhang 4)

48. Welche Stromart wird mit „DC" bezeichnet?
Gleichstrom (Direct Current).
(Anhang 4)

49. Welches – auch für den Seefunkdienst – geltende Gesetz in Deutschland trägt die Kurzbezeichnung „TKG"?
Telekommunikationsgesetz.
(Anhang 4, IV Rechtliche Grundlagen)

50. Was bedeutet die Zeitangabe „LT"?
Local Time (Ortszeit).
(Anhang 4)

II. Grundkenntnisse

51. Wie ist die Rangfolge der Aussendungen im Seefunk geregelt? ••
1. Not,
2. Dringlichkeit,
3. Sicherheit,
4. Routine.
(X Betriebsverfahren im GMDSS)

52. Wonach richten sich die Zeitangaben im Seefunkdienst? •
Nach der Koordinierten Weltzeit (Universal Time Co-ordinated [UTC]).
(Anhang 4)

53. Welche Voraussetzungen sind für die Teilnahme am öffentlichen Funkverkehr zu erfüllen? ••
1. Frequenzzuteilung,
2. Vertrag mit einer Abrechnungsgesellschaft.
(IV Rechtliche Grundlagen, IX Funkbetrieb)

54. Wie kann eine Seefunkstelle erfahren, ob bei einer Küstenfunkstelle Nachrichten für sie vorliegen, ohne dort anzurufen? •
Sammelanrufe abhören.
(X Betriebsverfahren im GMDSS)

55. Welches technische Verfahren ermöglicht einer Seefunkstelle die Verkehrsaufnahme in den Richtungen Schiff–Küstenfunkstelle und Schiff–Schiff? •
Digitaler Selektivruf (DSC).
(VII Kennzeichnung von Funkstellen, X Betriebsverfahren im GMDSS)

56. Welchem Nachrichtenverkehr ist der Nachrichtenaustausch zwischen Küstenfunkstellen des Revier- und Hafenfunkdienstes und Seefunkstellen zuzuordnen? •
Nicht öffentlicher Nachrichtenverkehr.
(X Betriebsverfahren im GMDSS)

57. Wozu dient der Revier- und Hafenfunkdienst? •••
Zur Übermittlung von Nachrichten, die
1. ausschließlich das Führen,
2. die Fahrt,
3. die Sicherheit
von Schiffen innerhalb oder in der Nähe von Häfen betreffen.
(VII Kennzeichnung von Funkstellen, X Betriebsverfahren im GMDSS)

58. Welcher Funkdienst gehört neben dem Revier- und Hafenfunkdienst ebenfalls zum Sicherheitsfunkdienst innerhalb des mobilen Seefunkdienstes? •
Der Schiffslenkungsfunkdienst.
(X Betriebsverfahren im GMDSS)

59. Welche UKW-Kanäle sind international ausschließlich für den Schiff-Schiff-Verkehr vorgesehen? ••

Die Kanäle 06, 08, 72 und 77.
(IX Funkbetrieb)

60. Für welchen Funkverkehr dürfen die UKW-Kanäle 75 und 76 benutzt werden? •

Funkverkehr, der ausschließlich die Navigation betrifft.
(IX Funkbetrieb)

61. Welche Bedeutung hat die Ankündigung „INTERCO" im Sprech-Seefunkdienst? •

Verwendung von Code-Gruppen aus dem Internationalen Signalbuch.
(Anhang 4, IX Funkbetrieb)

62. Welches internationale Übereinkommen regelt die Ausrüstungspflicht mit Seefunkanlagen auf Seeschiffen? •

SOLAS (Internationales Übereinkommen zum Schutz des menschlichen Lebens auf See).
(Anhang 4, IV Rechtliche Grundlagen)

63. Welche nationale Verordnung legt die Sicherheitsanforderungen für die Ausrüstung von Schiffen unter deutscher Flagge u. a. mit UKW-Seefunkanlagen fest? •

Die Schiffssicherheitsverordnung (SchSV).
(IV Rechtliche Grundlagen)

64. Welche Schiffe müssen mit einer UKW-Sprechfunkanlage ausgerüstet sein? •

Alle funkausrüstungspflichtigen Schiffe.
(IV Rechtliche Grundlagen)

65. Welche Sendeleistungen lassen sich bei einem UKW-Sender schalten? •

Sendeleistungen von einem Watt oder bis maximal 25 Watt.
(IX Funkbetrieb)

66. In welcher Vorschrift sind internationale Rufzeichenreihen festgelegt? •

Vollzugsordnung für den Funkdienst (VO Funk) (Radio Regulations [RR]).
(IV Rechtliche Grundlagen)

67. Wie wird eine mit DSC-Einrichtungen ausgerüstete Seefunkstelle gekennzeichnet? •••

1. Schiffsname,
2. Rufzeichen,
3. Rufnummer des mobilen Seefunkdienstes (Maritime Mobile Service Identity [MMSI]).
(VII Kennzeichnung von Funkstellen)

68. Welche Behörde erteilt in Deutschland sechsstellige Rufzeichen für Seefunkstellen? •

Bundesnetzagentur, Außenstelle Hamburg.
(VII Kennzeichnung von Funkstellen)

69.	Welche Behörden in Deutschland sind berechtigt, die Funktionsfähigkeit von Seefunkstellen zu überprüfen? ••

1. Bundesnetzagentur (BNetzA),
2. Bundesamt für Seeschifffahrt und Hydrographie (BSH).
(V Urkunden, IX Funkbetrieb)

70.	Welche Behörde teilt einer in das Seeschiffsregister eintragungsfähigen Yacht das vierstellige Unterscheidungssignal zu? •

Das Amtsgericht des Heimathafens oder Heimatortes des Schiffes.
(VII Kennzeichnung von Funkstellen)

71.	Welche Art von Funkstelle hat das Rufzeichen „DDTW"? ••

1. Seefunkstelle an Bord eines deutschen Schiffes,
2. eingetragen in einem Seeschiffsregister.
(VII Kennzeichnung von Funkstellen)

72.	Was bedeutet die Kennung/das Rufzeichen „DDSE47"? •

Funkstelle auf einem Überlebensfahrzeug (z. B. Rettungsfloß).
(VII Kennzeichnung von Funkstellen)

73.	Wie werden die einzelnen Funkstellen für den Funkverkehr an Bord gekennzeichnet? ••

1. Hauptfunkstelle: Name des Schiffes, dem das Wort CONTROL folgt,
2. Nebenfunkstelle: Name des Schiffes, dem ein einzelner Buchstabe folgt (ALFA oder BRAVO oder CHARLIE usw.).
(X Betriebsverfahren im GMDSS)

74.	Wie setzt sich die Seefunkstellen-Rufnummer (MMSI) zusammen? ••

1. Neun Ziffern,
2. die ersten drei Ziffern enthalten die Seefunkkennzahl (MID).
(VII Kennzeichnung von Funkstellen)

75.	Welche Urkunde enthält die eigene Seefunkstellen-Rufnummer (MMSI)? •

Frequenzzuteilungsurkunde.
(IV Rechtliche Grundlagen, V Urkunden)

76.	Wie setzt sich die Rufnummer des mobilen Seefunkdienstes (MMSI) für bestimmte Gruppen von Seefunkstellen zusammen? •••

1. Neun Ziffern,
2. erste Ziffer immer eine Null,
3. die folgenden drei Ziffern enthalten die Seefunkkennzahl (MID).
(VII Kennzeichnung von Funkstellen)

77.	Wie wird die Nationalität bei der Seefunkstellen-Rufnummer (MMSI) gekennzeichnet? •

Seefunkkennzahl (MID).
(VII Kennzeichnung von Funkstellen)

78. Welche Vorkommnisse im Funkdienst sollen dokumentiert werden? ••
1. Not-, Dringlichkeits- und Sicherheitsverkehr,
2. wichtige Vorkommnisse, die den Funkdienst betreffen.
(V Urkunden)

79. Welches Gesetz regelt das Abhörverbot und das Fernmeldegeheimnis bei Seefunkstellen? •
Das Telekommunikationsgesetz (TKG).
(IV Rechtliche Grundlagen)

80. Wer ist beim Betrieb einer Seefunkstelle auf einem Sportboot zur Wahrung des Fernmeldegeheimnisses verpflichtet? •••
Alle Personen, die
1. eine Seefunkstelle beaufsichtigen,
2. bedienen oder
3. Kenntnis über Nachrichtenaustausch erlangt haben.
(IV Rechtliche Grundlagen, IX Funkbetrieb)

81. Welche Nachrichten dürfen uneingeschränkt aufgenommen und verbreitet werden? •
Aussendungen „An alle Funkstellen".
(IX Funkbetrieb)

82. Woraus besteht die Küstenfunkstellen-Rufnummer (MMSI)? •••
1. Neun Ziffern,
2. die ersten beiden Ziffern Nullen,
3. die nächsten drei Ziffern enthalten die Seefunkkennzahl (MID).
(VII Kennzeichnung von Funkstellen)

83. Was kennzeichnet die Ziffernfolge 002113100? •
Küstenfunkstellen-Rufnummer.
(VII Kennzeichnung von Funkstellen)

84. Wer bestimmt bei einer Verbindung zwischen See- und Küstenfunkstelle den für die weitere Verkehrsabwicklung zu benutzenden Arbeitskanal? •
Die Küstenfunkstelle.
(IX Funkbetrieb)

85. Wie ist eine Küstenfunkstelle des Revier- und Hafenfunkdienstes gekennzeichnet? ••
1. Mit dem geographischen Namen des Ortes,
2. mit der Art des Dienstes, dem das Wort „Radio" folgt.
(VII Kennzeichnung von Funkstellen)

86. Welche Funkstelle wird durch den Rufnamen „Warnemünde Traffic" gekennzeichnet? •
Die Küstenfunkstelle des Revierfunkdienstes in Warnemünde.
(VII Kennzeichnung von Funkstellen)

87.	**Welche Voraussetzungen sind für den Betrieb einer Seefunkstelle auf einem Sportfahrzeug zu erfüllen?**	•••

1. Frequenzzuteilung,
2. zugelassene Funkgeräte,
3. ausreichendes Seefunkzeugnis des Führers des Fahrzeugs.
(IV Rechtliche Grundlagen, V Urkunden, IX Funkbetrieb)

88.	**Welches Gesetz legt unter anderem fest, dass für das Betreiben einer Seefunkstelle eine Frequenzzuteilung erforderlich ist?**	•

Telekommunikationsgesetz (TKG).
(IV Rechtliche Grundlagen)

89.	**Gegen welches Gesetz verstößt der Betrieb einer Seefunkstelle ohne Frequenzzuteilung?**	•

Telekommunikationsgesetz (TKG).
(IV Rechtliche Grundlagen)

90.	**Welche Behörde stellt in Deutschland die Urkunde über die Frequenzzuteilung zum Betreiben einer Seefunkstelle aus und wo hat sie ihren Sitz?**	•

Bundesnetzagentur (BNetzA), Außenstelle Hamburg.
(V Urkunden)

91.	**Wo ist die Frequenzzuteilungsurkunde mitzuführen?**	•

An Bord des Schiffes.
(V Urkunden)

92.	**Welche Urkunde für die Seefunkstelle muss auf einem Sportfahrzeug mitgeführt werden?**	•

Die Frequenzzuteilungsurkunde.
(V Urkunden)

93.	**Was und zu welchem Zweck muss ein Schiffseigner bei Änderung des Schiffsnamens in Bezug auf seine Funkanlage veranlassen?**	••

1. Namensänderung der Bundesnetzagentur schriftlich mitteilen zwecks
2. Änderung seiner Frequenzzuteilungsurkunde.
(IV Rechtliche Grundlagen)

94.	**Was ist zu beachten, wenn die UKW-Sprechfunkanlage an Bord eines Schiffes ausgebaut und durch ein anderes Fabrikat ersetzt werden soll?**	••

1. Neue Anlage muss für den Seefunkdienst zugelassen sein,
2. Umrüstung ist der Bundesnetzagentur schriftlich mitzuteilen.
(IV Rechtliche Grundlagen)

95. Welche Funkausrüstung ist erforderlich, wenn eine Seefunkstelle am Binnenschifffahrtsfunk teilnehmen soll?

1. Seefunkstelle muss mit einer umschaltbaren Kombi-Anlage oder
2. einer zusätzlichen Sprechfunkanlage für den Binnenschifffahrtsfunk ausgerüstet werden.

(X Betriebsverfahren im GMDSS)

96. Welche Vorschrift regelt die Funkausrüstungspflicht für Seefahrzeuge unter deutscher Flagge?

Schiffssicherheitsverordnung (SchSV).
(IV Rechtliche Grundlagen)

97. Wer stellt in Deutschland Funksicherheitszeugnisse für Sportboote aus, die gewerbsmäßig genutzt werden (z. B. für Ausbildungszwecke)?

See-Berufsgenossenschaft (See-BG).
(IV Rechtliche Grundlagen)

98. Wann benötigt eine Yacht von mehr als 12 Metern Länge ein Funksicherheitszeugnis?

Bei gewerblicher Nutzung.
(IV Rechtliche Grundlagen)

99. Welche Behörde ist in Deutschland zuständig für die Zulassung von Seefunkgeräten?

Bundesamt für Seeschifffahrt und Hydrographie (BSH).
(IV Rechtliche Grundlagen)

100. Woran ist zu erkennen, ob ein Funkgerät zugelassen ist?

An der Zulassungskennzeichnung.
(IV Rechtliche Grundlagen)

101. Was ist bei der Funkausrüstung zu beachten, damit eine Seefunkstelle am Binnenschifffahrtsfunk teilnehmen kann? Nennen Sie ein Beispiel.

1. Seefunkstelle muss mit einer umschaltbaren Kombi-Anlage oder
2. einer zusätzlichen Sprechfunkanlage für den Binnenschifffahrtsfunk ausgerüstet werden.

(X Betriebsverfahren im GMDSS)

102. Welche Urkunde und welcher Befähigungsnachweis müssen bei der Überprüfung einer Seefunkstelle auf einem Sportfahrzeug dem Prüfbeamten auf Verlangen vorgelegt werden?

1. Frequenzzuteilungsurkunde,
2. Seefunkzeugnis des Führers des Sportfahrzeugs.

(V Urkunden, IX Funkbetrieb)

103. Welches Funkzeugnis muss der Führer eines Sportfahrzeugs oder Traditionsschiffes, das mit einer UKW-Seefunkstelle ausgerüstet ist, mindestens besitzen, um am GMDSS teilnehmen zu dürfen? •

Beschränkt Gültiges Funkbetriebszeugnis (Short Range Certificate [SRC]).
(V Urkunden)

104. An welchem Funkdienst darf der Inhaber eines Beschränkt Gültigen Funkbetriebszeugnisses (SRC) teilnehmen? •

Am mobilen Seefunkdienst auf UKW (VHF).
(V Urkunden)

105. Welches Funkzeugnis muss der Führer eines Sportfahrzeugs oder Traditionsschiffes, das mit einer Kurzwellen/Grenzwellen-DSC-Funkanlage ausgerüstet ist, mindestens besitzen? ••

1. Das Allgemeine Funkbetriebszeugnis (LRC) oder
2. ein höherwertiges Seefunkzeugnis.
(V Urkunden)

106. In welchem internationalen Regelwerk sind die Frequenzbereiche für die einzelnen Funkdienste festgelegt? •

Vollzugsordnung für den Funkdienst (VO Funk).
(IV Rechtliche Grundlagen)

107. Welcher Unterschied besteht in der Reichweite bei analoger und bei digitaler Übertragung im UKW-Bereich? •

Bei digitaler Übertragung etwa doppelte Reichweite im Vergleich zur analogen Übertragung.
(XI Technik)

108. Ist das Senden auf UKW in ausländischen Häfen gestattet? •

Abhängig von entsprechenden Vorschriften des Landes.
(IX Funkbetrieb, X Betriebsverfahren im GMDSS)

109. Welches Betriebsverfahren gilt im Funkverkehr zwischen Seefunkstellen und Luftfunkstellen (z. B. SAR-Hubschraubern)? •

Betriebsverfahren des Seefunkdienstes.
(VII Kennzeichnung von Funkstellen)

110. Welcher Frequenzbereich kann im mobilen Seefunkdienst für den Funkverkehr an Bord außer UKW benutzt werden? •

Ultrahohe Frequenzen (UHF).
(X Betriebsverfahren im GMDSS)

111. Welche UKW-Kanäle benutzen Sportfahrzeuge für den Funkverkehr untereinander vorzugsweise in den deutschen Hoheitsgewässern? ••

Kanäle
1. 69,
2. 72.
(IX Funkbetrieb)

112. Welche UKW-Kanäle dienen dem Funkverkehr an Bord? ••

Kanäle
1. 15,
2. 17.
(IX Funkbetrieb)

113. Welche Sendeleistung ist auf den Kanälen 15 und 17 im Funkverkehr an Bord zulässig? •

Bis 1 Watt.
(IX Funkbetrieb)

114. Welche UKW-Kanäle dürfen mit welcher Sendeleistung auch für den Funkverkehr an Bord benutzt werden? ••

1. Kanäle 15 und 17,
2. Sendeleistung bis 1 Watt.
(IX Funkbetrieb)

115. Für welche Verkehrsabwicklungen werden UKW-Handsprechfunkgeräte vorzugsweise verwendet? •••

1. Funkverkehr an Bord,
2. Funkverkehr Schiff–Schiff,
3. Funkverkehr Schiff–Überlebensfahrzeug (z. B. Rettungsfloß).
(IX Funkbetrieb)

116. Was ist bei Testsendungen im Sprech-Seefunkdienst zu beachten? •••

Die Aussendungen dürfen
1. 10 Sekunden nicht überschreiten,
2. müssen mit dem Wort „Test" und
3. mit einer Kennung des Schiffes
ausgestrahlt werden.
(IX Funkbetrieb)

117. Handelt es sich bei den UKW-Kanälen für den Schiff-Schiff-Verkehr um Simplex- oder Duplex-Kanäle? •

Simplex-Kanäle.
(IX Funkbetrieb)

118. Welchem ausschließlichen Zweck dient der UKW-Kanal 70? •

Aussendung des Digitalen Selektivrufs.
(IX Funkbetrieb)

119. Welchen Zwecken dient der UKW-Kanal 16 (156,8 MHz) im Seefunkdienst? •••
1. Notverkehr,
2. Sicherheitsverkehr,
3. Anrufkanal.
(IX Funkbetrieb)

120. Welche Empfehlung besteht für ein Sportfahrzeug bezüglich seiner Empfangsbereitschaft auf UKW? •
Kanal 16 sollte grundsätzlich abgehört werden.
(IV Rechtliche Grundlagen)

121. Auf welchem UKW-Kanal sollte ein Sportfahrzeug in der Regel empfangsbereit sein, wenn es sich auf offener See befindet und nur mit einer UKW-Funkanlage ausgerüstet ist? •
Kanal 16.
(IX Funkbetrieb)

122. Welcher Kanal im UKW-Seefunkbereich ist vorzugsweise für den internationalen Schiff-Schiff-Verkehr und für koordinierte Such- und Rettungseinsätze (SAR) vorgesehen? •
Kanal 06.
(IX Funkbetrieb)

123. Welche Bezeichnungen tragen die Seegebiete, in denen für Schiffe eine bestimmte Funkausrüstung international vorgeschrieben ist? ••
1. A1,
2. A2,
3. A3,
4. A4.
(IV Rechtliche Grundlagen)

124. Wie wird das Seegebiet bezeichnet, das innerhalb der Sprechfunkreichweite einer Grenzwellen-Küstenfunkstelle liegt, die ununterbrochen für DSC-Alarmierungen zur Verfügung steht? •
Seegebiet A2.
(IV Rechtliche Grundlagen)

125. Eine Yacht befindet sich in einem Seegebiet, das von der Reichweite einer UKW-Küstenfunkstelle abgedeckt wird, die ununterbrochen für DSC-Alarmierungen zur Verfügung steht. In welchem Seegebiet befindet sich das Fahrzeug? •
Seegebiet A1.
(IV Rechtliche Grundlagen)

126. **Welche Orbitalbahn nutzt das erweiterte COSPAS-SARSAT-System zusätzlich zur polumlaufenden Orbitalbahn?** •

Geostationäre Orbitalbahn.
(VIII Systeme des GMDSS)

127. **Welches sind die satellitengestützten Alarmierungssysteme im Weltweiten Seenot- und Sicherheitsfunksystem (GMDSS)?** ••

1. COSPAS-SARSAT,
2. GEOSAR.
(VIII Systeme des GMDSS)

128. **Welchen Zwecken dienen Anruf- und der Arbeitskanal?** ••

1. Anrufkanal zur Verbindungsaufnahme,
2. Arbeitskanal zur Abwicklung des weiteren Funkverkehrs.
(X Betriebsverfahren im GMDSS)

129. **Auf welchem Kanal ist eine Küstenfunkstelle zu rufen, die sowohl auf dem Anrufkanal als auch auf einem veröffentlichten Arbeitskanal empfangsbereit ist?** •

Arbeitskanal.
(X Betriebsverfahren im GMDSS)

130. **Was ist vor dem Anruf auf einem Arbeitskanal zu beachten?** •

Es ist sicherzustellen, dass laufender Funkverkehr nicht gestört wird.
(IX Funkbetrieb)

131. **Wie oft darf beim Anruf im UKW-Bereich der Name der gerufenen Funkstelle genannt werden?** •

Höchstens dreimal.
(X Betriebsverfahren im GMDSS)

132. **Wie oft soll beim ersten Anruf zum Herstellen einer Verbindung im UKW-Bereich der Name der rufenden Funkstelle genannt werden, wenn eine gute Verständigung zu erwarten ist?** •

Zweimal.
(X Betriebsverfahren im GMDSS)

133. **Wie oft soll bei einer bereits bestehenden guten Verbindung im UKW-Bereich der Name der gerufenen Funkstelle genannt werden?** •

Einmal.
(X Betriebsverfahren im GMDSS)

III. Not, Dringlichkeit und Sicherheit

134. Welche Veröffentlichung für die Sportschifffahrt enthält Regelungen für die Abwicklung des Funkverkehrs zwischen Seefunkstellen und Luftfunkstellen in Notfällen, und von wem wird diese herausgegeben? ••

1. „Handbuch für Suche und Rettung",
2. Bundesamt für Seeschifffahrt und Hydrographie (BSH).

(X Betriebsverfahren im GMDSS)

135. Zu welchem Zweck wurde das Weltweite Seenot- und Sicherheitsfunksystem (GMDSS) eingeführt? •••

Zur schnellen und genauen Alarmierung in
1. Not-,
2. Dringlichkeits- und
3. Sicherheitsfällen.

(VIII Systeme des GMDSS)

136. Wer darf das Aussenden einer Notmeldung im Seefunkdienst veranlassen? •

Nur der Führer des Fahrzeugs.

(X Betriebsverfahren im GMDSS)

137. Auf welchem UKW-Kanal müssen funkausrüstungspflichtige Schiffe im Weltweiten Seenot- und Sicherheitsfunksystem (GMDSS) grundsätzlich empfangsbereit sein? •

Kanal 70.

(X Betriebsverfahren im GMDSS)

138. Auf welchem Kanal erfolgt die Alarmierung mittels DSC im UKW-Bereich? •

Kanal 70.

(X Betriebsverfahren im GMDSS)

139. Wie lautet das Notzeichen im Sprechfunk? •

MAYDAY.

(Anhang 2, X Betriebsverfahren im GMDSS)

140. Womit wird der Notverkehr eingeleitet? •

Mit dem Notzeichen MAYDAY.

(Anhang 2, X Betriebsverfahren im GMDSS)

141. Was zeigt das Notzeichen im Sprechfunk an? ••

1. Dass ein Schiff oder eine Person von einer ernsten und unmittelbaren Gefahr bedroht ist,
2. sofortige Hilfe benötigt.

(X Betriebsverfahren im GMDSS)

142. Welche Priorität der Alarmierung ist zu wählen, wenn sich eine Person in Lebensgefahr befindet? •
Notfall.
(X Betriebsverfahren im GMDSS)

143. Dürfen – neben den Notfrequenzen – auch andere Frequenzen für die Aussendung einer Notmeldung im Seefunkdienst benutzt werden? ••
Jede andere verfügbare Frequenz, auf der Aufmerksamkeit erwartet werden kann.
(X Betriebsverfahren im GMDSS)

144. Auf welchem UKW-Kanal findet der Notverkehr vorzugsweise statt? •
Kanal 16.
(X Betriebsverfahren im GMDSS)

145. Welche Meldungen dürfen im Weltweiten Seenot- und Sicherheitsfunksystem (GMDSS) auf UKW-Kanal 16 (156,8 MHz) übermittelt werden? •••
1. Not-,
2. Dringlichkeits- und
3. Sicherheitsmeldungen.
(X Betriebsverfahren im GMDSS)

146. Wie oft wird bei der Einleitung des Notverkehrs das Notzeichen MAYDAY gesprochen? •
Einmal.
(Anhang 2, X Betriebsverfahren im GMDSS)

147. Was folgt bei der Einleitung des Notverkehrs auf den Namen oder die sonstige Kennung des Schiffes in Not? •
Positionsangabe.
(Anhang 2, X Betriebsverfahren im GMDSS)

148. Wann wird die Einleitung eines Notverkehrs wiederholt? ••
1. Wenn die Seefunkstelle in Not keine Antwort auf ihren DSC-Alarm oder ihre Notmeldung erhalten hat oder
2. wenn sie es aus anderen Gründen für notwendig hält.
(X Betriebsverfahren im GMDSS)

149. An wen soll eine Seefunkstelle den Notalarm für ein anderes in Not befindliche Schiff richten? ••
1. An die nächstgelegene Küstenfunkstelle oder
2. an alle Funkstellen.
(X Betriebsverfahren im GMDSS)

150. Welche Voraussetzung muss eine Seefunkstelle erfüllen, die den Empfang eines DSC-Notalarms auf UKW (VHF) bestätigt? •

Sie muss Hilfe leisten können.
(X Betriebsverfahren im GMDSS)

151. Wann darf eine Seefunkstelle, wenn sie Hilfe leisten kann, den Empfang eines DSC-Notalarms auf UKW (VHF) bestätigen?

1. Nach Bestätigung durch eine Küstenfunkstelle oder
2. nach einer angemessenen Wartefrist.

(X Betriebsverfahren im GMDSS)

152. Auf welchem UKW-Kanal und in welchem Verfahren bestätigt eine Seefunkstelle den auf Kanal 70 empfangenen Notalarm? ••

Kanal 16 im Sprechfunkverfahren.
(Anhang 2, X Betriebsverfahren im GMDSS)

153. Wie kann auf die mit einem DSC-Gerät empfangenen Daten eines Seenotalarms zurückgegriffen werden? •

Abruf aus dem Speicher des Gerätes.
(X Betriebsverfahren im GMDSS)

154. Wie wird die Bestätigung des Empfangs eines DSC-Notalarms im Sprechfunk eingeleitet? •

Mit dem Notzeichen MAYDAY.
(Anhang 2, X Betriebsverfahren im GMDSS)

155. Wie wird der Empfang eines DSC-Notalarms durch eine Seefunkstelle bestätigt? ••

Nach einem
1. mit dem Notzeichen eingeleiteten Anruf folgt
2. „RECEIVED (oder ERHALTEN) MAYDAY".

(Anhang 2, X Betriebsverfahren im GMDSS)

156. Wie wird der Empfang eines DSC-Notalarms durch eine Seefunkstelle bei Verständigungsschwierigkeiten bestätigt? ••

Nach einem
1. mit dem Notzeichen eingeleiteten Anruf folgt
2. „ROMEO ROMEO ROMEO MAYDAY".

(Anhang 2, X Betriebsverfahren im GMDSS)

157. Was bedeutet „Funkverkehr vor Ort"? ••

Funkverkehr zwischen
1. dem Schiff in Not und den Fahrzeugen, die Hilfe leisten,
2. dem Schiff in Not und dem Fahrzeug, das die Suche und Rettung koordiniert.

(X Betriebsverfahren im GMDSS)

158. Welche Aufgaben hat der „On-Scene Co-ordinator" (OSC)?
Die Leitung der Such- und Rettungsmaßnahmen vor Ort.
(X Betriebsverfahren im GMDSS)

159. Wann wird im Seefunkdienst im laufenden Notverkehr das Notzeichen MAYDAY ausgesendet?
Grundsätzlich vor jedem Anruf.
(Anhang 2, X Betriebsverfahren im GMDSS)

160. Wann wird im Seefunkdienst die Aufforderung SILENCE MAYDAY ausgesendet?
Wenn die Funkstelle in Not oder die Funkstelle, die den Notverkehr leitet, störende Funkstellen zur Einhaltung der Funkstille auffordert.
(X Betriebsverfahren im GMDSS)

161. Wer fordert in einem Seenotfall eine störende Funkstelle mit den Wörtern SILENCE MAYDAY zur Einhaltung der Funkstille auf?
Die Funkstelle in Not oder jede andere Funkstelle die, von dem Notverkehr Kenntnis hat.
(Anhang 2, X Betriebsverfahren im GMDSS)

162. Welche Aufgaben übernimmt die Seenotleitung (Maritime Rescue Co-ordination Centre [MRCC]) nach Eingang eines Notalarms?
1. Koordinierung und
2. Information über die SAR-Maßnahmen.

(X Betriebsverfahren im GMDSS)

163. Welche Aufgabe hat die Seenotleitung (MRCC) Bremen der Deutschen Gesellschaft zur Rettung Schiffbrüchiger (DGzRS)?
Gesamtleitung eines Seenotfalls in ihrem Zuständigkeitsbereich.
(X Betriebsverfahren im GMDSS)

164. Auf welchen UKW-Kanälen ist Bremen Rescue Radio empfangsbereit?
1. Kanal 16 (Sprechfunk),
2. Kanal 70 (DSC).

(X Betriebsverfahren im GMDSS)

165. Welche Aufgaben hat ein Rescue Co-ordination Centre (RCC)?
1. Organisation,
2. Leitung,
3. Durchführung von Such- und Rettungsmaßnahmen.

(X Betriebsverfahren im GMDSS)

166. Nach welchem Betriebsverfahren wird der Funkverkehr in Notfällen zwischen Luftfunkstellen (z. B. SAR-Hubschraubern) und Seefunkstellen abgewickelt?
Betriebsverfahren des mobilen Seefunkdienstes.
(VII Kennzeichnung von Funkstellen)

167. Um Missverständnisse bei der Abwicklung des Funkverkehrs zwischen Luftfunkstellen (z. B. SAR-Hubschraubern) und Seefunkstellen in Notfällen zu vermeiden, sollen international entwickelte Redewendungen verwendet werden. Welche Veröffentlichung für die Sport- und Kleinschifffahrt enthält diese Redewendungen? •

„Handbuch für Suche und Rettung".
(X Betriebsverfahren im GMDSS)

168. In welchem Frequenzbereich kann mit SAR-Einheiten Seefunkverkehr abgewickelt werden? •

UKW-Bereich.
(IX Funkbetrieb)

169. Welche Luftfahrzeuge können UKW-Kanal 16 nutzen, um mit in Not befindlichen Schiffen und Hilfe leistenden Schiffen direkt zu sprechen? •

Luftfahrzeuge für den SAR-Dienst.
(IX Funkbetrieb)

170. Mit welchen UKW-Seefunkgeräten sind SAR-Hubschrauber in der Regel ausgerüstet? ••

1. UKW-Seefunkgeräten für Kanal 16 und
2. vorzugsweise mit zwei weiteren Simplex-Arbeitskanälen.
(IX Funkbetrieb)

171. Ein SAR-Luftfahrzeug wirft Funkausrüstung zu einem in Not befindlichen Schiff ab. Woraus könnte sie bestehen? ••

1. Schwimmfähige Funkbake,
2. Sende- und Empfangsgeräte.
(X Betriebsverfahren im GMDSS)

172. Auf welchen UKW-Kanälen dürfen zu Sicherheitszwecken Seefunkstellen mit Luftfunkstellen Funkverkehr abwickeln? ••

1. Kanal 16,
2. Kanal 06.
(IX Funkbetrieb)

173. Wie wird betrieblich sichergestellt, dass bei einer Rettungsaktion mit SAR-Hubschraubern die Kanäle 16 und 06 überwacht werden? •

Zweikanal-Überwachung (Dual Watch).
(IX Funkbetrieb)

174. Welchen UKW-Kanal soll ein Schiff in Not bis zur Ankunft eines Hubschraubers abhören? •

Kanal 16.
(IX Funkbetrieb)

175. Wie ist eine Küstenfunkstelle ohne DSC zu erreichen, wenn der UKW-Kanal 16 durch Notverkehr belegt ist? •

Durch Anruf auf einem Arbeitskanal der Küstenfunkstelle.
(X Betriebsverfahren im GMDSS)

176. Wie ist zu verfahren, wenn während eines Notverkehrs auf Kanal 16 die Ankündigung einer Dringlichkeits- oder Sicherheitsmeldung „An alle Funkstellen" vorgenommen werden soll? •••

1. Ankündigung mittels Digitalen Selektivrufs (DSC),
2. Ankündigung während einer Pause im Notverkehr auf Kanal 16,
3. Information an die Küstenfunkstelle/RCC über den Inhalt der Meldung.
(X Betriebsverfahren im GMDSS)

177. Was ist zu veranlassen, wenn irrtümlich von einer Seefunkstelle ein Notalarm auf Kanal 70 ausgelöst worden ist? •••

1. Gerät umgehend zurücksetzen,
2. Kanal 16 einstellen,
3. mit Meldung an „An alle Funkstellen" den Fehlalarm zurücknehmen.
(X Betriebsverfahren im GMDSS)

178. Welche Funkgeräte sind in einem Notfall nach Verlassen des Schiffes für die Kommunikation mit Hilfe leistenden Fahrzeugen besonders geeignet? •

UKW-Handsprechfunkgeräte.
(IX Funkbetrieb)

179. Mit welchen Funkgeräten können im Notfall nach dem Verlassen des havarierten Schiffes die Such- und Rettungsarbeiten ausgelöst bzw. erleichtert werden? •••

1. Handsprechfunkgeräte,
2. Transponder für Suche und Rettung (SART),
3. Seenotfunkbake (EPIRB).
(VIII Systeme des GMDSS, IX Funkbetrieb)

180. Welche Komponenten des Weltweiten Seenot- und Sicherheitsfunksystems (GMDSS) werden für die Aussendung von terrestrischen Ortungsfunksignalen eingesetzt? ••

1. Transponder für Suche und Rettung (SART),
2. Seenotfunkbake (EPIRB) auf 121,5 MHz.
(VIII Systeme des GMDSS)

181. Welche Geräte sollten auf einem in Seenot befindlichen Sportboot zur Ortung im GMDSS aktiviert werden können? ••

1. Seenotfunkbake (EPIRB),
2. Transponder für Suche und Rettung (SART).
(VIII Systeme des GMDSS)

182. Wo soll eine Satelliten-Seenotfunkbake (EPIRB) an Bord eines Schiffes installiert werden? •
Im äußeren Decksbereich.
(VIII Systeme des GMDSS)

183. Worin bestehen die Aufgaben einer Seenotfunkbake (EPIRB)? ••
1. Alarmierung,
2. Aussendung von Ortungszeichen.

(VIII Systeme des GMDSS)

184. Wann darf eine Satelliten-Seenotfunkbake (EPIRB) aktiviert werden? •
Nur im Notfall.
(VIII Systeme des GMDSS)

185. Wie kann eine Satelliten-Seenotfunkbake (EPIRB) im Notfall aktiviert werden? ••
1. Manuell oder
2. automatisch.

(VIII Systeme des GMDSS)

186. Welches ist das Identifikationsmerkmal einer COSPAS-SARSAT/GEOSAR-EPIRB? •
MID plus zusätzliches Merkmal.
(VIII Systeme des GMDSS)

187. Welche Angaben kann die Aussendung einer Seenotfunkbake COSPAS-SARSAT/GEOSAR enthalten? •••
1. Notsignal,
2. Identifikationsmerkmal,
3. Position mittels GPS.

(VIII Systeme des GMDSS)

188. Wie wird die Position einer COSPAS-SARSAT/GEOSAR-EPIRB ermittelt, wenn polumlaufende Satelliten ihre Signale empfangen? •
Durch Laufzeitmessung der EPIRB-Signale.
(VIII Systeme des GMDSS)

189. Wie lange kann es unter günstigen Bedingungen dauern, bis der Alarm einer COSPAS-SARSAT/GEOSAR-EPIRB bei der zuständigen Seenotleitung (MRCC) aufläuft? •
Wenige Minuten.
(VIII Systeme des GMDSS)

190. Wie lange kann es unter ungünstigen Bedingungen von der Aktivierung einer COSPAS-SARSAT/GEOSAR-Seenotfunkbake (EPIRB) bis zum Empfang des vollständigen Alarms im MRCC dauern? ••
Bis zu 4 Stunden.
(VIII Systeme des GMDSS)

191. Was sendet eine COSPAS-SARSAT/GEOSAR-Seenotfunkbake (EPIRB) nach ihrer Aktivierung immer aus?

1. Notsignal,
2. Identität des Fahrzeugs.

(VIII Systeme des GMDSS)

192. In welchem Frequenzbereich bzw. auf welchen Frequenzen sendet eine COSPAS-SARSAT/GEOSAR-Seenotfunkbake (EPIRB)?

1. 406 MHz,
2. 121,5 MHz.

(VIII Systeme des GMDSS)

193. Wie wird die Position einer aktivierten COSPAS-SARSAT/GEOSAR-Seenotfunkbake (EPIRB) ermittelt?

Durch
1. Laufzeitmessung der EPIRB-Signale und
2. satellitengestütztes Navigationssystem (GPS).

(VIII Systeme des GMDSS)

194. Wie groß ist die Abweichung der ermittelten von der tatsächlichen Position einer COSPAS-SARSAT/GEOSAR-EPIRB ohne GPS?

Maximal 2 sm.

(VIII Systeme des GMDSS)

195. Zu welchem Zweck benutzen Satelliten-Seenotfunkbaken (EPIRB) die Frequenz 121,5 MHz?

Zur Zielfahrt (Homing).

(VIII Systeme des GMDSS)

196. Welche Informationen müssen an einer Satelliten-Seenotfunkbake (EPIRB) erkennbar sein? Nennen Sie zwei Beispiele.

1. Schiffsname/Rufzeichen, Seefunkstellen-Rufnummer (MMSI) oder anderes Identifikationsmerkmal,
2. Seriennummer,
3. Haltbarkeitsdatum der Batterie,
4. Haltbarkeitsdatum des Wasserdruckauslösers.

(VIII Systeme des GMDSS)

197. Welche Haltbarkeitsdaten müssen an einer Seenotfunkbake (EPIRB) sichtbar sein?

1. Haltbarkeitsdatum der Batterie,
2. Haltbarkeitsdatum des Wasserdruckauslösers.

(VIII Systeme des GMDSS)

198. Was ist zu tun, bevor die Satelliten-Seenotfunkbake (EPIRB) für Wartungszwecke aus ihrer Halterung entfernt werden soll? •

Ausschalten.
(VIII Systeme des GMDSS)

199. Welche Prüfungen sind an einer Satelliten-Seenotfunkbake (EPIRB) durchzuführen? •••

1. Haltbarkeitsdatum der Batterie,
2. Haltbarkeitsdatum des Wasserdruckauslösers,
3. Funktion entsprechend den Herstellerangaben.
(VIII Systeme des GMDSS)

200. In welchen Schalterstellungen darf keine EPIRB-Funktionsprüfung vorgenommen werden? ••

1. „manuell",
2. „armed".
(VIII Systeme des GMDSS)

201. Wie erscheint die Aussendung eines Transponders für Suche und Rettung (SART) auf einem Radarbildschirm? •

Als Linie von mindestens zwölf Zeichen.
(VIII Systeme des GMDSS)

202. Welches Navigationsgerät empfängt das Signal eines aktivierten Transponders für Suche und Rettung (SART)? •

Radargerät.
(VIII Systeme des GMDSS)

203. Warum ist ein Mobiltelefon gegenüber einer UKW-Seefunkanlage keine Alternative, wenn die Position eines Havaristen durch Funkpeilung bestimmt werden muss? •

Ein Mobiltelefon kann nicht gepeilt werden.
(X Betriebsverfahren im GMDSS)

204. Welche Nachteile hat die Benutzung eines Mobiltelefons gegenüber einer UKW-Seefunkanlage in einer Notsituation? ••

Keine allgemeine und keine sichere Alarmierungsmöglichkeit.
(X Betriebsverfahren im GMDSS)

205. Welche Nachteile hat die Benutzung eines Mobiltelefons zu einer UKW-Seefunkanlage, wenn in einer Notsituation andere Fahrzeuge in Sicht sind und um Hilfe gebeten werden sollen? •

Rufnummern der Mobilfunkanschlüsse von Fahrzeugen in der Nähe sind meistens nicht bekannt.
(X Betriebsverfahren im GMDSS)

206. Warum ist ein Mobiltelefon gegenüber einer UKW-Seefunkanlage keine Alternative, wenn in einer Notsituation die Such- und Rettungsmaßnahmen anderen Fahrzeugen bekannt gemacht werden müssen? ••
1. Gespräche mit einem Mobiltelefon können von weiteren Fahrzeugen nicht mitgehört werden,
2. wichtige Informationen zur Hilfeleistung und Rettung sind nicht für alle Beteiligten verfügbar.

(X Betriebsverfahren im GMDSS)

207. Wie werden im Seefunkdienst die Funkstellen davon unterrichtet, dass der Notverkehr beendet ist? •
Meldung, die mit den Wörtern SILENCE FINI abschließt.

(Anhang 2, X Betriebsverfahren im GMDSS)

208. Was zeigt die Form des Dringlichkeitsanrufes und des Dringlichkeitszeichens an? ••
1. Die rufende Funkstelle hat eine sehr dringende Meldung auszusenden, welche
2. die Sicherheit einer mobilen Einheit oder einer Person betrifft.

(X Betriebsverfahren im GMDSS)

209. Woraus besteht das Dringlichkeitszeichen im Sprechfunk? •
Aus der Gruppe der Wörter PAN PAN.

(Anhang 2, X Betriebsverfahren im GMDSS)

210. Was bedeutet im Sprech-Seefunkdienst die Gruppe der Wörter PAN PAN? •
Dringlichkeitszeichen.

(X Betriebsverfahren im GMDSS)

211. Wie ist zu verfahren, wenn eine dringende Meldung im UKW-Bereich auszusenden ist, welche die Sicherheit einer Person betrifft? ••
1. Ankündigung mittels Digitalen Selektivrufs (DSC) auf Kanal 70,
2. Aussendung der Dringlichkeitsmeldung mittels Sprechfunks auf Kanal 16.

(Anhang 2, X Betriebsverfahren im GMDSS)

212. Welcher Kanal wird im Weltweiten Seenot- und Sicherheitsfunksystem (GMDSS) für die digitale Ankündigung einer Dringlichkeitsmeldung im UKW-Bereich benutzt? •
Kanal 70.

(X Betriebsverfahren im GMDSS)

213. Was zeigt die Priorität URGENCY im DSC-Controller an? ••
Die nachfolgende Meldung ist dringend und betrifft die Sicherheit einer mobilen Einheit oder einer Person.

(X Betriebsverfahren im GMDSS)

214. An wen dürfen Dringlichkeitsmeldungen im Seefunkdienst gerichtet werden? ••
1. „An alle Funkstellen" oder
2. an eine bestimmte Funkstelle.
(X Betriebsverfahren im GMDSS)

215. Wie ist zu verfahren, wenn eine „An alle Funkstellen" ausgesendete Dringlichkeitsmeldung erledigt ist? •
Dringlichkeitsmeldung muss durch eine Meldung „An alle Funkstellen" aufgehoben werden.
(Anhang 2, X Betriebsverfahren im GMDSS)

216. Durch eine „An alle Funkstellen" gerichtete Dringlichkeitsmeldung ist mitgeteilt worden, dass die Sicherheit einer Person gefährdet war. An wen ist die Meldung zu richten, wenn die ursprüngliche Dringlichkeitsmeldung aufgehoben wird? •
An alle Funkstellen.
(Anhang 2, X Betriebsverfahren im GMDSS)

217. Wie lautet das Sicherheitszeichen im Seefunkdienst? •
SECURITE.
(Anhang 2, X Betriebsverfahren im GMDSS)

218. Welche Meldung wird mit SECURITE eingeleitet? •
Nachricht für die Sicherheit der Seeschifffahrt (Sicherheitsmeldung).
(X Betriebsverfahren im GMDSS)

219. Welchen Inhalt hat eine Sicherheitsmeldung? ••
1. Eine wichtige nautische Warnnachricht oder
2. eine wichtige Wetterwarnung.
(X Betriebsverfahren im GMDSS)

220. Wie heißt der Dienst, in dem Nachrichten für die Sicherheit der Seeschifffahrt (MSI) über terrestrische Frequenzen verbreitet werden? •
NAVTEX.
(VIII Systeme des GMDSS)

221. Welchen Dienst bieten der Deutsche Wetterdienst (DWD) und das Bundesamt für Seeschifffahrt und Hydrographie (BSH) auf den Frequenzen 518 kHz und 490 kHz gemeinsam an? •
NAVTEX-Dienst.
(VIII Systeme des GMDSS)

222. Bis zu welcher Entfernung vom Standort des Senders können Sicherheitsmeldungen für die Seeschifffahrt im NAVTEX-Dienst empfangen werden? •
Bis zu etwa 400 sm.
(VIII Systeme des GMDSS)

223. Worauf muss beim Einstellen eines NAVTEX-Empfängers geachtet werden? ••
1. Wahl der gewünschten NAVTEX-Funkstelle(n),
2. Art der Aussendungen.
(VIII Systeme des GMDSS)

224. Welche Informationen können bei der Programmierung eines NAVTEX-Empfängers nicht unterdrückt werden? •••
1. SAR-Meldungen (z. B. Notmeldungen),
2. Nautische Warnnachrichten,
3. Sturmwarnungen.
(VIII Systeme des GMDSS)

225. In welcher Sprache werden Nachrichten für die Sicherheit der Seeschifffahrt (MSI) im internationalen NAVTEX-Dienst auf 518 kHz verbreitet? •
In Englisch.
(VIII Systeme des GMDSS)

226. Auf welcher Frequenz senden der Deutsche Wetterdienst (DWD) und das Bundesamt für Seeschifffahrt und Hydrographie (BSH) die NAVTEX-Meldungen in deutscher Sprache aus? •
490 kHz.
(VIII Systeme des GMDSS)

227. In welchem Zeitabstand senden der Deutsche Wetterdienst (DWD) und das Bundesamt für Seeschifffahrt und Hydrographie (BSH) die NAVTEX-Informationen aus? •
Alle 4 Stunden.
(VIII Systeme des GMDSS)

IV. Technik

228. In welcher Maßeinheit wird die elektrische Spannung gemessen?
Volt.
(XI Technik)

229. In welcher Maßeinheit wird der elektrische Strom gemessen?
Ampere.
(XI Technik)

230. In welcher Maßeinheit wird der elektrische Widerstand gemessen?
Ohm.
(XI Technik)

231. In welcher Maßeinheit wird die elektrische Leistung gemessen?
Watt.
(XI Technik)

232. Wie hoch ist die mittlere Stromaufnahme einer UKW-Seefunkanlage im Stand-by-Modus?
Je nach Gerät zwischen 0,3 A und 1 A.
(XI Technik)

233. Wie hoch ist die mittlere Leistungsaufnahme einer UKW-Seefunkanlage im Sende-Modus bei voller Leistung?
Zwischen 80 und 100 Watt.
(XI Technik)

234. Welches ist die Maßeinheit für die Frequenz?
Hertz.
(XI Technik)

235. Mit welcher Geschwindigkeit breiten sich die elektromagnetischen Wellen aus?
300 000 km pro Sekunde (Lichtgeschwindigkeit).
(XI Technik)

236. Wie wird in der Vollzugsordnung für den Funkdienst (Radio Regulations [RR]) der Frequenzbereich von 30 bis 300 MHz bezeichnet?
Ultrakurzwelle (UKW/VHF).
(XI Technik)

237. Wie breiten sich Ultrakurzwellen (UKW/VHF) aus?
Geradlinig – in quasioptischer Sicht.
(XI Technik)

238. Wie werden die internationalen Kanäle im UKW-Seefunkbereich bezeichnet?
Kanalnummern 1 bis 28 und 60 bis 88.
(IX Funkbetrieb)

239. Wovon hängt die Reichweite einer UKW-Funkanlage hauptsächlich ab?
Antennenhöhe.
(XI Technik)

240. Wie sollen UKW-Antennen installiert werden?
Vertikal.
(XI Technik)

241. Wodurch kann die Abstrahlung der Sendeenergie einer UKW-Anlage auf einem Schiff beeinträchtigt werden?
Durch metallische Gegenstände in der Nähe der Antenne.
(XI Technik)

242. Wie kann bei Ausfall der installierten UKW-Antenne der Betrieb der Seefunkstelle sichergestellt werden?
Durch Ersatzantenne.
(XI Technik)

243. Welche Arten von Antennen können für NAVTEX-Empfänger auf einem Sportboot verwendet werden?
1. Drahtantenne,
2. Stabantenne,
3. Aktivantenne.
(VIII Systeme des GMDSS)

244. Was kann als Drahtantenne für NAVTEX-Empfänger auf einem Sportboot verwendet werden?
1. Ein Stag,
2. isoliertes Want.
(XI Technik)

245. Worauf ist zu achten, wenn ein Stag als Empfangsantenne für einen NAVTEX-Empfänger verwendet werden soll?
Auf Isolierung zwischen Stag und dem übrigen Schiffskörper.
(XI Technik)

246. Was ist eine Aktivantenne?
Eine Antenne mit integriertem Verstärker.
(VIII Systeme des GMDSS)

247. Welche Arten von Antennen können für tragbare UKW-Funkgeräte verwendet werden? •••
1. Kurze Stabantennen,
2. Wendelantennen,
3. Teleskopantennen.
(XI Technik)

248. Wodurch wird die Reichweite von UKW-Handsprechfunkgeräten eingeschränkt? •••
Durch
1. geringe Antennenhöhe,
2. geringen Ladezustand des Akkus,
3. geringe Sendeleistung.
(XI Technik)

249. Wozu dient am UKW-Gerät die Rauschsperre (Squelch)? •
Änderung der Hochfrequenz-Verstärkung des Empfängers.
(IX Funkbetrieb)

V. Öffentlicher Seefunkdienst

250. Nennen Sie mindestens zwei Teile eines Seefunktelegramms. ••
  1. Kopf
  2. ggf. Dienstvermerk,
  3. Anschrift,
  4. Text,
  5. ggf. Unterschrift.
  (IX Funkbetrieb)

251. Welche Angaben stehen im Kopf eines Seefunktelegramms (Richtung See–Land)? Nennen Sie drei Beispiele. •••
  1. Aufgabe-Seefunkstelle,
  2. Nummer,
  3. Wortzahl,
  4. Tag,
  5. Uhrzeit,
  6. Abrechnungskennung.
  (IX Funkbetrieb)

252. Wie wird die Aufgabezeit in einem Seefunktelegramm in der Verkehrsrichtung See–Land angegeben? •
  In Koordinierter Weltzeit (UTC).
  (IX Funkbetrieb)

253. Was bedeuten im öffentlichen Nachrichtenaustausch die Bezeichnungen „DP01", „DP07", „CY03" usw.? •
  Abrechnungskennungen (AAIC).
  (IX Funkbetrieb)

254. Bis zu wie viel Schriftzeichen werden Wörter, Ausdrücke und Gruppen in einem Seefunktelegramm als ein Wort berechnet? •
  Bis zu 10 Schriftzeichen.
  (IX Funkbetrieb)

255. Was ist die Berechnungsgrundlage für ein Seefunktelegramm? •
  Die Wortzahl.
  (IX Funkbetrieb)

256. Woraus setzt sich das Entgelt für ein Seefunkgespräch zusammen? ••
  Benutzungsentgelt
  1. für die Küstenfunkstelle,
  2. für die Landleitung.
  (IX Funkbetrieb)

257. Was sind die Abrechnungsgrundlagen für ein Seefunkgespräch über eine deutsche Küstenfunkstelle?
1. Gesprächsdauer,
2. Preis der Verrechnungseinheiten in Euro.

(IX Funkbetrieb)

NOTIZEN

SEEFUNK TUT NOT

BRAUN
SEEFUNKAUSBILDUNG

SEEFUNK@RADIOOFFICER.DE
WWW.RADIOOFFICER.DE

Mobil: 0160 / 846 16 40 · Tel: 040 / 41 54 55 70 · Fax: 01803 / 551 830 674